KB190163

멘토링 목회전략 개정판

멘토링 사역, 멘토링 목회

박건 목사 지음

나침반
www.nabook.net

Contents

한국 교회 멘토링 사역의 활성화를 기대하며

내가 사람을 세우는 사역인 "멘토링"이라는 분야를 전공하게 된 결정적인 계기가 있는데, 대학 2학년 때 학교 캠퍼스에서 만난 한 학년 위의 홍승재라는 선배와의 만남이 바로 그것이다. 그 선배는 당시 대학생 선교 단체에 소속이 되어 있었는데, 내게 수년간 아주 모범적인 멘토가 되어 주었다. 그 때 나는 신앙적으로는 방황하고 있었고 체계적인 성경공부에 갈급해 있었기 때문에, 그 선배의 성실하고도 철저한 멘토링이 아니었다면 오늘의 나는 아마 지금보다 훨씬 더 실망스런 다른 사람이 되어 있었을 것이다. 우리는 학교에서 거의 매일 만났고 함께 기도했고 함께 식사했다. 그리고 일주일에 최소한 한 번은 따로 나의 신앙 성장과 훈련을 위해 만났다. 그 선배에게 그 때 배운 것들이 지금 나의 목회에 귀중한 영적 자산이며 기초 자료가 되어 있다. 시간이 지나 승재 선배에게 나도 다른 사람을 개인적으로 양육하고 싶다고 말하면서 양육의 비결을 가르쳐 달라고 졸랐다. 내심 많은 시간을 들여 여러 가지 자료들을 제공해주며 가르쳐 줄 것으로 기대했다. 그런데 의외로 선배의 말은 간단했다. "내가 너한테 해 준 것처럼 하면 돼." 한편으로는 실망했지만 집에 와 생각해보니 그 말이 정답이었다. 이론보다도 실제로 시간과 정성을

5

들어 형제를 사랑하며 양육하고 돕는 것이 멘토링의 가장 좋은 지름길이었던 것이다.

　나는 지난 수십 년간 교회사역을 해오면서 '교회내의 멘토링 시스템'의 적용에 많은 관심을 가져왔다. 대학생 시절에는 내가 다니던 대학교에서와 섬기던 교회들에서 적용하여 좋은 열매들을 거두었고, 미국 유학시절에는 7년 동안 섬기던 미국 한인 교회의 부부와 독신자 모임에서 이 시스템을 사용하며 획기적인 열매들을 목격했다. 그리고 귀국하여 내가 지금 개척하여 시무하고 있는 예전교회에 적용하여 가시적인 효과를 얻었다.

　특히 90년부터 시작된 미국 유학생활 중 한인 교회(당시 오정현 목사가 시무하던 남가주 사랑의 교회)의 교회 지도자들과 평신도들에게 효과적인 멘토링 시스템 계발에 특별히 관심을 갖게 되었다. 나는 그 동안 여러 한국 교회와 미국 한인 교회에서 '멘토'로 사역하기도 하고 멘토의 지도를 받기도 하였다. 이러한 사역의 결과 나는 멘토링이 그리스도인 양육과 훈련을 위한 아주 중요한 시스템일 뿐만 아니라 우리 주님의 지상명령(마 28:19, 20)을 이행하는 최선의 길이라는 확신을 갖게 되었다.

　본인의 풀러신학교 선교학 박사 학위 논문을 뼈대로 하여 멘토링의 기본 개념과 멘토링의 성경적 근거들, 이론적 배경들, 목회와 사역에 실제 적용 등을 담고 있는 이 책은 98년도에 출간된 "멘토링 목회전략"의 개정판이다. 당시에 비해 한국의 멘토링 분야에 많이 바뀌었고 급속도로 멘토링의 적용영역이 확장되었으며, 교회사역의 적용 역시 많이 개발되었고 발전되었기에 개정이 불가피하게 되었다. 또한 한국에서의 멘토링은 98년도에 교회에서 가장 먼저 소개가 되었는데 오히려 지금은 교회 밖의 다른 분야에서 크게 활용이 되고 있는 반면 한국 교회는 아직도 일부를 제외하고는 주저하고 있는 상황이 이 책의 개정판을 출간을 서두르게 만든 동기가 되었다.

한국교회에 멘토링 사역의 초석을 놓기 위해 이 책의 개정출판을 기꺼이 허락하여 주신 나침반출판사 김용호 사장님과 이 책의 출판을 위해 수고한 모든 분들께 깊은 감사를 드리며, 개척 초기부터 멘토링 목회에 함께 기쁨으로 동참해 주고 있는 예전교회의 모든 동역자, 교우들에게 또한 고마움을 전하고자 한다. 아무쪼록 이번 출간을 계기로 한국의 교회들이 멘토링 사역을 적용하는데 자신감과 용기를 갖기를 소망한다.

저자 박건 목사

1부

멘토링의 이해

1.
멘토링은 무엇인가?

세계적인 교회 성장 학자인 피터 와그너(Peter Wagner) 교수에 의하면 교회 성장에는 다음과 같은 네 가지 영역이 있다. 즉, 질적 성장과 양적 성장, 개척 성장 및 선교적 성장이 그것이다. 사람의 성장도 네 가지, 영적, 지적, 사회적, 신체적 영역 등이 균형 있게 성장해야 건강한 성장을 한다고 할 수 있듯이, 주님의 몸된 교회도 마찬가지이다. 위의 네 가지가 고르게 균형 잡힌 성장을 이룰 때 그 교회는 건강한 성장을 하고 있다고 할 수 있다.

이 가운데서 질적 성장을 주도하고 있고 동시에 양적, 개척, 선교적 성장의 근간을 이루는 것이 바로 '멘토링'(Mentoring) 사역이다. 건강한 교회 성장의 첫 계단이 질적 성장이라면 질적 성장의 첫걸음이 멘토링 사역인 것이다.

멘토링의 정의

멘토링이란 무엇인가? 미국의 풀러신학교 선교대학원 교수인 클린턴 (Clinton)은 그의 멘토링 저서 『관계』(Connecting)에서 "멘토링은 한 사람이 다른 사람에게 하나님께서 주신 자원들을 나눔으로써 영향을 끼치는 일종의 관계적인 경험이다"라고 정의한다. 즉, 멘토링은 한 사람이 다른 사람에게 일정한 관계에 의하여 장단기적으로 혹은 정규적, 비정규적으로 개인적인 영향을 끼치는 모든 과정이라고 보면 된다. 물론 「국제 마스터플랜 그룹」의 창시자이며 대표자인 밥 빌(Bobb Biehl)은 멘토링을 "전 생애에 걸쳐 진행되는 보다 장기적인 관계"라고 좁은 관점으로 보고 있기도 하나 대부분의 멘토링 전문가들은 멘토링을 보다 다양하게 그리고 넓게 정의하고 있다.

멘토링은 드물게 멘토십(Mentorship)으로 사용되기도 하는데 리더십(Leadership), 제자도(Discipleship), 따르는 자의 도(Fol-lowership) 등과 어울려 함께 언급되기도 하나 아직까지는 일반적으로 '멘토링'이란 단어를 주로 사용한다.

멘토의 개념

먼저 '멘토'란 단어의 기원을 보면 멘토는 호머의 서사시「오디세이」에 등장하는 오디세우스 왕의 아들인 텔레마쿠스(Telemacus)의 보호자요 가정교사였던 "멘토"(Mentor)에서 유래된 말이다. 전쟁의 장군이며 또 왕인 오디세우스의 친구이자 그 아들의 가정교사인 멘토는 오디세우스가 트로이 전쟁으로 오랫동안 집을 비운 사이에 친구의 아들을 맡아 키운다. 이때 멘토는 오딧세이의 아들에게 일반교육뿐만 아니라 그가 왕자로서 필요한 자질을 갖추는데 필요한 소양교육까지도 책임을 지게 된다. 그후 멘토는 그 아들을 아버지 못지않은 훌륭한 인물로 키워놓았다. 그야말로 훌륭한 멘토링을 한 것이었다.

이 내용을 읽고 프랑스의 루이 14세의 궁중설교가요 루이 14세의 자손들을 궁중에서 영적으로 지도했던 페넬롱(Fenelon)이 자신과 같은 일을 하는 사람을 가리켜 앞으로 "멘토"라고 하자라고 한데서 현대 멘토링 이론이 시작되게 되었다.

그 후로 '멘토'란 단어는 오랜 동안 사람들의 기억에서 사라진다. 그러다가 현대에 들어와 '멘토링'이라는 단어가 사용되기 시작한 것은 최근의 일이다. 미국 예일대학의 레빈슨 교수가 1978년에 쓴 베스트 셀러, 『The Seasons of Man's Life』(남성의 계절)가 출판된 이래로 멘토링에 대한 관심이 일기 시작했다. 그는 이 책에서 성인 시기로 들어가는 사람에게 좋은 멘토가 없다는 것은 마치 어린 아이에게 좋은 부모가 없는 것과 같다고 주장했다.

그 이후 많은 직장에서 멘토링 프로그램이 연구 적용되어 왔는데 이는 사업계의 임원들 대부분이 과거에 멘토가 있었다는 사실이 1979년도에 로체(Roche)에 의해 『하버드 비즈니스 리뷰』(Harvard Business Review)라는 잡지를 통해 보고되었기 때문이다.

　그 후로 기독교계에서는 멘토링이 80년대 초반, 미국 교계 지도자들의 수치스러운 스캔들로 인해서 꼭 필요한 대안으로 학자들에 의해 제시되었다. 그들에게 좋은 멘토가 있었다면 사전에 그런 일들을 미리 방지할 수 있었다는 안타까움 때문이었다.

　멘토는 우리말로 어떻게 번역하면좋겠는가? 클린턴의『영적 지도자 만들기』란 책의 번역자인 이순정 박사는 멘토를 ‘선도자’ 라고 번역했고 하워드 헨드릭스(Howard Hendricks)의『철이 철을 날카롭게 하는 것같이』의 번역자인 전의우 목사는 멘토를 ‘스승’ 으로 번역했다. 좋은 번역이라고 생각된다. 하지만 이 “멘토”라는 단어는 우리나라 말로 약 30여 가지의 뜻을 지니고 있는 단어다.

1. 집중적 멘토링
　　제자훈련자, 양육자(사), 훈련자,
　　코치, 감독자
　　리더, 지도자, 이끎이, 안내자
　　주인(마스터), 사부, 사형, 선도자, 선배

2. 간헐적 멘토링
　　상담자, 조언자, 길잡이

스승, 교사, 은사, 선생, 교수, 지도교수

선도자, 인도자, 목자, 대부(모),

친구, 동반자, 헬퍼(도우미), 세우미, 섬김이, 조력자

후원자, 후견인, 지원자

3.소극적 멘토링

현재모델

과거모델

멘토가 대학에서 사용될 경우에는 논문 지도 교수를 의미하고, 스포츠에서는 코치, 무술에서는 사부(師父), 예술에서는 사사하는 스승 등을 의미한다. 과거 도제 제도에서는 주인(master)으로, 사회에서는 상담자 혹은 후견인 등으로, 교회에서는 양육자, 목자, 제자훈련자 등으로 다양하게 사용되기에 '멘토'라는 단어를 그대로 사용하는 것이 좋으리라 생각한다. 이미 이 "멘토"라는 용어는 전 세계가 똑같은 말로 통일되어 사용하고 있다.

그리고 또한 용어상에 있어 멘토가 그 영향을 미치는 대상이 되는 사람을 과거에는 불어에서 온 '쁘로떼주'(Protege)라는 말을 주로 사용했으나 새로운 용어에 대한 부담과 단어 자체가 "멘토"(mentor)에 비해 길기에 '멘토리'(mentoree) 혹은 줄여서 "멘티"(mentee)라고

사용한다. 오늘날에는 주로 "멘티"라는 용어를 많이 사용하고 있기에 앞으로는 "멘티"(mentee)라고 통일해 사용하겠다.

멘토는 누구인가?

멘토는 멘토링을 주도하는 사람이다. 사람은 누구나 멘토가 될 수 있지만 누구나 좋은 멘토가 될 수 있는 것은 아니다. 좋은 멘토는 멘티를 위하여 자신의 것을 나누어 줄 뿐만 아니라 멘티를 위해 기꺼이 자신을 희생할 수 있어야 한다.

1. 어떤 기관이나 전문 영역의 리더로서 멘티보다는 상위의 수준을 가진 사람이다.
2. 자신의 업무나 학문, 경험 등의 영역에서 업적을 이룬 권위자다.
3. 자신의 영역에서 어떤 영향력을 가진 사람이다.
4. 멘티의 성장과 계발에 진정으로 관심을 가진 사람이다.
5. 개인적인 관계와 지도를 위해 시간과 감정적 에너지를 기꺼이 헌신하려는 사람이다.

또한 기독교 교육 전문가인 미국 달라스 신학교의 헨드릭스 교수에 의하면 "멘토는 다른 사람을 성숙시키고 또 계속 성숙해 가도록 도와주며 그가 그 자신의 생애의 목표를 발견하도록 도와주는 데 자신을 헌신한 사람이다."라고 정의한다. 이렇듯 멘토는 멘티의 성장과 장래에 영향을 끼치기 위하여 자신의 가진 것을 나누는 사람이다.

훈련방법으로서의 멘토링

사람을 훈련하는 방법은 보통 세 가지가 있다. 공식적(formal), 비공식적(informal), 무형적(non-formal) 훈련법이 있다. 공식적 훈련은 예를 들어 대학이나 신학대학, 성경학교 등 정규적 학위 과정이 여기에 속하고, 비공식적 훈련은 세미나, 수련회, 집회, 워크샵, 단기 훈련 등이 여기 속한다. 그리고 무형적 훈련은 현장 실습, 생활 훈련, 도제 제도, 탐방 훈련이나 문하생 제도 등이 해당된다. 멘토링은 이 중에서 무형적 훈련 방법(non-formal Training Methods)에 속한다.

멘토링이 필요한 이유

『마음의 습관』(Habits of the Heart)의 저자 로버트 벨라(Robert Bellah)는 그 동안 미국인의 큰 자산이었던 개인주의가 위기에 봉착했다고 주장한다. 미국인들은 상호 의존이 절대 필요한 시기에 개인적 독립을 고집하고 있다는 것이다. 이로 말미암아 미국은 지금 사회 전반에 걸쳐 가치관의 혼동, 인간관계의 갈등, 가정의 몰락, 구멍 뚫린 학교 교육 등으로 심각한 몸살을 앓고 있는 현실이다. 이런 현상은 지금 미국뿐 아니라 개인주의의 영향을 직간접으로 받고 있는 나라들에서 공통적으로 발견되고 있다. 즉, 상호 의존적으로 살도록 지어진 사람이 독립적으로 살려고 하기 때문에 서로를 통해 배우고 세움을 입고 영향을 끼치는 모든 유익들을 누리지 못하게 되었다는 것이다.

> 1) 의존형 1 - 1 = 0
>
> 2) 독립형 1 = 1
>
> 3) 상호 의존형 1+1 〉 2 (시너지 효과)

　사람은 그 관계성에 의해 의존형, 독립형, 상호 의존형으로 분류된다. 그것을 그 결과로 측정해 본다면 다음과 같다고 할 수 있다.

　서로 돕고 팀웍을 이루어 어떤 일을 하게 될 때 상호 의존형은 단순한 수의 합산보다 훨씬 더 크고 많은 결과를 얻게 된다. 이것을 '시너지 효과'(상승작용)라고 하는데 아담 스미스(Adam Smith)는 자신의 저서 『국부론』에서 이 사실을 실험으로 증명하고 있다. 열 사람이 개별적으로 작업한 것을 더하니 하루에 핀을 평균 20개 생산할 수 있었다고 한다.

　그러나 같은 열 사람이 함께 팀웍을 이루어 작업을 하니 하루에 무려 4만8천 개의 핀을 만들었다고 한다. 무려 2,400배의 생산성의 증가를 가져왔다. 이것이 시너지 효과다.

　그렇다면 이런 원리는 그대로 목회에도 적용될 수 있다. 우리가 왜 교회를 다니는가? 교회에서는 혼자 독립하여 잘하는 것은 한계가 있다. 교회는 한 가족이기에 같이 잘 해야 하고 같이 자라야 한다. 그러기에 서로 돕고 섬기고 배워야 한다. 대그룹을 통해서든지, 소그룹을 통해서든지 혹은 일대일 관계를 통해서든지 이것을 체계화시키고 지속적으로 하게 하며 강화시키며 점검하여 더 잘하도록 하는 것이 '멘토링 사역'이다. 멘토링 사역을 통해서 교회에서의 시너지 효과는 극대화된다.

멘토링의 적용범위

멘토링은 사람이 있는 곳에서는 어디서든 발생할 수 있다. 가정내 부부 사이, 부모와 자녀 사이에, 학교 교육, 특수 교육기관, 군대, 직장, 문학, 예술, 스포츠, 종교, 과학, 비즈니스, 정치 등 사람이 관계된 거의 전 분야에 걸쳐 멘토링은 필요하며 이루어지고 있다. 과거 20세기 이전까지만 해도 멘토링은 별도로 학문적으로 연구의 필요를 느끼지 못했다. 왜냐하면 너무나 자연스럽게 모든 사회생활과 일상생활 가운데 멘토링이 이루어지고 있었기 때문이다. 그러나 20세기 후반 들어 극단적 개인주의로 인해 사회 전반에 걸쳐 심각한 결과를 가져오게 되자 그 원인을 분석하던 중 멘토링의 결여와 그 중요성을 새삼 발견케 된 것이다. 그래서 각 분야에서 멘토링에 대한 연구가 서서히 이루어지다가 근래에 들어 갑자기 활발해지게 되었다. 마치 평상시에는 공기의 중요성을 인식하지 못하다가 산소가 부족해진다든지, 공기가 오염되면 그 중요성을 새삼 느끼게 되는 것과 같은 이치이다.

미국 바이올라 대학의 스테판 올센의 박사 학위 논문에 의하면 실제로 1970년대 이전까지만 해도 멘토링에 대한 논문은 단 한 편도 없었다고 한다. 그러나 1986년까지 400편 이상의 논문과 학술 연구가 나오게 되었고 최근 들어서는 매년 100여 편 이상의 멘토링 논문들이 속속 발표되고 있다.

우리나라에 소개된 멘토링 관련 서적은 이미 몇 권이 번역되었다. 달라스 신학교 기독교교육학 교수인 하워드 헨드릭스 부자(父子)가 지은 『철이 철을 날카롭게 하는 것같이』(요단출판사, 1997)가 가장 먼저 번역되었고, 「멘토링 투데이」(Mentoring Today)지를 발간하는 밥 빌의 『멘토링』(도서출판 디모데, 1998), 역시 하워드 헨드릭스의 『사람을 세우는 사람』(도서출판 디모데, 1998), 존 맥스웰의 『당신 주위에 있는 사람을 키우라』(두란노) 등이 번역되었다.

멘토링의 구체적 방법

멘토는 어떤 방법으로 멘토링을 하는가? 멘토는 멘티와 더불어 여러 종류의 생각, 의견, 제안, 문서 자료, 장래에 대한 전망 등을 함께 나눈다. 때로는 멘티가 요구해서 하기도 하고 멘토가 스스로 판단해 제공해 주기도 한다. 그리고 멘토링 관계의 성립은 두 사람이 어떤 기회에 자연스럽게 멘토링 관계가 맺어지기도 하지만 대부분은 이런 관계를 위해 서로 구두로 약속을 하는 것이 보통이다. 이런 약속이 없다면 멘토링 관계는 약화되거나 중단되기 쉽다. 아니면 단지 친교나 교제 관계에 머물기 십상이다. 앞에서의 약속은 단순히 구두로 하는 것이며 이 약속은 서로의 관계를 결정지어주고 방향과 성격을 결정하는 중요한 지침이 된다. 멘토링은 공식적인 관계와는 달리 사적인 관계에서 맺어지는 것이 보통이므로 서면으로 계약서 같은 것을 작성하지는 않는다.

멘토링의 기간은 밥 빌 같은 사람은 '평생을 통해 이루어지는 관계'라고 정의하고 있으나 대개는 장기간 혹은 단기간 동안에도 얼마든지 훌륭한 멘토링 관계가 이루어질 수 있다. 어떤 분야에 있어서는 일주일 동안에도 혹은 단 몇 시간 동안에도 멘토링은 실시될 수 있다. 예를 들어 목회자의 경우 설교의 대가(大家)를 찾아가 한 달 동안 사사(私師)를 받을 수도 있고 평신도의 경우 큐티(QT)에 대해 전문가에게 일주일 동안 지도를 받을 수 있다. 기간은 두 사람 당사자가 의논해 결정할 일이다.

두 사람은 대개 서로 만나서 하는 것이 일반적이나 사정상 먼 거리에서도 멘토링을 실시할 수 있다. 서로 만나서 하는 것이 대개는 효과가 크지만 사정에 따라서는 얼마든지 먼 거리에서도 가능하다. 전화나 편지, 팩스, 컴퓨터의 이메일 등으로 상담, 의견 교환, 충고, 자료 제공, 교육 등을 실시할 수 있다.

그리고 멘토링은 매주, 격주, 매월 등 정기적으로 실시할 수도 있고 비정기적으로 간헐적으로 하기도 한다. 이것은 전적으로 멘토와 멘티 사이의 약속에 달려 있다. 제자훈련 같은 집중적인 훈련을 필요로 하는 멘토링 과정은 적어도 일주일에 한 번은 정기적인 훈련이 필요하며 필요에 따라 하는 상담 같은 멘토링은 간헐적으로 실시하면 된다.

멘토링 관계의 시작은 멘토가 주도하든지 멘티가 주도할 수 있다. 대개는 멘토가 가능성이 있는 멘티를 발견하여 멘토링 관계를 제안하며 시작되는 것이 보통이다. 이런 경우는 멘토가 멘티에게 희생을 각오한 제안이므로 멘토링 관계가 성공할 확률이 높다. 그러나 멘티가 자신의 필요한 영역을 발전시키기 위해 적극적으로 멘토를 찾아 부탁하는 경우도 있다. 이런 경우는 멘티의 입장에서는 적임자를 찾을 수 있는 장점은 있으나 멘토가 소극적으로 임할 경우 실패할 가능성이 높다.

멘토 십계명

멘토링 학자 테드 엥스트롬(Ted W. Engstrom)은 그의 책『멘토링 예술』(The Fine Art of Mentoring)에서 멘토와 멘티 사이에 시작된 멘토링이 성공하기 위해 다음과 같은 열 가지 제안을 하고 있다.

1. 객관성을 유지하라.

멘토는 자칫 멘티에 대해 주관적 편견에 빠지기 쉽다. 바른 멘토링을 위해서는 객관적 평가와 지도가 필수적이다.

2. 멘티에게 정직하라.

멘토는 자신에 대해 그리고 멘티에 대해 정직해야 멘토링 관계가 오래가며 신뢰가 쌓이게 된다.

3. 멘티의 모델이 되라.

멘티가 본받고 싶어하는 모델이 되라. 멘티는 듣기보다 보기를 더 원한다.

4. 당신의 멘티에게 진정으로 헌신하라.

멘티의 나이가 멘토보다 많다면 형님, 혹은 누님이나 부모를 대하듯이 존경심을 품고, 나이가 어리다면 동생을 대하듯이 진심으로 헌신하라.

5. 개방적이고 투명하라.

멘토는 자신의 성공에 대해서뿐만 아니라 실패에 대해서도 개방할 수 있어야 한다.

6. 교사가 되라.

단지 모델이 될 뿐만 아니라 구체적으로 어떤 영역의 일을 하는 이유와 그 방법들과 내용들을 가르쳐 주어야 한다. 그래야 멘토가 행하는 대로 멘티는 따라할 수 있을 것이다.

7. 멘티의 잠재력을 믿으라.

멘토는 멘티의 가능성을 보고 자신을 헌신하는 사람이다. 멘티의 잠재력을 바라보고 멘티의 능력에 신뢰를 보여 주라.

8. 멘티의 장래에 비전을 불어넣어 주라.

단순히 멘티의 장래에 희망적인 생각만 갖지 말고 멘티에게 그의 잠재적인 가능성과 비전에 대해 말해 주라. 그가 보지 못하는 그의 장래에 대해 꿈과 소망을 갖게 하라.

9. 멘토 자신이 성공적인 삶을 살라.

멘토 자신이 지금 탁월한 사람일지는 모르지만 그렇다고 완전한 사람은 아니다. 계속 멘토 자신이 성공적인 삶을 살도록 힘써야 한다. 그럴 때 멘토는 멘티에게 있어 장래 본받고 싶은 모델이 되는 것이다.

10. 배우는 자가 되라.

멘토는 항상 모든 사람에게서 배우려는 자세가 있어야 한다. 멘토는 심지어 자신의 멘티에게도 배울 수 있어야 한다. 멘토의 이런 자세는 멘티의 성장에도 큰 도움이 된다.

교회에서의 멘토의 역할

위의 지침에 근거해 지역교회에서는 멘토링을 실시할 때 다양하게 적용할 수 있다.

첫째, 가장 집중적이고 강한 멘토링 관계는 '제자훈련'(Disciple Training) 과정이다. 매주 만나서 개인적으로 혹은 소그룹에서 신앙

생활을 지도받고 양육 받는다. 필자는 이 멘토링식 제자훈련 과정을 청년 시절에 다니던 대학에서 약 1년 정도 선배에게 받았는데, 그때의 멘토링을 통해 배운 것들이 기초가 되어 오늘까지 목회사역의 핵심을 이루고 있다. 영적 성장과 사역의 좋은 습관을 들이도록 돕는다.

둘째, '영적 인도자'(Spiritual Guide)로서의 멘토링 관계이다. 멘티의 영적 성숙을 위한 영성과 영적훈련을 돕는다. 지도교회에서는 대개 교역자나 그룹의 인도자가 이 영적 멘토의 역할을 맡는다. 멘티에게 통찰력 있는 가이드를 해준다.

셋째, '코치'(Coach)로서의 멘토이다. 이는 신앙 생활에 실제적인 도움을 주는 여러 기술들을 가르치거나 전수해 준다. 코치 멘토의 역할은 멘티가 잘 활용하도록 동기 부여시키며 필요한 기술을 습득하도록 도와준다. 예를 들어 전도 훈련이나 기도 훈련, 상담법 같은 내용들이 될 수 있다.

넷째, '상담자'(Counselor)로서의 멘토이다. 이 때 멘토는 적절한 충고를 통해 자신, 타인과 사역을 보는 통찰력 등을 교정해 준다.

다섯째, '교사'(Teacher)로서의 멘토이다. 멘토는 멘티가 영적인 여러 원리들에 대해 바른 개념을 갖도록 가르쳐 준다.

여섯째, '후원자'(Sponsor)로서의 멘토이다. 조직에서 멘티가 리더로 올라가도록 인도해주고 보호해주는 역할을 한다. 후원자 멘토는 교회에서 기도짝 역할을 할 수 있고 친교 파트너 역할, 혹은 자신의 교회를 안내해 주고 교회 생활에 도움을 주는 역할 등을 할 수 있다. 이 역할을 잘 실시한 몇 교회들이 교회 성장에 큰 도움을 입은 사례들이 있다.

위의 멘토의 역할에 따라 교회에서는 적절한 관계를 맺어 주면된다. 필자가 섬기는 예전교회는 개척 시부터 이 멘토링 원리를 적용하여 새가족과 기존신자들에 대해 멘토링 사역을 실시하고 있다. 새가족의 경우 새가족이 처음 출석한 바로 그 주일에 멘토가 정해져서 정착멘토로 약 한 달간 매주일 예배 후에 만나 함께 식사하며 정착을 돕는다. 그 이후에는 그 멘티가 소속된 사랑방(일반 교회의 구역모임에 해당하는 소그룹)에서 일대일 양육멘토로서, 기도 후원자로서, 상담자로서 역할을 하고 있다.

2.
성경에 나타난 멘토링 관련구절

신구약 성경말씀에 보면 많은 멘토링 관련 성경구절들을 발견할 수 있다. 여기서는 대략적인 핵심 구절들을 살펴본다.

구약성경에 나타난 멘토링 성경구절

▶ 리더와 더불어 함께 하는 팀사역의 중요성

출17:12 "모세의 팔이 피곤하매 그들이 돌을 가져다가 모세의 아래에 놓아 그로 그 위에 앉게 하고 아론과 훌이 하나는 이편에서 하나는 저편에서 모세의 손을 붙들어 올렸더니 그 손이 해가 지도록 내려오지 아니한지라"

▶ 모세와 여호수아의 멘토링 관계 - 훗날 여호수아는 모세의 후계자가 됨

출33:11 "모세는 집으로 돌아오나 그 수종자 눈의 아들 청년 여호수아는 회막을 떠나지 아니하니라"

▶ 함께 하는 사역의 큰 열매

신32:30 "여호와께서 그들을 내어주지 아니하셨더면 어찌 한 사람이 천을 쫓으며 두 사람이 만을 도망케 하였을까"

▶ 시모 나오미와 룻의 멘토링 관계

룻1:16 "룻이 가로되 나로 어머니를 떠나며 어머니를 따르지 말고 돌아가라 강권하지 마옵소서 어머니께서 가시는 곳에 나도 가고 어머니께서 유숙하시는 곳에서 나도 유숙하겠나이다 어머니의 백성이 나의 백성이 되고 어머니의 하나님이 나의 하나님이 되시리니"

▶ 요나단과 병기든 자의 팀워크 - 블레셋과의 전투에서 큰 승리를 거둠

삼상14:7 "병기든 자가 그에게 이르되 당신의 마음에 있는 대로 다 행하여 앞서 가소서 내가 당신과 마음을 같이하여 당신을 따르리이다"

▶ 다윗과 요나단의 동료 멘토링(peer mentoring)의 예

삼상18:3 "요나단은 다윗을 자기 생명같이 사랑하여 더불어 언약을

맺었으며"

▶ 한 사람이 다른 사람을 세우는 원리

잠27:17 "철이 철을 날카롭게 하는 것같이 사람이 그 친구의 얼굴을
빛나게 하느니라"

▶ 함께 수고하여 좋은 상을 얻게 됨

전 4:9,10 "두 사람이 한 사람보다 나음은 저희가 수고함으로 좋은 상
을 얻을 것임이라 혹시 저희가 넘어지면 하나가 그 동무를 붙들어 일으
키려니와 홀로 있어 넘어지고 붙들어 일으킬 자가 없는 자에게는 화가
있으리라"

전4:11,12 "두 사람이 함께 누우면 따뜻하거니와 한 사람이면 어찌 따
뜻하랴 한 사람이면 패하겠거니와 두 사람이면 능히 당하나니 삼겹 줄
은 쉽게 끊어지지 아니하느니라"

신약에 나타난 멘토링 성경구절

▶ 지상명령으로서의 제자삼는 사역

마28:19,20 "그러므로 너희는 가서 모든 족속으로 제자를 삼아 아버
지와 아들과 성령의 이름으로 세례를 주고 내가 너희에게 분부한 모든

것을 가르쳐 지키게 하라 볼찌어다 내가 세상 끝날까지 너희와 항상 함께 있으리라 하시니라"

▶ 바나바의 바울에 대한 예루살렘 교회에서의 정착 멘토링

행9:26,27 "사울이 예루살렘에 가서 제자들을 사귀고자 하나 다 두려워하여 그의 제자 됨을 믿지 아니하니 바나바가 데리고 사도들에게 가서 그가 길에서 어떻게 주를 본 것과 주께서 그에게 말씀하신 일과 다메섹에서 그가 어떻게 예수의 이름으로 담대히 말하던 것을 말하니라"

▶ 바나바의 바울에 대한 사역(목회) 멘토링

행11:25,26 "바나바가 사울을 찾으러 다소에 가서 만나매 안디옥에 데리고 와서 둘이 교회에 일년간 모여 있어 큰 무리를 가르쳤고 제자들이 안디옥에서 비로소 그리스도인이라 일컬음을 받게 되었더라"

▶ 지식적 가르침만이 아니라 낳고 세우는 사역의 중요성

고전4:15 "그리스도 안에서 일만 스승이 있으되 아비는 많지 아니하니 그리스도 예수 안에서 복음으로써 내가 너희를 낳았음이라"

▶ 모델링을 통한 멘토링

고전11:1 "내가 그리스도를 본받는 자 된 것같이 너희는 나를 본받는 자 되라"

▶ 한 사람을 세움의 헌신

갈4:19 "나의 자녀들아 너희 속에 그리스도의 형상이 이루기까지 다시 너희를 위하여 해산하는 수고를 하노니"

▶ 개개인을 세우는 사역의 중요성

골1:28 "우리가 그를 전파하여 각 사람을 권하고 모든 지혜로 각 사람을 가르침은 각 사람을 그리스도 안에서 완전한 자로 세우려 함이니"

▶ 사람을 세우는 사역의 자세

살전2:7,8 "오직 우리가 너희 가운데서 유순한 자 되어 유모가 자기 자녀를 기름과 같이 하였으니 우리가 이같이 너희를 사모하여 하나님의 복음으로만 아니라 우리 목숨까지 너희에게 주기를 즐겨함은 너희가 우리의 사랑하는 자 됨이니라"

▶ 한 사람을 세움에 대한 수고

살전2:11 "너희도 아는 바와 같이 우리가 너희 각 사람에게 아비가 자기 자녀에게 하듯 권면하고 위로하고 경계하노니"

▶ 바울의 믿음의 아들(멘티) 디모데

딤전1:2 "믿음 안에서 참 아들된 디모데에게 편지하노니...

▶ 선한 일꾼이 되기 위한 양육

딤전4:6 "네가 이것으로 형제를 깨우치면 그리스도 예수의 선한 일꾼이 되어 믿음의 말씀과 네가 좇은 선한 교훈으로 양육을 받으리라"

▶ 멘티를 향한 멘토의 기도와 사랑

딤후1:3 "나의 밤낮 간구하는 가운데 쉬지 않고 너를 생각하여 청결한 양심으로 조상 적부터 섬겨 오는 하나님께 감사하고 네 눈물을 생각하여 너 보기를 원함은 내 기쁨이 가득하게 하려 함이니"

▶ 멘토링의 재생산 원리

딤후2:2 "또 네가 많은 증인 앞에서 내게 들은 바를 충성된 사람들에게 부탁하라 저희가 또 다른 사람들을 가르칠 수 있으리라"

▶ 멘티의 멘토를 섬김의 예

몬1:12,13 "네게 저를 돌려보내노니 저는 내 심복이라 저를 내게 머물러 두어 내 복음을 위하여 갇힌 중에서 네 대신 나를 섬기게 하고자 하나"

▶ 신뢰를 바탕에 둔 멘토링

몬1:21 "나는 네가 순종함을 확신하므로 네게 썼노니 네가 나의 말보다 더 행할 줄을 아노라"

▶ 멘토의 기쁨

요이1:4 "너의 자녀 중에 우리가 아버지께 받은 계명대로 진리에 행하는 자를 내가 보니 심히 기쁘도다"

▶ 멘토의 보람

요삼1:4 "내가 내 자녀들이 진리 안에서 행한다 함을 듣는 것보다 더 즐거움이 없도다"

3.
성경에 나타난 멘토링 실례

멘토링은 성경 시대에는 삶의 방식이었다. 멘토링은 전대(前代)에서 후대(後代)로 기능과 지혜를 전수하는 주요 수단이었다. 따라서 성경에서 멘토링 모델들을 찾는 것은 어렵지 않다. 구약성경과 신약성경에 나타나는 멘토와 멘티 관계의 몇몇 성경적 모델들을 살펴본다.

이드로와 모세

출애굽기 18장에 보면 모세는 국정의 중대사인 재판을 혼자 담당하여 많은 시간과 힘을 쏟고 있었다. 그 일이 모세에게 너무나 힘든 사역이었다. 이때 모세의 장인이 모세를 방문하게 된다. 그리고는 그의 곁에서 그가 많은 사역의 짐으로 힘들어하는 모습을 보고는 한가지 아주 지혜로운 제안을 한다. 즉 모든 재판을 혼자 다 담당하지 말고 온 백성 가운데시 "재덕이 겸전한 자, 곧 하나님을 두려워하며 진실 무망하며 불의한 이를 미워하는 자"를 세워 천부장과 백부장과 오십부장과 십부장을 삼아 웬만한 재판들은 스스로 하도록 함으로 모세의 큰 짐을 덜어주었다.

모세의 장인 이드로는 재판 업무를 위임하는 일에 관해 시의적절(時宜適切)한 조언을 하였다. 모세는 또한 장인의 말을 무시하지 않고 나이 많고 지혜가 있는 자의 충언을 귀담아 듣고 그대로 하였다. 이때 이드로는 모세에게 있어 상담자요 또한 신적(神的) 중개 역할을 하는 멘토의 역할자가 되었다.

모세와 여호수아

모세와 여호수아의 관계는 성경에 나타난 멘토링의 훌륭한 모델이다. 하나님은 오랫동안 여호수아를 훈련시키면서 또한 지도자의 교체를 대비하여 이스라엘 백성들을 준비시키셨다. 지도자 교체는 갑자기 되는 것이 아니다. 먼저 준비 작업이 있고 그 다음 과도기를 거쳐서 마침내 지도자가 교체된다. 멘토링은 이런 준비 작업에서 핵심이었다(클린턴과 호버트 1990:68).

클린턴과 호버트는 모세와 여호수아 사이의 이 멘토링 관계를 다음과 같이 설명하고 있다.

하나님께서 모세에게 말씀하시기 전에 모세가 여호수아를 자기 후임자로 생각하였는지는 분명하지 않다(민 20:12). 그런데 사실 모세는 멘토링 수준에서 신중하게 여호수아를 훈련시켰다. 또한 모세는 차기 지도자를 장기적인 계획을 가지고 육성하였다(출 24:9,14/ 딤후 2:2 참조). 이렇게 함으로써 강력한 지도력의 기반을 사전에 조성하였다. 모세는 당시 최고 지도자였고 중요한 책임을 맡은 사람들이 여호수아 외에도 많이 있었다. 이런 환경은 당시 다양한 수준의 지도자들을 육성할 뿐만 아니라 안정된 환경도 제공하는 역할을 하였다. 백성들은 다른 사람들을 따르는 법을 배움으로써 성숙해가고 있었다(1990:69).

멘토링의 관계를 통해 여호수아는 모세와 계속 친밀한 관계를 유지함으로 최소한 두 가지가 이루어졌다.

첫째, 그렇게 함으로써 여호수아에게 발전이 있었다. 「탠덤식 훈련」(tandem training)[1]을 통하여 여호수아는 최고 수준의 지도자에게 필요한 기능과 태도와 가치 기준을 되풀이하여 가르침을 받고 있었다.

둘째, 그런 관계를 통하여 백성들은 여호수아의 임명에 대한 준비를 하게 되었다. 그들이 모세를 볼 때마다 여호수아가 늘 그림자처럼 붙어 다녔다. 이런 모습에서 여호수아는 신뢰를 얻었고 그의 신분에 대한 긍정적인 인식이 확대되었다(1990:69).

여호수아는 금방 그의 전임 멘토처럼 많은 역할을 담당하였다. 모세

---

1) '탠덤식 이행 훈련'(tandem transition training)은 "현재의 지도자가 앞으로의 지도자를 상대로 사용하는 훈련 방법이며, 이 방법으로 새로운 지도자는 모델링이나 멘토링이나 도제 제도 인턴 기간을 거쳐 기존 지도자의 학습 경험을 공유하게 된다"(클린턴 1993b:27).

에게 있던 권위가 그에게로 옮겨졌다. 모세를 위하여 눈부시게 활약하셨던 하나님께서 여호수아와 함께 일하셨다. 이스라엘 백성들은 모세에게 의지하였던 것처럼 여호수아에게 의지할 수 있었다. 모세는 가고 없었지만 여호수아에게서 그들은 똑같이 기름 부음을 받은 사람을 발견하였다.

지도자는 어떻게 성장하는가? 사람들은 늘 다른 사람들에 대한 성장과 지도의 중요한 원천이 되어왔다. 사람 사이의 관계를 통한 영향력은 주로 사람의 삶을 통하여 얻게 된다. 여호수아는 특히 모세를 통해 그의 성장에 강한 영향을 받았다. 모세와 여호수아의 멘토링 관계에서 발생한 강력한 요소 중의 하나는 '기대' 였다. 베니 굿윈(Bennie Good-win)은 "기대의 원리"에 대해 이렇게 말한다. "잠재력이 있는 지도자는 그가 존경하는 지도자의 참된 기대 수준까지 성장하는 경향이 있다" (클린턴 1989:343).

모세는 그의 멘티를 세우는데 '멘토링의 눈'이 있었다. 클린턴과 호버트는 다음과 같이 진술한다.

모세는 여호수아를 양육할 때 피그말리온(자기가 만든 조각상에 반한 키프로스의 왕)과 같은 역할을 하였다(즉, 모세가 그만큼 자기의 작품격인 여호수아를 신뢰했다는 말임). 그는 그의 후계자를 믿었다. 그는 여호수아를 책임감 있는 사람으로 신뢰하였으며 예언적인 '안목'으로 그를 인정하였다. 모세는 아직 경험이 부족한 그 지도자의 장래를 생각하였다. 그는 여호수아에게 그 잠재력을 반영하는 새 이름을 지어 주었다. 여호수아에 대한 그 멘토의 안목은 '기대하는 강력한 환경' 가운데서 실현되었다(1990:68).

모세는 여호수아에게 상당히 구체적인 멘토링 방법을 사용했다. 그가 여호수아에게 맡긴 두 가지 임무는 중요한 책임을 요구하는 것이었다. 그것은 마치 모세가 여호수아의 신실성과 자질과 능력을 시험하고 있는 것 같았다.

다른 경우들에서, 모세는 자신의 영적인 체험의 자리에 여호수아를 데리고 갔다. 여호수아는 그의 멘토가 개인적으로 여호와와 대면할 때 직접 가까이 갈 수 있었다. 모세는 지성소에 들어 갈 때, 회막에 들어갈 때, 시내산에 올라갈 때 그를 데리고 갔다(출 24:9~18/ 33:7~11). 그 밖의 멘토링 방법으로는 글에 의한 도움(출 17:14/ 수1:8)과 평소의 가르침(민 11:29,30)이 있다. 따라서 여호수아는 모세의 모범(출 32:15~35)과 구두에 의한 가르침(민 11:29~39)과 율법(출 17:18/ 수1:8)을 통하여 배웠다(1990:28).

여호수아와 모세는 유사점이 많았다. 이러한 유사점은 여호수아에게 끼친 모세의 멘토링의 영향인 듯하다. 클린턴과 호버트(1990:85)는 다음 열다섯 가지 유사성을 말한다.

1. 하나님께서 모세와 함께 하셨던 것처럼 여호수아와도 함께 하셨다(수 1:5/3:7/ 출 14:31 참조).

2. 백성들은 모세에게 했던 대로 여호수아에게도 복종할 것을 서약하였다(수 1:17).

3. 두 사람 다 약속의 땅에 정탐꾼을 보냈다(수 2:1/ 민 13장 참조).

4. 두 사람 다 기적적으로 물을 건넜다(수 3:17/ 출 14:26~31 참조).

5. 백성들은 모세를 존경했던 것처럼 여호수아도 존경하였다(수 4:14).

6. 여호수아는 기념으로 열두 돌을 세웠다(수 4:5). 모세는 시내산 의식에서 제단 둘레에 열두 기둥을 쌓았다(출 24:4).

7. 여호수아는 가나안에 들어가기 전에 이스라엘 백성들에게 할례를 행하라는 명을 받았다 (수 5:1~12). 하나님은 이스라엘을 구하러 가기 전에 모세의 아들에게 할례를 베풀라고 하셨다(출 4:24).

8. 두 사람 모두 '불타는 덤불'을 경험하였다(수 5:15/ 출 3:5 참조).

9. 두 사람 모두 죄를 범하는 이스라엘 백성을 위하여 중재하였다(수 7:7/ 신 9:25~29/ 민 14:13~19).

10. 여호수아는 아이 성에서 승리를 거둘 때까지 단창을 들고 있었다(수 8:18,26). 모세는 르비딤에서 승리를 거둘 때까지 손을 들고 있었다(출 17:11~13).

11. 두 사람 다 율법을 돌에 기록하였다(수 8:32/ 출 24:12 참조).

12. 두 사람 다 에발 산에서 저주와 축복을 낭독하였다(수 8:30~35/ 신 27:28).

13. 하나님께서 그 두 사람의 원수들의 마음을 강퍅하게 하셨다(수 11:20/ 출 9:12 참조).

14. 성경에서 모세와 아론이 짝을 이룬 것처럼 여호수아와 엘르아살도 짝을 이루고 있다(민 27:19~21/ 출 4:13~17 참조).

15. 두 사람 다 그들의 일생의 사역을 끝마치면서 이스라엘 백성들에게 경고와 호소가 담긴 감동적인 연설을 하였다(수 24장/ 신 31,32장 참조).

요나단과 다윗

사울 왕의 맏아들 요나단(삼상 14:49, 50)은 사울의 후계자였다. 이런 그가 오히려 놀랍게도 사울을 계승한 다윗에게 헌신적인 우정을 보였다(삼상 20:31). 다윗에 대한 그의 우정은 다윗이 골리앗을 죽인 뒤 두 사람이 처음으로 만났던 그 날부터 싹텄다(삼상 18:1-4). 그리고 장차 다윗이 왕이 되리라는 사울의 말을 듣고도 그 우정은 변치 않았다(삼상 20:31). 요나단은 자기 아버지가 다윗을 증오한다는 것을 알게 되었을 때 오히려 친구를 두둔하였다(삼상 19:1~7).

나중에 요나단이 다윗을 위하여 자기 생명을 건 모험을 한 것이 한 번만이 아니었다. 한번은 자기 자식답지 않은 요나단의 행동에 화가 난 사울이 요나단에게 창을 던졌다. 사울은 다윗에게도 여러 번 창을 던진 적이 있었다. 두 친구의 마지막 만남은 십(Ziph) 광야에서 이루어졌는데, 그 때 요나단은 다윗으로 하나님을 힘 있게 의지하게 하였다(삼상 23:16).

요나단과 다윗의 우정은 내적으로 대등한 관계이다. 이것은 성경에 나타난 위대한 대등한 멘토링(peer mentoring) 관계의 좋은 예가 된다.

사무엘과 사울

사무엘과 사울의 관계는 실패한 멘토링 관계이다. 사사와 제사장인 사무엘은 은밀히 사울에게 기름을 부어 왕으로 삼고, 예언한 대로 일어난 몇 가지 확증적인 표적을 예언하였다(10:1~13). 그 다음에 사무엘은 이스라엘 백성을 미스바에 불러 모아 제비뽑기로 사울의 선택을 확증하였다. 사무엘은 사울을 이스라엘의 왕이 되게 하였을 뿐만 아니라 그의 성품도 다듬으려고 애썼다. 심지어 사울이 여호와를 거역하였을 때조차도 사무엘은 계속 그에게 회개하고 하나님께로 돌이킬 것을 촉구하였다(삼상 9~15장).

엘리야와 엘리사

성경에서 멘토와 멘티 관계의 매우 완벽한 한 예가 엘리야와 엘리사의 관계이다. 엘리사는 북왕국 이스라엘의 선지자로 엘리야의 후계자였다. 그는 엘리야의 부름을 받고 쟁기를 버리고 예언자의 사역에 입문하였는데, 그 때 그는 미련 없이 집을 떠났다. 그 후로 그는 한동안 그의 멘토 엘리야의 시중을 들면서 그를 따랐다(왕하 3:11). 엘리사는 엘리야가 죽을 때까지 신실하고 적극적인 제자의 모습을 보여 주었다.

엘리사의 선지자직 계승은 겉옷에서 충분히 나타났다. 스승의 예언의 영을 갑절로 요구하는 그의 요구는 엘리야가 명확히 말했던 표적으로 확증되었다. 즉, 엘리사는 엘리야가 그 모습을 감추는 것을 보았다. 그 때 그 제자는 슬픔의 표시로 자기 옷을 찢었을 뿐만 아니라 또 멘토의 겉옷을 취하기 위해 옷을 찢어 벗어버렸던 것이다. 멘토 엘리야는 겉옷을 넘겨주어 엘리사에게 지도자로서 행세할 수 있는 권한을 줌으로써 멘티 엘리사에게 능력을 부여하였다. 엘리사가 엘리야를 공양하는 동안 엘리야는 여호와의 방식들을 통해 엘리사를 훈련시켰다.

여호야다와 요아스

여호야다는 '상향적 멘토'의 중요성을 한 실례로 보여 주고 있다. 그는 이 역할을 제사장 직분을 가지고 수행하였다. 그가 살아 있으면서 요아스에게 멘토링할 수 있었던 동안에는 하나님을 적극적으로 따르는 일이 있었다(클린턴1993a:123).

일곱 살밖에 안 된 요아스가 즉위하게 된 것은 제사장 여호야다 덕분이었고 유년 시절을 안전하게 보낼 수 있었던 것은 여호야다의 누이의 보살핌 덕분이었다. 그는 경건한 원리에 따라 통치 방법을 배웠다(대하 22:11). 요아스는 나쁜 결말을 보았지만 역대기 기자는 말하기를, 청년기 동안 여호야다의 좋은 영향 하에 있었기 때문에 아주 훌륭한 청년기를 보낼 수 있었다고 하였다.

학개와 스가랴

스가랴는 학개와 같은 시대의 영적 모델이다. 학개에게 여호와의 말씀이 임한 지 대략 2개월 뒤에 스가랴에게 여호와의 말씀이 임하였다. 스가랴는 하나님의 일을 진척시키기 위하여 유대로 귀환하는 포로민들을 격려하고자 하였다. 학개가 여호와께 받은 말씀은 아주 실제적이고 성전 재건에 관한 직접적인 지식과 관련되어 있었다. 클린턴은 이런 관계 내에서 수평적인 동료 멘토링을 다음과 같이 이야기한다.

여호와의 신비한 말씀을 받은 동등한 멘토의 든든한 격려는 학개에게 무척 고무적인 일이었을 것이다. 지도자들은 그들과 비슷한 사람들뿐만 아니라 그들과 전혀 다른 유형의 사람들로부터 지지를 받아야 할 필요가 있다. 신분적으로 대등한 위치의 사람들 가운데 외부에서의 도움을 주는 멘토링의 범주는 스가랴가 학개에게 베풀었던 멘토링이 그 예이다 (1993a:186).

신약성경에 나타난 멘토링

4복음서와 서신서들에서 멘토링의 관계를 많이 보게 된다. 예수께 멘토링을 받은(mentored) 제자들은 그들의 사역을 예루살렘과 온 유대와 사마리아와 땅 끝까지 확대하였다.

예수님과 제자들

멘토링의 절정적인 모델은 예수 그리스도의 생애이다. 예수님은 다른 것들과 함께 열두 제자에게 자신의 생명을 주셨다. 대중들에게도 말씀을 전하셨지만 예수님은 그 열두 제자들의 삶에 사역을 쏟으셨는데, 이는 그들이 다른 사람들의 삶 속에 자신들을 헌신해 세상을 변화시킬 것을 알고 계셨기 때문이다.

예수님은 마구잡이로 제자들을 뽑으신 것이 아니었다. 밤이 맞도록 기도하신 뒤에 아주 신중하게 제자들을 택하셨다. 예수님은 그의 제자들을 어떻게 멘토하셨는가? 클린턴은 다음과 같이 말한다.

> 예수님은 제자 선발과 실지 훈련에서 '자격 심사'(screening)를 하신다. 예수님은 다음과 같은 멘토링 방법을 사용하신다. 제자 삼기, 영적 지도, 코치하기, 상담하기, 가르치기, 후원하기, 모델링(귀감을 보임). 나는 예수님의 멘토링 관계들에서 아주 인간적인 친밀한 관계를 발견할 수 있었다. 사도 요한에 대해 그러셨고 또 세 사람 베드로, 야고보, 요한에 대해서도 그러셨다. 마리아와 마르다와 나사로와의 관계에서도 그러셨다. 또 제자들에게도 그러셨고, 재정적인 후원자들인 여인들에게도, 그리고 오백 명도 또 많은 무리들과도 관계를 가지셨다(클린턴 1993a:206).

예수님은 자신의 멘티들에게 그 삶으로써 가르치셨다. 예수님의 멘토링 방식은 모든 그리스도인 멘토들의 훌륭한 모범이다. 멘토 예수님에 관해 엥스트롬이 관찰한 바는 다음과 같은 다섯가지이다.

1. 봉사하신 멘토: 예수님은 오늘날 성공한 것으로 생각되는 멘토들과는 달라서 섬김을 받기 위하여 그 분의 팀을 조직하지 않으셨다. 그분은 그들을 섬겼다(막 10:43~45).
2. 지도하신 멘토: 섬기시는 동안에도 예수님은 지도자로서 자신의 책임을 포기하지 않으셨다.
3. 비판받기 쉬우셨던 멘토: 최고의 멘토께서는 비판받기 쉬운 것에도 아랑곳하지 않으셨다.

엘리사벳과 마리아

신약성경을 보면 예수님의 사역에서 여인들의 이야기가 많이 나온다.
세례 요한의 어머니 엘리사벳은 분명히 우리 주님의 어머니인 마리아의
멘토였다. 마리아는 엘리사벳을 방문하여 석 달을 함께 유하였다. 함께
유하는 동안 마리아는 틀림없이 결혼생활에서 경건한 부부간의 관계를
유심히 관찰하였을 것이다(엥스트롬 1989:137). 하나님은 마리아에
게 멘토를 준비하셔서 자기 남편에게 존경과 사랑을 보여 준 경건한 부
인과 함께 석 달을 유하게 함으로써 마리아에게서 이 향기가 나게 하셨
던 것이 분명하다.

바나바와 바울

사도행전에서는 몇몇 중요한 멘토링의 관계를 보여 준다. 그 중에서
바나바와 바울의 멘토링 관계가 가장 훌륭한 모델일 것이다. 바나바는
바울을 후원하였고 그를 유대인 기독교의 중심인물들과 제휴케 하였다.
또한 그는 바울을 이방인 그리스도인 핵심 인물들과도 제휴케 하였다.

1. 초창기 배경

바나바는 이방인 선교의 초기 지도자였을 뿐만 아니라 바울의 동역자가 되었고 수리아 지방의 오론테스 강 유역의 안디옥 교회에서 중요한 인물이었다. 사도행전에 의하면 바나바는 구브로 출신의 레위인이라고 한다. 그는 디아스포라 유대인이었던 것이다. 바나바는 예루살렘으로 이주하였다. 그의 예루살렘 이주는 틀림없이 그의 친척 중에 그리스도를 맨 처음 따랐던 사람들이 있었던 사실과 관계가 있었다. 바나바는 예수님의 초기 사역 동안에 예수님을 만났을지 모른다. 그는 자기 밭을 팔아 그 값을 사도들에게 내놓았던 맨 처음 사람으로 소개된다(행 4:36,37).

2. 멘토로서 바나바

초기 그리스도인들이 흩어질 때에(행 8:1 이하) 헬라파 유대인들이 예루살렘을 떠나 수리아 안디옥으로 갔다. 바나바가 예루살렘에서 도피하지 않았다는 것은 예루살렘에서 그가 사도들과 함께 중요한 역할을 했음을 말해 준다. 비록 유대 본토인은 아니었지만 바나바는 분명히 사도들의 신임을 받고 있었다. 나중에 그는 헬라파 유대인들과 헬라인들에게 복음을 전하기 위하여 파송되어 안디옥의 동역자들과 합류하였다(행 11:19~22). 안디옥 교회의 사역이 확대되고 일꾼들이 더 필요하게 되었을 때 바나바는 다소에서 사울을 데리고 와서 둘이서 함께 가르쳤다(행 11:25,26). 클린턴과 랍(Raab)은 다음과 같이 말한다.

바나바가 예루살렘 교회 지도자들에게 바울을 연결시키는 최초의 멘토가 되었다(행 9:23,24). 바울이 유대인 지도자들에게 인정을 받았던 것은 바나바가 그만큼 그들에게 신뢰를 얻고 있었기 때문이다. 그는 삶과 사역과 영적 권위에 있어 존경을 받고 있었다. 바울에 대한 이 '신적 접촉 (Divine Contact)' 2)은 하나님께서 기독교를 이방 세계로 확장시키시는 중요한 계기가 되었다(1985:8).

여기서 다시 한번 바나바는 솔선수범하였을 뿐만 아니라 1년 넘게 바울이 배우고 성장할 수 있는 기회를 제공하였다는 점에서 멘토링이 잘 이루어졌다고 본다. 바나바는 예루살렘과 안디옥에서 계속 바울의 멘토와 후원자 역할을 하였다. 그는 그들의 관계에서 처음부터 끝까지 멘토로서 섬겼다.

사울및 마가와 함께 안디옥 교회의 파송을 받아서 구브로와 후에 로마에 속한 여러 지방들의 선교 여행을 시작하였다. 그중에 구브로섬을 방문한 것은 교회가 구브로 토박이 바나바와 마가를 생각해서 구브로를 선택한 것인지 아니면 리더인 바나바가 스스로 구브로를 선택한 것인지는 분명하지 않다.

예루살렘 공의회에 관한 기록에서(행 15장) 누가는 바나바를 먼저 기

---

2) "신적 접촉"은 하나님께서 리더에게 결정적 영향을 끼치시기 위해 중요한 시기에 리더의 삶에 특별히 개입하시게 되는 때 사용하는 전문적 용어이다.

록함으로써 바나바가 예루살렘에서 바울보다 더 명망이 있었다는 것을 암시하고 있다. "바나바와 바울"은 이방인 가운데서 행한 사역에 관하여 보고하였다(행 15:12). 공의회가 수리아와 길리기아 교회들에게 보낸 "바나바와 바울"을 천거하는 글에서 다시금 누가는 바나바를 앞에 기록함으로 예루살렘에서 그 두 사람 사이의 우선순위에 차이가 있음을 보여준다.

3. 바나바와 바울의 헤어짐

이방인을 할례하는 문제를 해결한 뒤에 바울과 바나바는 그들이 이전에 함께 선교했던 도시들을 재차 방문하기로 계획을 세웠다. 그러나 누가의 표현대로 그들 사이에 "심히 다투는 일"이 발생하였다. 바나바는 마가 요한을 데리고 가고자 하였지만 바울은 데리고 가는 것이 옳지 않다고 하였다(행 15:37). 따라서 바울은 바나바와 갈라서서 실라를 데리고 수리아와 길리기아를 거쳐 소아시아 도시들로 갔다. 이 때 바나바는 마가를 데리고 구브로로 갔다(15:38~40). 바나바와 마가 요한이 친밀한 관계였다는 것이 골로새서 4장 10절에서 확실하게 나타난다. 골로새서에서 마가는 바나바의 "사촌"이라고 소개한다.

바나바와 마가

안디옥으로 돌아온 바나바와 바울은 제 2차 전도여행에 마가를 데려가는 문제로 헤어지게 되었다. 바울은 더 이상 바나바의 멘토링이 필요

없었지만 참을성이 많고 관대한 멘토 바나바는 마가 요한에게서 발전할 수 있는 잠재력을 보았다. 바나바는 권면하는 은사와 멘토링 경험을 발휘하여 마가 요한을 데리고 가게 됨으로써 또 하나의 멘토링이 이루어지게 되었다. 그들은 재차 구브로로 가서 거기에 교회들을 세웠다. 또한 마가 요한에 대한 바나바의 멘토링은 좋은 결실을 맺었다. 라일리(Ryley)에 따르면 다음과 같다.

> 바울이 로마 감옥에 갇혀 있을 동안 마가 요한을 가리켜 아주 호의적으로 "나의 위로가 된 사람들" 중의 한 사람으로 쓴 사실보다 더 잘 이것을 증거하는 것은 없을 것이다. 더욱이 바울은 마가와 사귐을 갖기를 바랐기 때문에, "믿음 안에서 참아들 된" 디모데가 오기를 기다리고 있었을 때에도 마가도 함께 데려오기를 바랐다. 디모데에게 바울은 "네가 올 때에 마가를 데리고 오라 저가 나의 일에 유익하니라"고 하는 글을 써서 보냈다(1893:116).

이처럼 바나바는 신약성경에 나타난 아주 훌륭한 멘토링의 모델이다. 필슨(Filson)은 다음과 같이 설명한다.

> 특히 한 번 실패한 사람(마가)을 성공적으로 지도자로 육성한 점에서 바나바는 훌륭한 그리스도인 지도자의 완벽한 전형에 가깝다. 복음이란 다름 아닌 우리 모두에게 다시 한 번 기회를 주는 것이 아니고 무엇이겠는가? 사람들 속에 있는 최선의 것을 이끌어내고 그와 같은 사람들에게서 그들 스스로는 보지 못하는 가능성을 개발시킬 뿐만 아니라 심지어 그

들의 실패를 딛고 일어서도록 도와서 유익한 삶을 살도록 이끄는 점에서
그리스도인 지도자들은 위대한 일을 하고 있다(1940:112,113).

바울과 어린 그리스도인들

바울의 사역에서는 '하향적인 멘토링' (자신 보다 지위가 낮은 아래
사람에게 하는 멘토링) 의 예를 많이 보게 된다. 바울은 특별히 개인적
인 멘토링 사역의 중요한 모델이 되고 있다.

1. 데살로니가 교회

성숙한 그리스도인들은(살전 1:6) 어린 그리스도인들의 삶에 중요한
영적 모델이 될 수 있다. 어린 그리스도인들은 성숙한 신자들을 가까이
에서 보고 도전을 받을 뿐 아니라 보다 실제적인 적용을 할 수 있게 된
다.

바울은 상호 관계에서의 어떻게 상대에게 좋은 영향을 끼치는가에
대한 중요한 모범을 보여준다. 굿윈(Goodwin) 의 '기대 원리'
(expectation principle)에 따르면 리더를 따르는 사람들은 그들이
흠모하거나 존경하는 지도자들의 기대에 부응하여 살려고 하는 경향이
있다고 한다. (클린턴 1993a:238).

2. 빌립보서

빌립보서는 바울과 개인적인 관계가 있었던 다섯 지도자들을 언급하
고 있다. 풀러신학교에서 멘토링을 가르치는 클린턴 박사는 바울의 '관

계를 통한 능력 부여'를 다음과 같이 설명한다.

바울은 영향력의 수단으로서 관계를 통한 능력 부여를 아주 중시하였다. 바울 서신에 보면 100명 이상의 사람들의 이름이 언급되었다. 이들 대부분이 바울과 개인적인 접촉을 통하여 그들의 삶이 변화되었다. 이들 중 다수는 바울의 광범위한 멘토링을 통하여 사역할 수 있는 능력을 부여받았다(1993a:265).

클린턴은 빌립보 교인들이 실례를 보여줌으로써 분명하게 가르치는, 그러면서 상대에게 영향을 끼치는 일종의 모델링3)을 요청하였다고 주장한다(3:15~17/ 4:8,9). 다시 클린턴은 모델링의 중요성을 다음과 같이 강조하고 있다.

사실, 제자들은 그들이 원하든 원치 않든 지도자를 모방하고 있다. 따라서 지도자는 '그리스도인의 삶이 이런 것이다' 하고 보여 줄 수 있을 만큼 의도적으로 모델 역할을 하고자 힘써야 한다. 현존하는 모델 멘토(contemporary model)는 새롭게 준비하는 차세대 지도자들에게 사역의 실예들을 보여주기 위하여 모델링을 사용하는 멘토이다(1993a:265).

---

3) 클린턴은 모델링(modeling)은 한 사람의 리더가 그를 따르는 사람에게 리더를 모방하도록 영향을 끼칠 목적으로 삶과 사역에 있어 투명하게 자신을 보여주는 기술이다"라고 정의한다.

바울과 오네시모

멘토들은 종종 멘티들의 신분과 지위를 높이기 위하여 멘티들과 공동 사역을 한다. 실제로 바울이 다른 사람들과 함께 사역하는 것이 서신서들에 나온다(빌 1장/ 고후 1:1/ 빌 1:1/ 골 1:1/살전 1:1/살후 1:1). 클린턴은 공동 사역에 관하여 이렇게 말하고 있다.

> 멘토들은 멘티들을 후원한다. 후원하는 한 가지 방법은 그들과 공동 사역하는 것이다. 물론 멘티들이 결국에는 스스로 그 수준에 도달해야 하긴 하지만 신분과 권위 면에 있어서 멘토의 수준에 오르려고 싶어한다. 따라서 책을 쓸 때 하는 공동저술 같은 것은 멘티를 후원해주는 것일 뿐 아니라 그에게 명성과 신뢰를 주는 하나의 방법이다(1993a:274).

후원 멘토들(mentor sponsors)[4]은 그들의 멘티들과 그 멘티들을 육성시킬 자원과 사람과 상황을 연결하기 위하여 영향력을 행사한다. 이런 방식으로 바울은 오네시모를 후원하고 있다. 이것은 멘토가 멘티들을 위하여 그들의 영향력을 어떻게 사용하는지를 보여 주는 좋은 예이다.

바울과 디모데

유능한 지도자들은 다른 사람들을 멘토링해 줄 수 있어야 하며 또한

---

4) 클린턴은 "후원 멘토"(mentor sponsor)를 "잠재적 리더들을 초기에 발견해 낼 수 있으며 또한 멘티와 조직에 유익할 유용한 경력들을 발전시키도록 도와주는 조직 내에 있는 영향력 있는 사람"으로 정의한다.

모든 리더들은 멘토링을 받을 필요가 있다. 클린턴이 지적하듯이 리더들은 모두 그들이 지도자로서 활동하는 동안 여러 종류의 다양한 멘토링의 도움을 받을 필요가 있다(1933a:285).

바울이 디모데에게 한 일은 멘토들이 멘티들에게 할 수 있는 아홉 가지 멘토링 역할5) 중에서 네 가지가 시도되었음을 보여 준다. 즉, 현존 모델, 영적 인도자, 교사, 상담자가 그것이다. 물론 이런 역할들은 멘토와 멘티 사이에 특별한 관계가 형성되어야 가능하다.

바울과 디도 디도는 이방인으로서 바울 서신에 여러 번 언급되었다(특히 고린도후서와 디모데후서를 보라.) 디도는 종종 말썽이 있는 곳으로 파송을 받아서 사역하게 되었다.

예를 들면, 그레데 교회 같은 곳이었다. 디도는 바울과 함께 선교 여행을 하면서 직접 현장에서 사역을 배운 바울의 멘티 중의 한 사람이었다. 바울은 디도에게 특수한 사역 임무를 맡김으로써 디도가 성장하도록 가르쳤다. 디도의 경우에서 우리는 바울이 어떻게 그의 영적 권위를 사용하여 디도에게 그의 맡은 사역에 필요한 권위를 세워주는지 보게 된다(클린턴 1993a:291).

---

5) 소위 클린턴이 말하고 있는 "아홉가지의 멘토링의 역할"은 다음과 같다 : Discipler(제자훈련자), Spiritual Guide(영적 인도자), Coach(코치), Counselor(상담자), Teacher(교사), Sponsor(후원자), Contemporary Model(현존 모델), Historical Model(과거 모델), Divine Contact(신적 접촉) (스탠리와 클린턴 1992:42 참조)

바울과 브리스길라 아굴라

바울은 아덴을 떠나 고린도로 갔는데, 거기서 그는 아굴라와 그의 아내 브리스길라를 만났다(행 18장). 바울은 그들과 함께 생활하면서 장막 만드는 일을 하였다. 바울이 브리스길라와 아굴라와 함께 한 사역은 가르치는 멘토링 관계(teaching mentoring relationship)였다. 그것은 아주 비형식적인(informal) 관계였다. 매력(attraction)과 관계(relationship)와 반응(responsiveness)과 능력 부여(empowerment)는 이들 사이에 멘토링 발생의 중요한 요소들이었다. 또한 멘토로서 가져야 할 책임감(accountability)도 역시 이들 가운데 중요한 요소로 작용하였을 것이다.

브리스길라 아굴라와 아볼로

아볼로는 능변가였고 성경에 능한 자였지만 요한의 세례밖에 몰랐다. 아굴라와 브리스길라가 회당에서 그의 말하는 것을 듣고 "데려다가 하나님의 도(道)를 더 자세히 풀어"(행 18:26) 가르쳐 주었다.

장막 만드는 자들인 브리스길라와 아굴라는 에베소에서 아볼로의 영적인 개인가정교사 노릇을 하였다. 바울이 제 2차 선교 여행에서 에베소를 방문하고 떠난 뒤에 아볼로가 그 도시로 와서 바울이 돌아올 때까지 그곳에 남아서 일하던 그 부부를 만났다.

브리스길라는 젊은 설교자 아볼로에게 영적인 조언과 지도를 하는 그녀의 남편 아굴라를 옆에서 거들었다. 그 부부는 아볼로를 상대로 가르치는 멘토링 관계를 수행했다. 이것은 아주 비형식인 교육방법이었다. 위에서 언급한 매력과 관계와 반응과 능력 부여의 네가지가 확실히 나타난 멘토링이었다. 그 결과 아볼로는 초대교회에서 대단히 유능한 복음 증거자가 되었다(행 18:1~3, 24~28).

히브리서에 나타난 역사(믿음의 영웅들)의 모델들

히브리서에서 강조하는 것은 과거 모델들(히 11장)이 우리를 위하여 하고 있는 한 가지 사실은 우리의 믿음을 강하게 해준다는 것이다. 구약성경의 지도자들에게서 가장 현저한 한 가지 특징은 하나님께 온전히 맡기는 그들의 믿음이었다. 클린턴은 과거 모델의 중요성을 다음과 같이 한층 설득력 있게 말한다.

우리에게는 도전을 주는 과거의 모델들이 필요하다. 눈에 보이지 않는 하나님을 믿는 믿음이 진정한 믿음이란 사실을 알아야 한다. 우리에게는 이러한 모델(귀감)들이 주는 격려가 필요하다. 우리는 믿음의 본질이 신실하신 하나님께 있다는 것을 알아야 한다. 신실하신 하나님께서는 세대마다 지도자들을 일으키셔서 그들을 격려하고 힘 주심으로 하나님의 계속되는 목적과 계획을 이루어가게 하실 것이다(1993a:301).

2부

한국 문화에서의 멘토링

4.
한국 가족 문화에서의 멘토링

　최근 수십 년 동안 전세계는 물론이요 아시아를 휩쓴 거대한 변화의
바람은 한국인들의 생활방식을 자연스럽게 바꾸어 놓았다. 사회의 근
대화, 현대화로 말미암아 풍습과 전통에도 많은 변화가 있게 되었다.
그러나 그런 변화에도 불구하고 여전히 한국 고유의 문화적 전통은 아
직 많이 남아있다.

사회 구조와 가치관
　한국의 사회 구조와 가치관에서 전래와 외래의 다양한 영향의 종합과
발전이 나타나고 있다. 이중에서 가장 중요한 영향은 중국 철학자 주희
(1130~1200년)의 새로운 유교 학설이었을 것이다. 벙어(Bunge)는
이것의 본질을 다음과 같이 말한다.

주자학은 사회의 모든 차원에서 '예' (禮) 중심의 사회 관계들을 밝혔다. 그 관계들은 관련된 개인들의 행복이나 만족이라는 점이 아니라, 자연 질서(理)와의 조화를 반영한 공동체 속으로 개인의 조화로운 통합을 모색한다는 점에서 이해되었다(1982:65).

주자학은 위계질서와 자제심을 강조하였다. 사회는 다섯 가지 관계로 정의되었다. 즉, 부자유친(父子有親), 군신유의(君臣有義), 부부유별(夫婦有別), 장유유서(長幼有序), 붕우유신(朋友有信)이다. 우리가 보는 바 마지막 관계, 곧 붕우유신만이 동등한 사이의 관계였다. 다른 관계들은 맨 처음 관계를 포함하여 권위와 순종에 바탕을 둔 것이며, 그리고 그 첫째 관계 곧 부자유친은 상호 간의 사랑이라기보다는 오히려 아버지의 뜻에 대한 아들의 무조건적인 순종을 뜻하였다(벙어 1982:65).

왕실로부터 최하층민에 이르기까지 전통적인 한국 사회 전체에 위계와 불평등이라는 것이 철저하게 배어 있었다. 사생활이나 자기 결정이나 개인의 권리 같은 개념은 전혀 존재하지 않았다. 사회적인 의무를 이행하기 위하여 자신의 열정이나 감정을 절제하는 사람이 이상적인 사람이었다. 남자는 무조건 아버지에게 순종해야 하고 형의 의견을 따라야 했다. 여자는 그녀 자신의 부모의 권위뿐만 아니라 그녀의 남편과 시부모의 권위에도 복종해야 했다. 어린 사람은 자기보다 더 나이 많은 사람의 의견에 따라야 했다.

이와 같은 우리나라의 관계의 수직 구조는 멘토링 관계에서 가르치고 배우는데 도움이 되었다. 한국의 이 멘토링적 환경은 오랜 세월동안의 이런 위계질서의 배경 속에서 강화되었다.

가족 제도

우리나라의 과거의 전형적인 가정의 형태는 대가족이었다. 오늘날 아무리 먼 친척이더라도 조상이 같은 혈통의 후손이면 자신들이 한 가정에 속해 있다고 믿기 때문에 서로 '일가'(一家)라고 말한다. 따라서 신라나 고려 시대에 살았던 부계 조상은 삼사십 대(代)가 지난 지금도 수많은 후손으로 이루어진 대가족을 거느리고 있다고 해야 할 것이다.

> 가정마다 세대를 이어오는 조상들의 내력이 기록되어 있는 족보가 있다. 이 족보에는 조상들의 출생과 결혼과 관직과 사망과 장지가 기록되어 있고 장손의 집에 고이 보관되어 있다. 모든 친척들은 장손의 집에 대해서 큰 존경을 표한다(하태형 1958:59).

아버지와 자녀

전통적으로 한국인의 가정에서 가부장은 권위의 상징으로 간주되었다. 모든 가족은 가부장이 명하거나 원하는 것이면 당연히 해야 할 일로 생각하였다. 엄한 교훈이라도 순종해야 했다. 연장자의 바람을 거역한다는 것은 자녀들이나 손자들에게는 감히 생각도 할 수 없는 일이었다. 웃사람에게 복종하는 것은 당연한 일로 받아들여졌고 또한 가장 칭송받을 미덕의 하나로 간주되었다(KOIS 1993:146). '수신제가(修身齊家) 치국평천하(治國平天下)'라는 말에서 '차서(次序)'에 대한 공자의 사상이 나타나고 있다. 이 말은 곧 자기 가정도 다스리지 못하는 사람이 어찌 한 나라를 다스릴 자격이 있겠느냐 하는 뜻이니 말이다.

이러한 제도 혹은 질서 하에서 남자는 전통적으로 가정을 통솔할 힘뿐만 아니라 가정을 대표하고 부양하고 보호할 책임을 부여 받았다. 만일 그가 이 힘을 발휘하지 못하고 이 책임을 감당할 수 없으면 그 가정의 우두머리로서 체면을 잃게 된다. 가정의 질서는 연장자에 대한 복종을 통하여 유지되었다. 즉, 자녀는 부모에게, 아내는 남편에게, 종은 주인에게 순종함으로써 그 가정의 질서가 유지되었다(KOIS 1993:146).

가정에서 아버지의 권위는 그의 아들이 쓰는 말의 형태에 의해 암시되었다. 이런 용어들은 아버지에 대한 존경을 표시하는데, 그것은 다음과 같다.

아버지	자기 아버지를 호칭할 때 가장 흔히 쓰는 말
가친(家親)	살아계신 자기 아버지를 다른 사람에게 말할 때 쓰는 말
노친(老親)	가친과 같은 뜻으로 쓰이는 말
가군(家君)	가친과 같은 뜻으로 쓰이는 말
가엄(家嚴)	가친과 같은 뜻으로 쓰이는 말
고(故)	돌아가신 아버지를 다른 사람에게 이를 때 쓰는 말
선고(先考)	고와 같은 뜻으로 쓰이는 말
현고(顯考)	돌아가신 아버지의 신주 첫머리에 쓰는 말
편친(偏親)	홀로 된 아버지에게 쓰는 말
춘부장(春府丈)	남의 아버지에게 쓰는 말

춘장(春丈)	춘부장과 같은 뜻으로 쓰이는 말
춘당(春堂)	춘부장과 같은 뜻으로 쓰이는 말
춘대인(春大人)	춘부장과 같은 뜻으로 쓰이는 말
부친(父親)	춘부장과 같은 뜻으로 쓰이는 말
선친(先親)	돌아가신 자기 아버지를 다른 사람에게 이르는 말

효성(孝誠)

다섯 가지 주요한 인간관계[五倫] 중 세 가지는 가정을 중심으로 되어 있다. 무엇보다도 중요한 것은 말할 필요도 없이 일방적으로 '효성'을 강조하는 부자의 관계였다. 이런 관계는 오랜 사회적 전통이어서, 한국인들은 사회 규범에 따라 연장자를 존경한다. 이런 존경이 가족 멘토링의 분위기를 보다 자연스럽게 만들어 준다.

한국 전역에 충신, 효자, 열녀를 추모하는 기념비들이 많다. 때로는 많은 비용에도 불구하고 이러한 기념비를 세워서 그와 같은 사람들을 사회의 귀감으로 삼았다. 또한 가정 질서와 사회 질서와 충성과 효(孝) 와 정조(貞操)의 중요성에 대한 인식을 통하여 사회봉사 정신도 길러졌다.

효성은 인격 형성에서 최고의 덕목으로 꼽혔으며 자녀들은 어릴 적부터 부모에게 순종하기를 배웠으며 부모의 말은 곧 그 가정에서 법처럼 여겨졌다.

아들은 아버지가 잠자리에 들 때까지 시중을 들고 아침에 일어날 때에도 적절한 예(禮)를 표한다. 만일 아들이 출타를 하거나 새로운 관직을 받아야 한다면 아들은 반드시 아버지의 허락을 받아야 한다. 그리고 바깥

출입을 할 경우에는 반드시 부친께 행선지를 말씀드려야 하며 또 귀가할 때에도 역시 말씀을 드려야 한다(하태형 1958:63).

이이(李珥)는 부자 관계와 군신 관계에 전혀 차이가 없다고 보았다.

삼강(三綱)과 오륜(五倫)은 봉건 사회의 질서를 유지하고 발전시키는 데 절대적인 규범이다. 이 규범을 심지어 아주 사소한 것 하나라도 어긴다면 그것은 곧 천리(天理)를 범하는 것이다. 부자간의 확고한 관계가 없이는 군신의 관계가 명백하게 설명될 수 없다. 신하가 임금을 불충하게 섬겨서 안 된다면 아들이 어떻게 아버지를 불충하게 섬길 수 있겠는가?(이이 1966:155).

부모가 살아계시는 동안 장자(長子)는 부모의 소원과 권고를 따라야만 한다. 그는 자기 자신의 계획과 소원보다 먼저 부모의 승인을 받아야 한다. 보통 장자는 부모와 함께 살거나 가까이에서 살면서 부모가 돌아가실 때까지 부모님을 정성스럽게 모셔야 하는 것으로 생각한다. 옛날에는 맏아들이 부모의 무덤가에 움막을 짓고 살면서 3년 상(喪)을 치르기까지 하였다. 이런 아들의 도리를 다한 뒤에야 비로소 맏아들은 새로운 가장으로서 자신이 원하는 것을 할 수 있었다. 맏아들은 또한 그 가정의 재산을 물려받았다.

조선 시대 서인(西人)의 대표적인 인물이었던 정철은 효성에 대한 빼어난 시조를 남겼다.

어버이 살아실 제 섬길 일란 다하여라

지나간 후이면 애닯다 어찌하랴

평생에 고쳐 못할 일이 이뿐인가 하노라.

이 부자 관계에서 아버지는 가정에서 자녀들에게 강력한 권위를 행사했다. 한국의 자녀들은 이처럼 가정의 멘토인 그들의 아버지에게서 큰 영향을 받아 왔다.

어머니와 자녀

과거 한국에서 여자는 집안 살림만 하다시피 했다. 전통적으로 여자는 아들을 낳을 때까지는 거의 사람 취급을 못 받았다. 여자는 시어머니가 되기까지는 종속적인 신분이었다. 시어머니가 되면 비로소 가정에서 힘을 발휘했다. 주부에 대한 호칭 중 하나로 '안사람', 즉 주부는 가정의 울타리 '안에서' 생활하는 것이 당연하게 여겨졌다는 것을 뜻하는 말이다. 거의 모든 한국 가정은 담으로 둘러져 있는데 전통적으로 아내는 사람이 안 보이는 그 담 안에서 늘 살았다.

전통적인 한국의 어머니는 젊은 시절 내내 고생을 하였다. 시어머니 밑에서 어려움을 꾹 참고 섬겼다. 그러다가 시어머니가 되는 날이면 대개 그 가정에서 그녀에게 새로이 부여된 실권을 충분히 발휘하여 그녀의 모든 변덕에 순순히 따라야 하는 하녀처럼 며느리를 부렸다.

가정에서 딸들은 천덕꾸러기 신세였으며 그러다가 결혼을 하게 되면 가족을 떠나서 시댁 식구가 되었다. 전통적으로 처녀에게는 결혼이 자기 가족과 영원한 이별을 하는 것이었다. 딸이 출가하여 시집을 가게 되면 두 번 다시 친정으로 돌아오지 못한다고 생각했던 것이 먼 과거의 이야기가 아니었다. 소박을 맞게 되면 여자는 돌아갈 곳이 없었는데, 이는 친정 식구들이 그녀를 다시 받아들이지 않으려고 했기 때문이다.

그래서 딸을 낳으면 별로 기뻐하지 않았다. 딸을 낳으면 아들을 낳았을 때와 같이 축하하는 일이 전혀 없다. 아버지는 딸을 낳았다는 사실을 좀처럼 말하는 법이 없다. 12지지(地支)에 따라 운수가 좋지 못한 해에 태어난 여자는 좋은 남편을 만나기가 어려울 것이기 때문에 아주 재수가 없다고 생각한다.

한국의 성도덕(性道德)은 아주 엄격하여서 실제로 오랜 세월 동안 한국 여인들을 보호하였다. 그 성도덕으로 말미암아 가정제도가 보호를 받았고 한국 여인들에게 자녀를 낳고 집안의 대소사를 치를 수 있는 충분한 기회를 주었다.

전통적으로 여성 교육에 필요한 체계적인 교육은 없었다. 여성들의 역할이 가사에 한정되어 있었기 때문이었다. 가정교육만으로도 여성 교육을 위해 충분하다고 생각하였다. 따라서 전통 한국 사회에서 여성들의 교육은 가정 중심적이었고 가정에서 사적인 교육을 받았다.

   하지만 결혼 후에는 며느리의 지위가 중요하게 된다. 며느리는 시어머니의 멘티이면서 또한 자녀들의 멘토가 된다. 그녀는 멘토인 시어머니로부터 온갖 가사와 요리와 자녀 양육에 관한 솜씨와 기술들을 직접 배운다.

   어머니와 관련된 효성에 관한 역사의 기록들이 많이 전해지고 있다. 신라의 김유신 장군 이야기에 보면 그는 청년 시절에 그의 멘토인 어머니에게서 훈도를 받았다고 한다.

   동료 화랑들의 부추김을 받아 천관이라고 하는 기생의 아름다움에 빠져 김유신은 거기서 밤을 보냈다. 그의 어머니가 수심이 가득한 얼굴로 그를 만났다. 어머니는 말씀하기를, "나는 네가 신라의 위대하고 훌륭한 사람이 될 것으로 기대하는데, 이제 내 꿈은 산산이 부서지고 모든 계획이 물거품이 되었다."라고 하였다. 김유신은 참회하며 어머니께 엎드려 절하고 결코 다시는 어머니의 높은 기대를 저버리는 삶을 살지 않겠노라고 엄숙히 맹세하였다.

   이 설화에 따르면 그는 두 번 다시 어머니의 기대를 저버리지 않았다. 한번은 그의 말이 전혀 그의 의사와는 상관없이 그를 기다리던 기생집으로 데리고 갔다. 그는 말에서 내려 칼을 빼어 들고 그 말의 목을 내리쳤다. 나중에 그 기생은 상심히여 죽고 말았다. 경주에 그 기생을 기념하여 절을 세웠는데, 그 절 이름이 '천관사' 였다(김영정 1976:44).

여성으로서 당하는 속박과 학대에도 불구하고 한국사에 보면 지적(知的)으로 출중한 여성들이 많이 있었다. 이들 여성들은 대부분 그들의 아버지에게 사사(私師)를 받거나(즉, 멘토링을 받거나) 그들의 형제들이 집에서 학문을 연마할 때 어깨너머로 배웠다. 예를 들면, 다음과 같은 경우가 있다.

> (조선왕조 때에) 신영석의 부인이요, 조정의 고위 관리를 지낸 허정의 누이였던 허부인은 유교 고전과 역사에 해박한 지식을 가지고 있었다. 그녀는 또한 사람의 인물됨을 파악하는 안목이 있었다고도 한다. 그녀가 어떻게 학문을 하게 되었는지는 알 수 없으나 수십 년 동안 조정 관리로 있었던 형제들이 중대한 문제에 직면할 때마다 찾아와서 조언을 구하였다(김영정 1976:157).

조선왕조에서 대비(大妃)가 섭정하는 경우가 여러 번 있었다. 대비는 어린 왕의 아주 강력한 정치적인 멘토가 될 수 있었다. 대비가 섭정으로 선정된 것은 어머니가 자녀에 대하여 갖는 우월한 지위를 반영해 주었다. 또한 어머니는 왕위 계승 문제로 형제간에 불화가 생겼을 때마다 조정 역할을 할 수 있었다. 동시에 어머니는 어린 왕이 자기 자식이기 때문에 그 왕의 권한과 특권을 침해할 가능성이 가장 적은 인물일 수 있을 것이다. 때때로 대비나 대왕대비가 섭정이 끝났는데도 불구하고 계속 왕에게 영향력을 행사한 경우도 있었다.

어떤 부인들은 자기 남편에게 지혜로운 조언을 하여서 역사의 기록에 그 이름을 남기기도 하였다. 그런 인물 중의 한 사람인 유부인은 고려 태조 왕건의 첫째 부인이었다. 김영정은 그 부인에 관해 이와 같이 말한다.

> 자기 남편이 사람들의 제안을 수락하기를 주저하는 것을 보고 앞으로
> 나가서 자기 남편에게 다음과 같은 말로 수락할 것을 간곡히 청하였다.
> "그것은 예부터 있어 온 당연한 처사인 줄 알고 있습니다."
> 손수 남편에게 갑옷을 입혀 주면서 자기 남편을 격려하여 즉시 행동하
> 게 했다. 왕건이 고려의 태조가 되고 유부인이 훗날 신혜왕후라는 칭호
> 를 받을 수 있었던 것은 부분적으로는 유부인의 시의적절한 간여 때문이
> 었다(김영정 1976:32).

조상 숭배

가정사에서 죽음과 장례는 결혼 다음으로 중요한 일이다. 결혼의 성공 여부는 조상 숭배의 가족 전통을 이어갈 아들들의 숫자에 따라 평가되었다. 부모 중 한 명이 중병이 들면 아들딸들을 다 불러 모아 옆에서 임종을 지켜보게 한다. 임종하는 순간 모두가 울면서 곡을 시작한다.

마을 사람들도 부음(訃音)을 듣는 즉시 하던 일손을 멈추고 초상집을

찾아와 문상을 한다.

옛날에는 그 가정의 성공과 번영은 부모의 묘 자리를 어떻게 쓰는가에
달렸다고 믿었다. 주위 구릉과 산들의 상서로운 기운을 잘 알고 있는 지
관이 이상적인 장소를 물색하였다. 한국 전통에서 조상 숭배의 중요성
에 관해 이기백은 다음과 같이 말한다.

> 물론 그처럼 아낌없는 장례 풍습은 조상 숭배의 신앙을 암시하는 것이
> 분명하다. 그리고 그것은 조상의 살아있는 혼이 후대의 후손들이 잘되도
> 록 계속 영향력을 행사한다고 믿는 믿음에 의거한 것이다. 따라서 아버
> 지에게서 아들로 가정의 권위와 권좌를 전하는 방식으로서 제사를 지내
> 는 것이 직계 상속자에게는 의무일 뿐만 아니라 중요한 권리가 되었다(이
> 기백 1984:34).

한식과 추석 같은 날에는 온 집안 식구들이 조상의 묘소를 찾아간다.
조상의 업적을 기리고 저마다 가문의 명예로운 지위를 계속 이어가야
할 것을 다짐하게 된다. 과거가 현재와 미래만큼 중요한 생생한 현실로
간주되었다. 이러한 제도는 조상과 온 집안 식구사이에 지속적인 정신
적 멘토링의 한 형태로 볼 수 있을 것이다.

한국의 언어

언어도 한국 역사에서 발전하는 멘토링의 관계에서 중요한 요소가 되
었다. 한국어는 알타이어족의 특성을 가지고 있으며 중앙아시아를 비

롯한 몽고어, 터키어, 핀란드어, 퉁구스(만주)어가 여기에 속한다.

　한국어는 소위 경칭(敬稱)이라는 것이 있어서 웃사람이나 동급자나 아랫사람에 따라 쓰는 말이 다른 것이 특징이다. 그것은 다른 어휘를 사용한다기 보다 사용된 언어의 기본적인 구조를 약간 변형시켜서 표현하는 것이 보통이다. 한국어는 위계적인 인간관계와 멘토링 관계의 뉘앙스에 아주 민감하다. 처음 대면하는 두 사람은 좀 경원(敬遠)하는 말 또는 존대어를 사용하나 서로 친구가 되면 그때부터는 형식에 구애받지 않는 '예삿말'을 쓰게 된다. 아랫사람은 윗사람에게 반드시 존대말을 한다. 윗사람은 아랫사람에게 말을 낮추어 '낮춤말'을 쓴다. 멘토와 멘티 사이에 있어 언어의 사용은 그들 관계의 수준을 나타내주는 지표가 된다.

5.
한국 종교에서의 멘토링

　한국의 개인과 가정, 그리고 사회생활 전반에 많은 영향을 끼쳐 온 것이 종교다. 종교는 어느덧 우리나라의 개개인의 삶에 뿌리 깊게 영향을 끼쳐오고 있다. 나중에 들어온 유교와 불교로 인하여 샤머니즘은 주기적으로 국가의 억압을 받았다. 하지만 반대로 샤머니즘은 두 종교에 많이 스며들어가 영향을 주고 있다.

샤머니즘

　한국의 샤머니즘은 오랜 역사를 가지고 있다. 일찍부터 한국인들은 태양을 천주(天主)로 생각하고 그들의 조상이 태양으로부터 나왔다고 믿었으며 또 산꼭대기는 천주와 인간의 교통 장소라고 믿었다. 태양 숭배와 산신제와 조상숭배의 세 제사가 초창기 그들의 삶을 지도하는 원리가 되었다. 3세기에 신라에서 태양과 달과 함께 산신령들에게 제사를 드렸다는 기록이 있다. 태양 숭배는 한국의 중세 시대에 특히 중요한 위치를 차지하였다.

시간이 흐르면서 샤머니즘이 그 절정에 달하였을 때 한국인들 사이에 좀 더 고도의 종교 성장에 필요한 건전한 바탕을 제공한 윤리 규범이 발전하기 시작하였다. 이러한 윤리적 특성은 중국과 일본의 윤리적 특성과 사뭇 달랐다. 이러한 특성은 실제로 한 신(神)을 의미하는 일종의 이신론(理神論)인 신교(Shinkyo)의 법규 아래 때때로 속하게 되었다(오채경 1958:66).

한국 샤머니즘 역사에서 우리는 무당 사이의 멘토링 관계를 많이 발견하게 된다. 무당이 될 사람에게 신이 내리게 하기 위해 비는 굿(내림굿)에서 만신(mansin)은 귀신들을 불러서 신 내림을 완벽하게 하여 귀신들이 택한 무당이 만신처럼 춤을 추고 노래할 수 있도록 한다.

라우렐 켄덜(Laurel Kendall)은 『무당, 가정주부, 귀신들』(Shamans, Housewives, and Other Restless Spirits)에서 그 관계를 다음과 같이 묘사하고 있다.

종종 여자가 신병(神病)을 통해서 강신무가 된다. 무가(巫歌) 사설을 떠는 만신의 이야기는 전형적인 것이다…. 그녀의 가족은 그녀가 죽었다고 생각하였다. 한참 지난 뒤에 부모는 자기 여식(女息)이 이웃 마을의 큰 무당인 곰보 만신의 도제인 영적 딸이 되었다는 소리를 들었다. 그 곰보 만신은 그 여식을 데리고 가서 무당을 삼고 굿판을 벌일 수 있도록 훈련시키고 있었다. 수년 동안에 그 여식은 주문과 춤사위와 제의에 관한 지식을 터득하였다…. 오늘날 그 지역 사람들은 그 여식을 '큰 무당'으로 생각한다(켄덜 1985:58).

수년에 걸쳐 '큰 무당'은 자기 멘티에게 굿을 가르치고 굿을 행하게 함으로써 멘토로서 지도하였다.

애기무당은 아직 배워야 할 것이 많다. 긴 주문과 노래와 굿의 절차를 터득해야 한다. 애기무당을 지도하는 만신 곧 애기무당의 영적 어머니(신모)는 그녀를 자신의 굿판으로 데리고 가서 거기서 북을 두드리고 제물을 차리고 그녀의 신병을 위해 돈을 받는다. 애기무당은 굿을 해달라는 주문을 받으면 좀더 경험이 많은 만신을 대동하는데, 그러나 이때 여러 되의 쌀과 많은 몫을 요구한다(켄덜 1985:67).

만신과 관련된 멘토링 관계의 또 다른 경우는 어머니와 딸 사이에서 나타난다. 김영숙은 그런 예를 다음과 같이 말하고 있다.

왕십리 만신은 자기 친어머니가 벌이는 굿판에서 무당으로 입문하였다. 할머니는 그녀의 딸에게 내린 신들은 그녀의 시어머니의 멈주(수호신들)였던 신들인데 지금 새로 들어갈 곳, 즉 그들의 영매로 활동할 새로운 사람이 필요하다는 것을 확신했다 … 왕십리 만신은 이미 그녀의 시어머니의 신내림을 받았기 때문에 할머니와 왕십리 만신은 할머니가 죽으면 왕십리 만신이나 할머니의 후손 중의 어떤 이가 신내림을 받아 무당 노릇을 할 것이라고 믿는다. 혹은 할머니의 현재 며느리가 신내림을 받을 가능성도 있다. 그 무당들은 할머니의 손녀들 중에서 누군가 할머니를 세습하게 될 것으로 생각하는 것 같다(1979:35-36).

유교

중국으로부터 유교가 들어온 시기는 삼국시대 이전이다. 유교는 백제와 고구려보다 신라에서 굳건히 뿌리를 내렸다. 유교는 불교와 함께 오랫동안 한국인의 종교 생활에 영향을 끼쳤다. 조선왕조 때에 유교는 사회적 정치적 문화를 형성하는 데 지대한 영향을 미쳤다. 특히나 한국의 전통적 가정을 보면 그 안에 멘토링의 환경이 뿌리 깊게 스며 있음을 발견한다. 한국 가정에서의 멘토링의 뿌리는 유교로부터 영향을 크게 받았다. 이 제도에 관하여 「한국 해외 정보 서비스」(KOIS)는 다음과 같이 설명하고 있다.

B.C. 6세기에 생존한 것으로 추정되는 중국의 현자인 공자는 가정과 국가 안에서 조화롭게 통일된 관계를 정착시킬 의도로 이상적인 윤리 제도를 만들었다. 그것은 기본적으로 '위계의 제도'였다. 즉, 아버지에 대한 자식의 순종, 형에 대한 아우의 순종, 남편에 대한 아내의 순종, 임금에 대한 신하의 순종 등이다. 그 제도는 효성과 조상 숭배와 친구 간의 우정을 가르쳤다. 예절과 관습과 의례를 지극히 존중하였다(Korean Overseas Information Service 1993:137).

공자에게 있어서 인간의 온전한 의무는 같은 인간과 바른 관계를 유지하는 것에 있었다. 공자는 아주 보수적이었으며 권위에 복종할 것을 가르쳤다. 공자는 모든 극단을 피하고 중용을 지켜 생(生)이 활기차고 적극적이어야 할 것을 가르쳤다(오채경 1958:72).

이런 점에서 한국에서의 유교는 수백 년 동안 변함없이 엄격한 보수주의 시각을 견지하고 있다. 그러나 우리나라 사람들은 유교를 종교적인 성격보다는 교육적인 성격으로 더 많이 생각하고 있다. 유교는 옛날의 과거 시험 과목으로서 양반층 교육의 근간(根幹)으로 다루어졌다. 그 결과 금욕적인 배경과 모든 감정의 억제를 지나치게 고집하는, 세련되고 교양 있는 불가지론자(不可知論者)를 낳게 되었다. 오늘날에도 이러한 경향이 남아 있는 것을, 때로는 지나칠 정도로 체면을 차리고 때로는 무표정한 한국인들의 태도에서 엿볼 수 있다.

불교

세계 종교 가운데서 한국에 맨 처음 들어온 것이 불교인데 4세기에 한국에 전래되었다. 그러나 불교가 중국으로부터 들어온 뒤에 천천히 한반도 아래쪽으로 전해졌다. 불교는 A.D. 372년에 고구려에 들어왔고 A.D. 384년에 백제로, 대략 반세기 후에 신라로 들어갔다.

불교는 통일 신라의 지배적인 사상 체계가 되었다. 따라서 많은 뛰어난 승려들이 당나라로 혹은 심지어 저 멀리 인도까지 부처의 가르침을 배우기 위해 갔던 것은 당연한 일이었다.

많은 승려들이 중국에서 공부하고 신라로 돌아오면서 여러 불교 종파의 경전들을 함께 가지고 왔다. 한 승려와 관련된 멘토링 관계의 효과에 관하여 역사학자 이기백은 이렇게 말하고 있다.

> 화엄종은 의상이 신라에 들여왔는데, 의상은 중국의 고승 지엄의 뛰어난 제자였다. 그는 신라로 돌아온 뒤 부석사를 창건하여 그곳을 중심지로 삼고 새로운 종파인 화엄종을 널리 전파하였으며 그의 지도를 받은 많은 제자들이 배출되었다(이기백 1984:81).

불교가 나라로부터 그와 같은 폭넓은 지원을 받았기 때문에 그 당시 승려들이 정치적 고문, 즉 멘토로서 활약한 것은 당연한 일이었다.

> 이러한 것 중에서 두 신라 승려의 예를 들 수 있는데, 한 사람은 왕이 국사(國師)로서의 자문을 구했던 원광이며 또 한 사람은 대국통(大國統)으로 황룡사 9층탑을 세운 자장이다(이기백 1984:61).

중국에서처럼 선불교는 9세기부터 본격적으로 전래되기 시작하였는데, 깨달음을 위한 전혀 새로운 시도를 하였다. 선종(禪宗)은 불교의 종파 중에서 가장 늦게 전래되었다. 멘토링 관계가 선(禪)수행에서 중요한 역할을 하였다.

궁극적인 실재를 깨닫기 위하여 선의 대가들은 마음의 심리적인 정결 또는 부처의 본성을 통찰하지 못하도록 막는 모든 세속적인 관심으로부터 마음의 해탈을 강조한다. 이런 노력의 기본적인 방법을 '참선' 혹은

'좌선'이라고 한다. 이것은 보통 스승의 엄격한 지도 하에서 이루어진다. 효과적으로 선을 행하게 하고 마음을 수양하게 하는 부수적인 방법들이 많이 있는데, 어떤 것들은 이해하기가 난해하다. 바르게 앉아서 호흡을 가다듬고 스승과 제자들 사이에 신자들은 알아들을 수 없는 선문답을 하고, 졸면 죽비로 내려치고, 멀리 낯선 곳으로 여행을 하고, 구도의 비밀을 찾는 외로운 도인처럼 자연의 아름다움에 도취하는 것들이 몇 가지 흥미 있는 실례들이다.

선불교의 수련 방식은 격식이 없는 일대일의 방식이다. 선(禪)은 6세기 초 인도승(印度僧) 달마선사에 의해 맨 처음 중국에 전래되었다. 달마가 9년 동안 면벽 수행하여 깨쳤다는 선 진리는 '마음에서 마음으로'(以心傳心), 즉 '기록된 문자의 이론적인 공식화 없이'(不立文字) 조선(祖禪)으로부터 제자들에게 전달되었다…. 선은 7세기경에 신라에 전래되었지만 종파가 성립된 9세기까지 그 영향력은 미미하였다.

부도(浮屠)도 스승과 제자 관계의 표시가 되었다. 역사학자 이기백은 다음과 같이 말한다.

부도는 고승의 유물을 보존하기 위하여 만든 탑이다. 원칙적으로 선종은 경전에 의존하지 않고 깨달음을 스승의 마음에서 제자의 마음으로 전달하기 때문에 선종은 사제 관계를 중요하게 생각하였다. 스승이 죽은 뒤에 스승의 화장된 유물이 스승이 가르쳤던 그 종파의 상징으로 존숭을

받았던 것은 이런 이유 때문이 아니었는가 하고 생각한다. 그래서 선(禪)
의 고승들을 공경하는 부도가 많이 세워지게 되었다(이기백 1984:109).

현재 불교는 우리나라에서 아직까지 제 일의 종교로 숫적으로 가장 많
은 신도를 거느리고 있는 것으로 통계가 나와 있는 동시에 사회의 주요
인사들에게 미치는 그 영향력으로 인하여 중요한 위치를 점하고 있다.

음악

한국 사람들은 상고 시대부터 가무(歌舞)를 즐겼다. 삼국 시대에 오
현금, 가야금, 대금, 피리, 소, 북, 타악기 등이 연주되었다.

한국 음악에서 멘토링 관계는 악기를 더 잘 배우고 연주할 수 있게 하
였다. 오채경은 다음과 같은 예를 들고 있다.

신라 왕은 A.D. 552년에 세 사람을 가야에 보내 가야금을 발명하여 연
주한 우륵에게 음악을 배워 오도록 하였다. 이 시기에 삼국 모두의 문화
에 있어서 음악이 정교한 수준에 도달하였던 것이 분명하다(오채경
1958:92).

가야금은 가야국 가실왕이 중국의 악기를 보고 창제한 것인데, 이 가
야의 악기가 우륵(于勒)에 의해 신라로 전해지게 되었다. 우륵은 가야
의 운명이 다한 것을 알고는 가야금을 들고 그의 제자 니문(尼文)과 함
께 신라로 망명하였다. 왕이 음악을 배워 오도록 보낸 세 사람은 우륵의

지도를 받아 음악을 배웠다. 한 사람은 노래를 배웠고 다른 한 사람은 가야금 연주를 배웠고 또 한 사람은 춤을 배웠다. 이것이 바로 음악 교육에서의 멘토링인 것이다. 음악에서 멘토링 관계를 증명하는 증거는 이 외에도 많다.

미술

한국 미술은 중국 미술의 영향을 크게 받았는데, 그 까닭은 두 나라가 지리적으로 근접한 것과 오랜 문화적 유대 관계 때문이었다. 한편, 한국 미술가들은 일찍부터 유려(流麗)한 방식으로 중국 스타일을 한반도의 고유한 특성에서 흘러나온 예술적 발상과 조화시킴으로써 독특한 성격을 발전시켰다. 일본 서기에 고구려와 백제의 미술가들이 자주 등장하는데, 그것은 이 화가들이 일본 초기, 즉 아스카 시대에 일본 미술 발전에 지대한 공헌을 하였다는 것을 뜻한다. 조선우는 이들의 영향력에 대해 다음과 같이 말한다.

　일본으로 건너간 백제 화가들은 백가, 하성, 인사라벌, 상양, 아좌 태좌 등이었다. 아좌 태좌가 그린 것으로 일본 나라 성(城)의 호류사에 보관된 쇼토쿠 태자의 초상은 백제에서 사용된 초상화 기법임을 나타낸다. 이 그림이 나라 시대에 그려진 모사화라고 믿는 사람들도 있지만 그것은 백제를 통하여 중국 양식 미술이 일본에 큰 영향을 끼쳤다는 것을 나타낸다 (KNC 1983:4).

음악과 마찬가지로 한국 화가 사이에서도 멘토링 관계를 더듬어 볼 수 있다. 김석신은 김응환의 조카였는데 김응환이 자식이 없어 조카인 그를 양자로 삼았고, 덕신과 양신은 그의 형들이었다. 김석신은 화가의 가정에서 태어나 그도 화가가 되었다. 그의 수양 아버지가 돌아가셨을 때 그의 나이 서른두 살이었고, 그의 형 덕신은 마흔 살이었다. 조선우는 김석신이 화가가 되기까지 받은 영향을 이렇게 요약하고 있다.

그러므로 그는 그의 수양 아버지와 형과 그보다 열세 살이 더 많은 김홍도의 영향을 크게 받았는데, 그 까닭은 이 유명한 화가는 그 당시 그의 수양 아버지를 사사하고 있었기 때문이다(KNC 1983:82).

3부

한국 기독교 역사와 멘토링

6.
선교적 멘토 존 네비우스

이 장에서는 한국 기독교 멘토링의 역사적 근원을 살펴보고자 한다. 존 리빙스턴 네비우스(John L. Nevius)는 최초의 선교학적 멘토였으며, 한국에 파송된 초기 선교사들에게 큰 영향을 끼쳤고, 따라서 한국 기독교에도 큰 영향을 끼쳤다.

멘토로서의 네비우스

네비우스6)는 한국 교회사에서 위대한 멘토였다. 잠깐 동안의 한국 방문에도 불구하고 그의 선교학 이론의 멘토링 관점과 그의 가르침은 한

---

6) 존 리빙스턴 네비우스(John Livingston Nevius, 1829~1893년)는 네덜란드계였다. 그의 최초의 미국인 조상인 요하네스 네비우스(Johannes Nevius)는 네덜란드 헬드란트(Gelderland)의 린즈강 유역의 마을인 조엘렌(캐디두)에서 이민을 왔다. 존은 1829년 3월 4일 뉴욕주 오비드와 로디 사이에 있는 한 농장에서 태어났다. 존 네비우스는 중국 선교사로서 1886년에 초판 발행되고 그 후에 ThePlanting and Development of Missionary Churches(1899, 1901, 1958년) 제하에 재판된 그의 Methods for Missionary Work이란 책으로 사람들에게 제일 잘 기억되고 있다. 오랫동안 그는 대부분 지교회들이 자급, 자치, 자체 전도하는 존재가 되는 방법을 준비하였다. 그는 중국어와 영어로 상당한 저작을 내놓았다. 그의 마지막 책인 Demon Possession과 Allied Subjects는 유작으로 출판되었다(1985년).

국의 미국인 선교사들에게 큰 영향을 끼쳤으며 초기 한국 기독교 지도
자들에게도 큰 영향을 주었다.

선교사로서의 네비우스

네비우스가 중국의 선교사로 가기로 결정한 데는 어떤 특별한 이유가
있었다. 그가 프린스톤 신학교에 재학하던 당시 그 결정을 하게 되었다.

첫째 이유 : 성경의 증거

네비우스는 선교의 소명이 바로 자신의 '책무' 라는 것을 깨닫게 되었
다. 그는 모든 나라 모든 백성에게 복음이 필요하므로 그리스도께서 제
자들에게 "가서 모든 족속으로 제자를 삼아라"고 명하셨다는 성경 말씀
에서 이 사실을 깨닫게 되었다.

둘째 이유 : 월터 로우리(Walter Lowrie)의 멘토링 영향

네비우스가 자신이 다른 사람보다도 더 그 일에 적임자라고 생각하게
된 것은 로우리와 대화를 나눈 때문이었던 것 같다. 네비우스의 아내는
말하기를, 네비우스는 하나님께서 자신의 일생을 죽 선교의 일을 위하
여 준비하도록 하셨다고 생각하였다고 한다(1895:95). 월터 로우리는
네비우스의 상담 멘토 역할을 하였다.

셋째 이유 : 신학적인 영향

이 당시(1851년) 프린스턴 신학교 조직신학 교수였던 찰스 핫지(Charles Hodge)는「외국 선교와 천년왕국설」(핫지 1851:207)이라는 긴 논문을 썼다. 네비우스는 이 글을 읽고 교회 본질에 대한 개혁신학과 이 세상에서 하나님 나라를 현시하는 교회의 역할과 "하나님 나라가 너희 안에 있다"라는 그 생각에 감화를 받았을 것이다. 핫지는 선교학에서 네비우스에게 현존 모델(contemporary model)이었다.

네비우스의 한국 방문

네비우스는 북중국의 장로교 선교사로서 산동 지방에 그 지역 고유의 중국 교회를 성공적으로 개척한 것으로 유명하였다. 그는 나중에 한국에서 장로교 선교 사역의 발전에 큰 영향을 끼쳤다. 그는 1885년 상해의「차이니스 리코더」(Chinese Recorder)지에 그의 생각의 일단을 보여 주는 글을 기고하였다. 그 글은 산동만을 건너 막 한국으로 떠날 차비를 하고 있던 몇몇 젊은 선교사들의 관심을 끌었다.

1890년 한국에서 사역을 막 시작한 일곱 명의 장로교 선교사들이 네비우스에게 초청장을 보내어 그에게 두 주간 동안「차이니스 리코더」지에서 설명한 선교 방법에 대해 특강과 멘토링을 해줄 것을 요청하였다. 그 당시 그의 선교 방법론이 중국에서 인정받지 못했던 것을 유의해야 한다. 네비우스는 흔쾌히 한국을 방문하여 일곱 선교사들과 그들을 돕던 사람들에게 그의 방법을 상세히 설명함으로써 '코치 멘토'의 역할을 하였다. 그는 이 방법론이 비교적 짧은 기간 내에 한국 선교사들, 특히 장로교 선교사들 사이에서 흔쾌히 받아들여지는 것을 보고 무척 기뻐하였다.

그 당시 풋내기 한국 선교사였던 새뮤얼 모펫(Samuel A. Moffett : 마포삼열)은 네비우스의 짧은 방문에 대해 이렇게 말했다.

그는 25년 동안의 풍부한 경험에서 우러난 이야기를 우리 청년들에게 들려주었고 우리 마음 속에 주요 원리의 핵심 사상을 심어 주었다. 그에게서 우리 사역의 두 가지 큰 원리를 배웠다. 즉, 성경공부반 제도와 자급(自給)… 그가 들려준 이야기와 '선교 사역 방법론'에 대한 그의 책에서 우리는 무한한 유익을 받았다. 물론 이런 생각을 전개해 나갈 때, 지역적인 조건이 다르고 환경이 다른 관계로 그 방법을 적용하면서 많은 시행착오가 있었던 것은 사실이다(1891:18).

네비우스의 아내인 헬렌 네비우스는 청년 선교사들을 지도한 그의 멘토링에 관해 다음과 같이 썼다.

젊은 선교사들이 자식들이 아버지를 대하듯 사랑과 존경심을 가지고 그(네비우스)를 삥 둘러 앉아서 이것 저것을 물어보고 대답하는 광경은 참으로 감동적이었다. 매일 밤을 이렇게 보내면서 그는 새로이 문호를 개방한 나라(조선)의 현재 사정과 필요한 것들을 차근차근 검토하고 직

접 실행할 준비가 되어 있는 선교사들에게 그들이 수긍할 만한 제안과 충
고를 하였다(1895:447-448).

그 다음 해에 한국에 파송된 장로교 선교사들은 모두 네비우스의 소책
자 사본을 받아서 그 내용에 대한 시험을 치러 합격해야 했다. 이것은 네
비우스의 짧은 방문에도 불구하고 선교 사역에서 가르침과 지도를 통한
멘토링의 훌륭한 모델이었다.

네비우스 방식의 채택

이 멘토링의 결과를 한 참석자는 다음과 같이 서술하고 있다.

"상당히 오랫동안 숙고하고 기도한 다음에 우리는 대체로 이 원리를
채택하게 되었다"(언더우드 1904:108).

이 원리들은 나중에 '네비우스 방식'(Nevius Plan)으로 알려졌으
며 네 가지 방식으로 되어 있었다. 네비우스의 멘티들 중의 한 사람이었
던 언더우드(H. G. Underwood)는 그 원리를 다음과 같이 요약하였
다.

1. 각자 찾아간 곳에 머물면서 각자가 그리스도를 위한 개인적인 사역자가
   되어야 한다는 것을 가르치고 자비량함으로써 자기가 머물고 있는 곳에서
   그리스도를 나타내어야 한다는 것을 가르치라.
2. 오직 선교지 교회가 스스로 처리하고 관리할 수 있을 정도까지 교회 방식과
   조직을 개발하라.
3. 교회 스스로 훌륭한 자질을 갖춘 사람들을 뽑아서 이웃에게 복음 전도
   사역을 하도록 사람들과 수단을 마련할 수 있을 정도까지 되라.

4. 선교지 교인들이 그들 자신의 교회 건물을 마련하게 하되, 그 건물은 반드시 선교지 건축 양식대로 할 것이며, 그 건축 양식은 지역 교회가 생각할 수 있도록 하라.

한국에 적용된 네비우스 방식은 찰스 클라크(Charles A. Clark)가 그의 책 『선교 사역에 대한 네비우스 방식』(The Nevious Plan For Mission Work)에서 상세하게 설명하였다. 그는 네비우스 원리들을 다음과 같이 요약하고 있다.

1. 선교사는 광범한 순회 설교를 통한 개인 전도를 부지런히 해야 한다.
2. 성경이 사역의 모든 부분에서 중심이 되어야 한다.
3. 자전(Self-propagation). 모든 신자는 (멘토와 멘티로서) 다른 사람의 선생도 되고 다른 더 훌륭한 사람의 학생도 되어야 한다. 한 개인과 그룹은 "층(層)을 쌓는 방식"으로 사역을 확장하도록 한다.
4. 자치(Self-government). 모든 그룹은 그 그룹이 좋아하는 무보수 지도자의 지도 하에 있어야 한다. 차후 목회자로 헌신할 그들의 유급 조사들에 의한 정기적인 순회의 도움을 받도록 한다.
5. 자조(Self-support). 신자들이 마련한 모든 예배당을 스스로 유지하기. 각 그룹은 예배당이 세워지는 즉시 순회조사의 급료 지불하기. 학교도 보조금을 받되 부분적으로 받기. 그것도 예배당이 세워졌을 때만 한한다. 개개 교회들의 목회자는 누구든 외부의 후원금을 받아서는 안 된다.
6. 지도자와 순회 조사의 지도 하에 모든 신자들을 위한 체계적인 성경공부와 성경반에서 모든 지도자와 조력자의 성경공부.
7. 성경에 따른 엄격한 권징 시행.

8. 다른 단체 또는 최소한 그 지역 단체들과 협동하고 융화하기.

9. 송사 문제들에 불간섭.

10. 사람들의 경제 활동에서 있을 수 있는 일반적인 도움을 줄 수 있음(1937:42).

네비우스 방식의 원리와 네비우스 멘토링은 한국 선교와 한국 교회에 지대한 공헌을 하였다.

멘토링 방식으로서 네비우스 방식

네비우스 방식을 채택함으로써 초기부터 한결같이 한국의 토착적인 교회를 세우는 노력을 많이 하였다. 이러한 사실은 매우 자발적이었다.

1907년 이후 부분적으로는 네비우스 방식의 영향의 결과로서 교회 지체들이 아낌없이 헌금을 하여 어린 교회가 점점 지교회 사역자들을 지지하고 예배당을 세우고 유지할 수 있는 책임을 감당할 수 있었다. 더욱이 지교회들이 교회 재정의 5퍼센트를 선교비와 신학 교육비와 구제 사업비로 내놓았다(피터 바이엘하우스 1964:97). 한국 교회는 이전에 동양에서 다소 알려지지 않았던 최초의 선교사들의 멘토링을 통하여 자급자조하게 되었다.

오터 제이 브라운(Auter J. Brown)은 한국 교회에서 자급자조 방식은 아주 성공적이었다고 말한다.

자급자조의 방식은 크게 어려움을 겪었다. 처음부터 한국의 그리스도인들은 선교사들로부터 유급 고용의 기대를 하지 못하였다. 외국으로부터 오는 돈은 선교사들이 기거하는 중심지에 예배당을 세우는 데 일부 사용되었을 뿐, 시골에서는 스스로 교회를 세울 수 있을 힘이 생길 때까지 신자들이 이집저집 서로 돌아가며 모였다. 예배당 건물이 보통 아주 초라하였지만 교인들이 사는 집 정도의 수준은 되었다. 가끔 예배당이 그 마을에서 가장 뛰어난 건물이기도 하였다. 예배당 건물이 그들의 것이기 때문에 사람들은 예배당을 소중히 여겼다. 교인들 중에서 가장 적임자를 지도자로 선출하여 그가 무보수로 사역을 책임졌다.

조지 페익(L. George Paik)은 자급자조 방식을 "한국 교회의 현지우선(indigenization)의 초석"으로 평가하였다(1929:152).

1903~1907년 부흥 운동에서 독특하고 뚜렷한 특징을 가진 한국 지도자들의 출현이 두드러졌다는 것이 또한 중요하다. 이 운동에는 장로교회의 길선주 목사, 감리교회의 김장식, 최병헌 목사, 교육자 윤치호가 있었다. 그들 모두가 선교사들의 멘티들이었다. 이렇게 토착의 한국교회 형성과 선교사들로부터 내국인에게로의 지도권의 이동은 그 부흥운동의 주요한 결과였다. 그런데 그렇게 된 것에는 네비우스 원리의 도움을 힘입은 바가 컸다.

이렇게 네비우스 방식은 한국 교회 성장에 도움을 주었다. 한국 선교 초기부터 '자전'(self-propagation)은 그리스도인 생활의 한 전형으로 인정되었다. 교회의 회원이 될 사람은 적어도 다른 개종자 한 사람이라도 교회로 인도해야 했다. 그 사람은 그 개종자가 교회에 출석하면 일반적으로 멘토 또는 영적인 인도자가 되곤 하였다. 만일 어떤 그리스도인이 자전(스스로 전도하는 것)의 정신이 부족하면 그는 심지어 세례 받을 자격조차 의심받았다(모펫 1962:196).

이런 복음 전도의 열심과 함께 한국 그리스도인들은 그들의 헌금으로 새로운 예배당을 짓거나 그들 자신의 가정을 예배와 성경공부 장소로 사용하였다. 한국인 복음 전도자들과 지도자들은 네비우스의 원리에 따라 그들의 멘토였던 선교사들에게 보수를 받지 않았다(강위조 1963:337).

자전(自傳)의 이러한 새로운 선교 방법을 주장하면서 네비우스는 원주민 대리인을 고용하여 복음 전도의 대가로 보수를 지불하는 종래의 선교 사역 방식을 비판하였다.

1. 새가족들을 유급 대리인으로 삼는 것은 그들과 관계있는 곳에 좋지 않은 영향을 미친다.
2. 새가족을 유급 대리인으로 삼는 것은 개인적으로 그 새가족에게 해로운 경우가 있다.
3. 기존의 제도는 설교자로서나 교회 회원으로서나 참된 것인지 아니면 거짓된 것인지 판단하기 어렵게 만든다.
4. 고용 제도는 보수를 바라고 하게 되고 보수를 목적으로 하는 그리스도인의 수가 늘어나기 십상이다.
5. 고용 제도는 무보수 대리인들의 자발적인 노력을 막기 십상이다.

6. 기존 제도는 외국인과 내국인이 보는 바로는 선교 사역의 성격을 저하시키고 그 사역의 영향력을 축소시킨다(1958:12-18).

이러한 네비우스 원리들은 실제적이고 적용 가능한 것으로서 한국적 토양에 뿌리를 내렸다. 지교회들의 설립과 모임 장소에 필요한 건물의 확보와 그룹과 순회 지도자들의 선출과 교회 조직의 최초의 단순한 형태와 개개의 그리스도인들의 개인적인 사역과 성경공부반 조직과 사역의 모든 국면에 적용된 자급 인식에 있어서 네비우스 방식은 멘토링 방법으로서 그 진가를 입증하였다. 한국 교회는 초기부터 네비우스 방식을 채택함으로써 교세가 비약적으로 성장하게 되었다.

7.
최초 한국 그리스도인들의 멘토링

최초의 한국인 그리스도인들은 주로 하인들과 역관(譯官)들과 권서인(勸書人)들과 학교 선생들이었다. (서양식) 학교들은 학생들을 받기 위하여 맨 처음에는 자선 단체일 수밖에 없었다. 자연히 선교사들은 자기 주변 사람들을 상대로 사역을 시작할 수밖에 없었다. 이러한 상황에서 멘토링 관계가 형성되었다.

노도사와 언더우드[7]

1886년 7월 11일에 세례를 받은 노도사[8]는 맨 처음 기독교를 반대하는 중국 책에서 기독교에 관한 이야기를 들었다. 기독교가 '외국 종교'

---

7) 언더우드(H. G. Underwood)는 한국에 온 최초의 목사와 선교사였다. 또한 존 네비우스의 멘티들 중의 한 사람이기도 하였다.
8) 그는 호레이스 알렌(Horace Allen)박사의 어학 선생이었으며 나중에는 감리교 감독파 선교회의 스크랜톤 박사(Dr. Scranton)도 가르쳤다.

였기 때문에 그는 기독교에 관해 더 배우기 위하여 외국인들을 찾아갔다. 호레이스 알렌 박사(Dr. Horace Allen)의 집에서 그는 중국어로 된 마가복음과 누가복음을 읽었다. 그 후에 그는 언더우드에게 궁금한 점을 물었다. 몇 번 함께 이야기를 나눈 뒤에 언더우드는 그에게 중국어로 된 소책자 두 권과 간단한 교리서와 함께 복음서 주석을 주었다. 노도사의 영적인 안내자와 선생과 상담자로서 언더우드는 그의 반응을 다음과 같이 서술하였다.

> 그는 밤새도록 읽고서 아침이 되었을 때 그것이 하나님의 말씀인 것을 철저히 깨닫게 되어 기꺼이 거기에 자기 인생을 걸 각오를 하였고 언더우드가 인도하는 성경공부 모임에서 담대하게 모든 사람들 앞에서 그것이 "훌륭하고 웅대하다"고 고백하였다. 그는 믿음을 따라 살기도 하고 죽기도 하겠다고 하였다. 완전한 사랑이 두려움을 쫓아냈다. 하나님의 말씀은 그 말씀을 경청하는 사람들에게 아주 강력하게 역사하였다(언더우드 1918:54).

노도사는 선교사들을 위해 영어로 드리는 영어 주일 예배에 참석하기 시작하였다. 성찬식이 끝난 어느 주일에 그는 언더우드에게 세례 받을 의사를 표명하였다(헌트 1980:67). 물론 언더우드와 그의 동역자들은 노도사의 결정을 듣고 무척 기뻐하였다. 언더우드는 그를 "우리 사역의 처음 열매"라고 하였다. 그가 한국어로 된 보조 자료가 전혀 없는데도 불구하고 언더우드에게 찾아와서 기독교의 기본 자료들을 한국어로 번역하였다고 한다. 그때에 언더우드는 한국말이 아직 서툴렀다. 노도사는 그 젊은 선교사에게 궁금한 것을 묻고 궁금증이 풀리면 돌아가서 더 많이 읽었다(헌트 1980:68). 따라서 언더우드는 이 노도사라는 한국인의 멘토였다.

서상윤과 존 로스

1883년 초 존 로스(John Ross)의 한국어 선생이었던 서상윤은 성서공회의 매서인으로 임명되었다. 그는 믿음으로 낳은 로스의 멘티였다.

> 로스 목사에게 세례를 받고 한국 최초의 개신교 복음 전도자가 된 서상윤은… 의주로 잠입하다가 붙잡혀서 성경 꾸러미를 빼앗겼다. 그러나 관직에 있던 친척 김효순의 도움으로 성경 몇 권만 가지고 밤을 틈타 달아났다(로드스 1934:74).

서상윤은 황해도 소래(송천) 마을에 살고 있는 친척들과 친구들에게 복음을 전하여 이내 그리스도인 모임을 구성하였고 그는 그 모임 구성원의 한 사람인 그의 동생 서경조의 멘토가 되었다. 서경조는 한국 장로교회에서 목사 안수를 받은 한국인 최초의 7인 목사 중의 한 사람이었다. 그리하여 소래는 '한국 개신교의 요람'으로 알려지게 되었다. 이 두 형제의 멘토링 관계는 그들이 여러 해 동안 소래에 살면서 계속되었다. 그들은 그들의 그리스도인으로서 초기 경험을 여름에 소래 해변을 찾아왔던 선교사들과 관련시키곤 했다(로드스 1934:75).

이기풍과 스왈른

이기풍은 그가 평양에 처음 가서 살던 1893년 무렵, 새뮤얼 모펫(마포삼열)의 집에 돌팔매질한 사람들 중의 한 사람이었다. 그는 원래 막돼먹은 청년이었다. 나중에 중일 전쟁으로 평양이 전쟁터가 되었을 때 원주로 피난하여 거기서 그의 미래의 영적인 멘토인 스왈른(W. L. Swallen)을 만났다. 이기풍은 그때 나이가 서른 살 가량 되었다. 그는 피난하면서 모든 것을 잃어버렸다. 그의 직업은 피리를 만드는 대를 장식하는 것이었다. 그는 그리스도인이 되었고 머물고 있던 집에서 너무 극성맞게 전도한 나머지 옷 한 가지도 챙기지 못한 채 쫓겨났다. 친구들이 그에게 돈을 주어서 생계비를 벌 요량으로 남쪽으로 가서 피리를 만들 대나무를 샀지만 사업이 신통찮았다. 돌아오는 도중에 한 청년을 만나 그리스도에게로 인도하였고 원산으로 돌아가 성경공부를 할 결심을 하게 되었다(클라크 1971:174).

그는 스왈른의 음식 수발드는 자가 되었고 나중에는 그와 함께 시골 교회들을 순회하였다. 순회하는 동안 스왈른은 개인적으로 그를 지도하는 멘토였다. 이 멘토링 덕분에 그는 마침내 1901년 평양신학교에 입학하였다. 1907년 졸업한 뒤 그는 자원하여 제주도 선교사로 갔다. 그는 제주도에서 10년 동안 사역하였다. 클라크는 다음과 같이 말하고 있다.

한국 교회에 선교회가 설립되었고 위원은 열두 명이었다. 새로이 안수 받은 7명의 목사 중의 한 사람인 이기풍 목사를 제주도에 선교사로 파송 하기로 결정하였다. 새로운 교회 개척을 축하하기 위하여 전국 교회에서 감사 예배를 드렸다(1971:173).

최초의 한국인 장로교인에 의해 한반도 밖으로 선교 사업이 첫 발을 내디디게 되었다.

길선주와 새뮤얼 모펫

길선주는 평안남도 안주에서 1869년 3월 15일에 태어났다. 그는 서 당에서 공부하였다. 14세 때 그는 장사꾼이 되어 4년 동안 장돌림 생활 을 하였다. 그런 생활을 하는 동안 그는 그를 염세적으로 만든 선도(仙 道)에 입문하게 되어 술과 노름에 빠지게 되었다.

어느 날 한 친구를 만났는데 그 친구의 권유로 불교를 공부하게 되었 다. 그 친구는 불교를 공부하면 앞으로 그의 사업이 번창할 것이라고 하 였다. 이것을 계기로 그는 종교에 관심을 갖게 되었다. 1892년에 그는 안국사에 들어가 기도와 명상을 하게 되었다. 그러나 인생사에 대한 아 무런 해결을 얻지 못하자 실망하여 다시 세상으로 나왔다.

이즈음 29세가 된 그는 그에게 불교를 공부할 것을 권했던 그 친구를 다시 만나게 되었는데 그는 그 친구에게 자신의 실패를 이야기하였다.

그 친구는 그에게 그 동안 계속 그를 찾아다녔다고 말하면서 자기는 이제 그리스도인이 되었다는 것을 이야기하고 복음을 믿을 생각이 없는지 권하였다. 그는 자신이 아닌 다른 사람을 위해 봉사하는 이 복음의 이야기에 대해 한편으로는 미심쩍으면서도 호기심에 귀가 솔깃했다. 그는 확신이 가지 않았지만 선교사 그레이엄 리(Graham Lee)를 만나보기로 하였다. 그것이 길선주에게는 '신적(神的)인 접촉'이었다. 그는 그 도시에서 열광적으로 전파되었던 그 새로운 종교의 진리를 믿게 되었고 전심으로 받아들이게 되었다(클라크 1971:424).

그가 맨 처음 한 일은 안주로 돌아와 그가 새로이 발견한 신앙을 그의 부모와 친척과 친구들에게 전한 것이었다. 그들은 그의 삶이 바뀐 것을 보고 큰 감동을 받았고 또 그가 열심히 전도한 덕분에 그리스도를 믿게 되었다. 그는 1895년에 세례를 받았다. 그 다음 해 그는 그 도시 장로교회의 영수(안수 받지 않은 장로)가 되었다. 그는 1901년에 장로로 임직되었다. 그 다음에 그는 약 장사를 그만두고 전도인이 되었다.

1907년 그는 최초의 신학교(평양신학교)를 졸업한 최초의 7인 중의 한 사람이었으며 그 해 9월에 새로이 구성된 장로교 최초의 목사 중 한 사람으로 안수를 받았다. 그의 사역 멘토는 새뮤얼 모펫이었다. 그 다음 달에 그는 평양의 유명한 교회인 장대현 교회의 목사로 위임받았다. 그는 새로 조직된 한국 장로교회의 선교회 회장이 되었다.

그는 이 교회에서 20년 동안 목회하였다. 1907년 대부흥이 이 교회에서 시작되었으며 길선주 목사의 설교와 가르침의 영향을 받은 바가 컸다. 그는 곧 지방 부흥회를 인도하기 위하여 다른 지역으로 부름을 받아 거기서도 강력한 영향력을 발휘하였다.

김익두와 스왈른

김익두는 '한국의 빌리 선데이(Billy Sunday)'라고 불리기도 하였다. 그는 황해도 재령읍 최초의 기독교 학교 선생이었다. 그는 1874년에 한학자(漢學者)의 외아들로 황해도에서 태어났다. 스물 다섯 살까지 그는 모범적인 청년이었다. 그는 나쁜 친구와 술 때문에 방탕하게 되었다. 그는 노름과 술에 빠져 있었는데, 어떤 경우에는 한 자리에서 술을 서른 잔이나 들이키기도 하였다. 그는 그리스도인들을 조롱거리로 삼아서 길거리에서 그들을 귀찮게 하는 것을 즐거움으로 삼았다. 심지어 믿지 않는 사람들도 그에게 해를 입지 않으려고 그 지방 성황당에 돼지를 잡아 제를 올릴 정도였다. 그의 회심(回心)에 관하여 클라크는 다음과 같이 말하고 있다.

> 1900년 즈음 그는 우연히 그가 찾고 있었던 바로 그것, 곧 영생에 관한 스왈른 목사의 설교를 듣게 되었다. 그는 즉시 믿기로 결심하였다. 1906년부터 1910년까지 그는 평양신학교에서 공부한 뒤에 목사로 안수를 받고 계속해서 문화에서 사역하였다. 그가 졸업하던 해가 '백만인 전도 운동'의 해였으며 여러 사람들로부터 특별한 초청을 받아 대여섯 달 동안 그런 집회를 인도하였다(1971:436).

스왈른은 김익두의 설교 멘토였다. 그는 스왈른의 집회에 참석하면서 설교 방법을 터득하였다. 전하는 바에 의하면, 김익두의 이름이 알려지기 시작하면서 수많은 병자들이 그의 집회에 찾아와서 치유되었다고 한다. 대부분 사람들과 마찬가지로 김익두도 1945년 이후 북한을 통치하던 공산 정권 치하에서 투옥되기도 하였다. 그는 1950년 10월 14일 생을 마감하였다. 그는 교회에서 새벽기도 모임을 인도하고 있었다. 그가 축도를 마칠 무렵 갑자기 예배당 문이 확 열리면서 공산군들이 예배당 안으로 달려 들어와 그 자리에서 총을 난사하였다. 김익두 목사는 중상을 입고 몇 분 만에 숨을 거두었다. 그는 거의 80세에 이르는 긴 여정을 순교로 마감하였다.

전하는 바에 의하면 오랜 세월 동안 예배를 인도하면서 여러 지방에서 776회의 부흥회를 인도하였고 28,000번 설교하여 288,000명의 결신자를 얻었다고 한다(클라크 1971:442).

손양원과 주기철

손양원은 1902년에 태어났다. 그가 여섯 살 되던 해 그의 아버지가 그리스도인이 되었고 그때부터 그는 기독교 가정에서 자랐다. 십대의 나이로 그는 공부하러 동경에 가서 거기서 그에게 큰 감화를 준 성결교회와 접촉하게 되었다. 그 후에 그는 그의 영적인 지도자요 멘토인 주기철을 만나게 되었다. 여러 복합적인 영향으로 그는 목회의 길로 들어서게 되어 평양신학교에 입학하여 졸업한 뒤에 1933년 전라남도 지역으로 가서 사역하였다.

이 당시는 신사참배 문제가 극에 달한 때였다. 이 시점에서 그의 멘토 주기철 목사는 신사참배 문제에 대한 그의 강한 입장 때문에 일본과 충돌하게 되었고 손양원도 자신이 목회하던 지역에서 비슷한 입장을 취하지 않을 수 없게 되었다.

그는 이전에 여수 애향원에서 나환자들을 상대로 사역하였는데 다시 그곳으로 돌아와 사역하였다. 1948년 봄 그 지방 공산주의자들이 교묘한 공작을 꾸미며 폭동을 일으켜서 순식간에 여수 군사 훈련장과 그 지역 전체를 장악하였다(여수반란 사건).
이 지방 공산주의자 폭동으로 인하여 손 목사의 두 아들이 희생되었다. 그러나 그의 두 아들을 쏘아 죽인 그 사람에 대한 선처를 당국에 탄원하였다. 그 사람에 대한 그의 탄원이 받아들여졌다. 손 목사는 그 청년을 그의 부모에게 데리고 갔다. 그런 다음 그는 계속해서 예수께서 죄인들을 위하여 갈보리에서 죽으신 놀라운 하나님의 은혜의 이야기를 들려주었다. 그 부모와 청년은 손 목사와 함께 무릎을 꿇고 기도하고 예수를 그들의 구주로 영접하였다(클라크 1971:451).

손 목사의 용서와 사랑의 위대한 행동에 대한 이야기는 온 나라에 퍼

지게 되었다. 이 놀라운 이야기를 듣고 그리스도께로 돌아온 사람들은
이루 다 헤아릴 수 없을 것이다.

주기철과 조만식

주기철은 경상남도에서 1897년 11월 5일에 태어났다. 그는 일곱 자
녀를 둔 가정의 막내 아들로 태어났다. 그의 아버지는 장로였다. 그는
이승훈이 세운 평양 오산학교에 다녔다. 그곳 교장 선생님은 유명한 조
만식이었다. 이 학교를 졸업한 뒤에 그는 연희전문학교(지금의 연세대
학교)에 입학하였지만 건강이 좋지 못해 중도 포기해야 했다. 그와 조만
식의 멘토링 관계에 관해 클라크는 다음과 같이 말하고 있다.

> 1921년 1월 10일에 그는 김익두 목사의 집회에 참석하여 그 설교를 듣
> 고 깊이 감화를 받고 생애를 바쳐 기독교에 헌신하기로 결심하였다. 그
> 는 평양신학교에 입학하여 1926년에 졸업하였다. 그 다음에 그는 부산
> 과 마산에서 각각 4년과 5년 동안 교회를 시무하였다. 이 즈음에 평양의
> 산정현 교회에서 목회자를 물색하고 있었다. 주기철 목사는 청빙요청을
> 받았지만 그 요청을 거절하였다. 그 뒤에 오산학교 시절 그의 은사요 멘
> 토였고 지금은 산정현 교회의 장로인 조만식이 마산까지 와서 그와 함께
> 이야기도 나누고 기도하면서 이 청빙을 주님의 뜻으로 받아들일 것을 설
> 득하였다. 그는 갔던 일을 잘 해결하여 1936년 가을에 주기철을 산정현
> 교회 목사로 위임케 하였다(1971:453).

이 때에 신사참배 문제가 한국 교회에서 점점 더 심각한 상황으로 되

어가고 있었다. 일본 군부는 아시아와 태평양 정복에 총 매진하기 위해 식민지 백성인 조선인들에게도 황국신민(皇國臣民)의 서약 의식으로 신사참배를 강요했다. 산정현 교회 목사인 주기철은 필연적으로 이 문제에 휘말리게 되었다. 그 결과 그의 믿음 때문에 이후 7년의 대부분을 감옥에서 보냈다.

노회에서 어쩔 수 없이 목사 명부에서 그의 이름을 제명하였을 때 그의 멘토였던 조만식은 목사관에서 쫓겨나서 오갈 데 없는 그의 가족들을 보살폈다. 이것은 틀림없이 암울한 감옥 생활에서 그의 영혼에 만나가 되었을 것이다. 주께서 그에게 순교의 면류관을 허락하신 1944년 4월 21일에 그는 투옥 생활의 온갖 고초에서 해방되었다.

4부

교회에서의 멘토링

8.
정착 멘토링

새가족에게 왜 꼭 멘토링이어야 하는가?

먼저 멘토링 사역은 새가족에 맞게 눈높이 양육 계획을 세울 수 있기 때문이다. 새가족은 영적으로 아직 어리기에 새가족의 영적 수준에 맞는 눈높이의 양육이 이루어져야 한다. 마치 갓난아이는 갓난아이에 맞게 음식과 놀이, 환경이 조성되어져야하는 것과 마찬가지 원리이다. 더구나 어리면 어릴수록 더욱 개인적인 멘토링이 절실히 필요하다.

그리고 멘토링은 개인의 깊은 부분까지 나눌 수 있다. 세 명만 되어도 공식 석상이 된다. 개인적인 긴밀한 이야기는 쉽게 내놓을 수가 없게 된다. 그러나 개인적인 멘토링 관계에서는 상대방만 신뢰하게 되면 얼마든지 개인적인 내용을 나눌 수가 있다. 개인의 깊은 문제를 나누게 되면 종종 치유와 문제 해결의 길이 열리게 된다.

또한 멘토링은 개인에게 미치는 영향이 가장 크기에 중요하다. 수가 많을수록 개인적인 영향력은 적어지고, 수가 적을수록 개인적인 영향력은 상대적으로 커진다. 물론 경우에 따라 대그룹이나 소그룹도 개인에게 미치는 영향이 클 수 있으나 일반적으로 말해 멘티는 멘토의 영향을 절대적으로 받게 되어 있다. 그래서 멘토링은 많은 인원과는 효과를 발휘하기가 어렵다. 소수의 인원에게만 그 영향을 끼칠 수 있다. 그래서 교회에서 담임 교역자가 전교인을 멘토링하는 것은 거의 불가능하다. 그렇기에 교역자는 소수의 평신도를, 그 평신도는 또 다시 소수의 다른 평신도를 멘토링하도록 하는 것이 바람직하다.

그리고 멘토링의 또 다른 장점은 시간과 장소의 제약을 덜 받는다는 것이다. 인원이 소수이기에 두 사람이 시간과 장소만 맞으면 어디든지 멘토링을 실시할 수 있다. 대그룹이나 소그룹처럼 일정한 좌석과 넓은 공간이 없어도 된다. 여러 사람들이 어렵게 시간을 맞춰야 하는 불편도 없다. 아울러서 멘토링 양육 과정은 매우 융통성이 크다. 두 사람의 사정만 맞추면 만나는 시간을 연기할 수도 있고 교과 과정을 다양하게 변경시킬 수도 있다. 그리고 함께 공부하는 기간을 짧게도 길게도 조정할 수가 있다. 만나서도 할 수 있고 만나지 않고 전화나 다른 통신 수단으로도 할 수 있다.

성경에서 말하는 새가족 멘토링의 이유

첫째, 주님의 몸된 교회에 정착된 새가족은 아직 어리므로 계속적인 관심과 돌봄이 필요하기 때문이다.

"너희도 아는 바와 같이 우리가 너희 각 사람에게 아비가 자기 자녀에게 하듯 권면하고 위로하고 경계하노니"(살전 2:11).

둘째, 영적으로 자라기 위해서는 기본적인 신앙생활의 원리들을 배워야 하기 때문이다.

"너희는 내게 배우고 받고 듣고 본 바를 행하라 그리하면 평강의 하나님이 너희와 함께 계시리라"(빌 4:9).

셋째, 장성한 분량에 이르기 위해 체계적인 멘토링 과정을 시작해야 하기 때문이다.

"우리가 다 … 하나가 되어 온전한 사람을 이루어 그리스도의 장성한 분량이 충만한 데까지 이르리니"(엡 4:13).

넷째, 세상 교훈의 풍조에 밀려 요동치 않기 위해 일정 기간 동안의 개인적인 멘토링 양육이 필요하기 때문이다.

"이는 우리가 이제부터 어린 아이가 되지 아니하여 사람의 궤술과 간사한 유혹에 빠져 모든 교훈의 풍조에 밀려 요동치 않게 하려 함이라"(엡 4:14).

다섯째, 육신에 속한 자의 자리에서 벗어나서 단단한 음식을 먹는 자의 자리에 서야 하기 때문이다.

"형제들아 내가 신령한 자들을 대함과 같이 너희에게 말할 수 없어서 육신에 속한 자 곧 그리스도 안에서 어린아이들을 대함과 같이 하노라"(고전 3:1).

"단단한 식물(음식)은 장성한 자의 것이니 저희는 지각을 사용하므로 연단을 받아 선악을 분변하는 자들이니라"(히 5:14).

여섯째, 영적 자녀의 재생산을 위한 첫 계단이기 때문이다.

"또 네가 많은 증인 앞에서 내게 들은 바를 충성된 사람들에게 부탁하라 저희가 또 다른 사람들을 가르칠 수 있으리라"(딤후 2:2).

〈정착 멘토링 적용 실례 : "바나바 사역"〉

정착 멘토링의 실례로서 미국 시카고 한인(韓人) 교회의 '바나바 사역'을 소개한다. 새가족의 정착을 위해 고민하고 있는 교회들에게 매우 유용한 프로그램이 되리라고 생각한다.

바나바 사역의 시작

바나바 사역은 지교회에서 새가족을 위한 멘토링 사역이다. 시카고 한인 교회의 담임 목사인 김명남 목사는 이 사역을 개발하여 처음으로 시작하였다. 그는 1994년부터 미국 한인 교회 지도자를 위한 바나바 사역 세미나를 개최하였으며 그 동안 수십 회를 미국과 한국 등지에서 개최하였다. 미국 동부와 서부 지역을 살고 있는 1,000개 이상의 교회 지도자들이 이 세미나와 훈련 과정을 수료하였으며 이 사역을 그들의 교회들에 적용하였다. 이 사역은 지교회에 하나의 좋은 정착 멘토링의 모델이라 할 수 있겠다.

바나바는 어떤 인물 이었는가?

성경에서 바나바는 그의 본명보다는 그의 별명으로 더 알려져 있다. 그 별명은 사도들이 붙여 준 것인데 그의 믿음과 그리스도인의 삶을 잘 나타내고 있다. 바나바의 본명은 '요셉'으로 구레네 태생이며 레위인 이었다. 사도들은 그를 일컬어 '바나바'라고 하였는데, '위로의 아들' (son of encouragement : 개역성경에는 권위자 - '勸慰者'로 번역됨) 혹은 '곁에 부름을 받은 자'라는 뜻이다(행 4:36).

바나바의 성품

바나바의 행실과 성품은 성경 구절을 통하여 분석해 볼 수 있다. 그는 격려자와 착한 사람과 중재자와 행동의 사람이었다.

1. 격려자

그의 별명은 '권위자' 혹은 '곁에 있는 자'란 뜻이다. 그에게는 특별히 다른 사람들을 격려하는 특성이 있었다(행 4:36). 사도 시대는 역사상 로마 제국의 지배로 정치적 소요가 많고 압제가 심했던 시대였다. 더욱이 유대인 사회는 모세의 율법과 전통과 규범의 오용으로 짓눌려 있었다. 예수 그리스도를 믿는 것은 또한 박해와 고통을 의미하였다. 이 고난의 시대에 바나바는 믿음의 형제들을 격려하는 일에 마음을 쏟았다.

2. 착한 사람

성경에 보면 바나바는 '착한 사람' 이었다(행 11:24). 바나바는 자신이 자기를 가리켜 '착하다' 고 하는 것이 아니라 다른 사람이 그 사람을 보고 '착한' 이란 말을 쓰는 것이다. 틀림없이 다른 사람들이 바나바가 어떤 사람과 관계를 맺거나 어떤 상황에 처해서 행동하는 것을 유심히 보고 그를 '착한' 사람이라고 불렀을 것이다.

3. 중재자

바나바는 우리 주 예수 그리스도처럼 중재자(중보자)였다. 바울이 교회에 가입하였을 때 신자들의 반응은 두려움과 불신이었다. 과거 바울이 교회를 박해하였기 때문에 그들 사이에는 벽이 있었다. 바울은 스데반의 죽음을 찬동하였고 어쩌면 그의 죽음의 집행을 지휘하고 그를 죽이는 것이 옳은 일을 하는 것이라고 생각했을지도 모른다(행 8:1). 그는 그리스도를 따르는 사람들을 감옥에 가두고 심지어 여자들도 붙잡아 투옥시켰다. 그래서 과거 그의 무자비한 소행을 알고 있던 교인들이 두려워하고 의심스러워한 것은 지극히 당연한 일이다.

이런 상황에서 바나바가 제자들과 바울 사이의 중재자가 되었다. 바나바는 바울을 데리고 제자들에게 갔다. 바나바는 그들에게 바울이 어떻게 주님을 만나게 된 것과 이제 어떻게 제자들과 함께 믿음의 식구가 되어서 예루살렘 교회와 사귐을 갖게 되었는지 이야기했다. 중재자로서 그의 사역으로 그는 화평케 하는 자의 열매를 맺었다.

4. 행동의 사람
더구나 바나바는 행동의 사람이었다(행 9:27). 그는 옳다고 생각하는 것을 실천하였다. 바울이 예루살렘으로 왔을 때 사도행전 9장 26절 말씀처럼 '다' 그를 두려워하였다. 바울을 두려워한 것은 한 두 사람이 아니라 제자들 전부였다. 그러나 바나바는 문제를 바로 인식하고 그 문제를 풀기 위하여 실행에 옮겼다. 나중에 그는 다소에 있는 바울을 찾아가서 그를 데리고 안디옥으로 왔다. 그렇게 한 결과 바울이 제 1차 이방인 전도 여행을 가게 되었다.

바나바는 무슨 일을 하였는가?
자신이 바나바처럼 한 지교회에서 섬기기를 원한다면 바나바가 한 일을 꼭 알아야 한다.

첫째로, 그는 **새로운 사람을 관대하게 받아들였다.**

하나님께서는 1세기의 이방인들에게 전도하기를 원하셨다. 그는 성령께 복종하였다(행 13장). 그는 기꺼이 뒤로 물러서고 바울이 주도하도록 하였다.

둘째로, 그는 **새가족과 만났다.**

사도행전 9장 26, 27절에 보면 바나바는 바울을 데리고 사도들을 만나러 갔다. 다른 사람은 다 바울을 두려워하였는데 바나바는 새 식구의 필요를 알고 그 필요를 채워 줄 수 있었다.

셋째로, 그는 직접 **새가족을 방문하였다.**

바나바는 자청하여 바울을 방문하였다. 다른 제자들은 다 바울과 사귀는 것을 두려워하였지만 바나바는 그를 따뜻하게 맞이하여 사귀었다. 그는 누구든 서슴지 않고 환영하였다. 예수님이 사랑으로 먼저 우리에게 오시듯이 바나바는 사랑과 관심이 필요한 사람을 찾아서 갔다.

넷째로, 그는 **새가족과 사귐을 나누었다.**

바나바와 바울은 하나님의 사랑으로 사귐을 가졌다. 그리스도 때문에 그들은 한 가족으로서 하나님의 사랑을 나눌 수 있었다.

다섯째로, 그는 **새가족의 말에 귀를 기울였다.**

그는 바울의 사정에 유의하였다. 그는 바울이 그의 과거와 그가 회심하게 된 경위를 말하였을 때 경청하였다. 사도행전 9장 27절은 이렇게 말한다.

"바나바가 데리고 사도들에게 가서 그가 길에서 어떻게 주(主)를 본 것과 주께서 그에게 말씀하신 일과 다메섹에서 그가 어떻게 예수의 이름으로 담대히 말하던 것을 말하니라."

여섯째로, 그는 새가족을 소개하였다.

그는 바울을 대신하여 사도들에게 말하였고 바울의 삶과 믿음의 변화를 이야기하도록 하였다. 그는 바울 스스로 자기 입장을 변호하게 하지 않고 그가 바울을 변호하고자 하였다. 이것은 새가족에 대한 관심을 아름답게 보여 준다.

일곱째로, 그는 새가족과 기존 가족의 화목을 도모하였다.

그는 다른 사람들에게 용기를 북돋아서 새가족을 맞이하게 하였다. 예루살렘 교회는 바울의 과거를 알고 있었기 때문에 너무 두려워서 바울이 실제로 제자가 되었다는 것을 믿을 수 가 없었다(행 9:26). 바나바는 의심과 두려움의 이 벽을 허물고 그들 사이에 신뢰와 평화를 쌓았다. 그는 그들에게 그들과 화해하려는 새롭게 변화된 바울에 관해 이야기하였다. 그리하여 바울은 "제자들과 함께 있어 예루살렘에 출입"할 수 있었다.

여덟째로, 그는 **새가족에게 기회를 주었다.**

사도행전 11장 25, 26절에 보면 바나바가 예루살렘 교회의 파송을 받아 안디옥으로 사역하러 갔을 때 그는 바울을 찾아갔다. 안디옥에서 다소까지는 160km였으나 사역할 기회를 주기 위하여 바울을 찾으러 갔다. 그는 그에게 맡겨진 사역을 다른 사람들과 나누고자 하였다.

아홉째로, **그는 다른 사역자 및 봉사자들과 함께 일하였다.**

더 정확히 말하면, 그는 바울의 사역 협력자가 되었다. 사도행전 11장 26절은 다음과 같이 말한다.

"만나매 안디옥에 데리고 와서 둘이 교회에 일 년간 모여 있어 큰 무리를 가르쳤고 제자들이 안디옥에서 비로소 그리스도인이라 일컬음을 받게 되었더라."

그들이 함께 수고한 결실은 안디옥 교회의 성장과 이방인 선교였다.

바나바 사역을 이해하기

첫째로, **바나바 사역은 새로운 가족을 교회 식구들과 사귈 수 있도록 격려한다.**

누구든지 새로운 환경을 접하게 되면 어색하고 불안하다. 거듭난 그리스도인들도 똑같은 느낌을 갖게 되는데, 그 까닭은 교회가 그들에게 익숙하지 않고 낯선 사회 환경이기 때문이다.

이 프로그램에서 바나바는 지교회의 새가족에게 멘토 역할을 한다. 바나바의 목표는 정회원과 새 회원이 한 가족이 되도록 영적인 유대를 조성하는 것이다. 심지어 신자라 하더라도 다른 교회로 옮겨 가게 되면 비슷한 어려움을 겪게 된다. 어느 교회나 다 동일한 본질과 기초를 가지고 있지만 또 그 나름의 독특한 성격도 가지고 있다. 같은 교단일지라도 교회 지도자의 스타일과 교인들의 은사와 재능에 따라 그 새로운 교회는 다른 교회들과 아주 다를 수 있다. 그러므로 바나바는 새 회원들에게 그 차이를 설명하고 소개하여 그들이 기존 회원들과 영적인 교제를 나눌 수 있도록 도와야 한다.

둘째로, 바나바 사역은 교회를 부흥시키는 요인이 될 수 있다.

교회 부흥은 성령의 능력을 입은 사람들로 말미암아 일어난다. 그러한 부흥에는 두 가지 요소가 있다. 하나는 하나님 말씀의 사역이고 또 하나는 회중 가운데 일하는 사람의 사역이다.

셋째로, 하나님의 뜻과 영광은 바나바 사역을 통하여 나타난다.

사도행전은 바나바가 예루살렘과 안디옥에서 이룬 하나님의 일을 기록하고 있다. 바나바는 하나님 나라를 위하여 그리고 더 나아가 하나님 나라의 대의(大義)를 위하여 일꾼을 얻으려고 힘썼다. 바나바가 바울을 교회로 데리고 왔고, 그리고 바울은 그리스도의 대의를 위하여 가장 영향력 있는 종이 되었다. 바나바처럼 행동하는 사람을 통하여 하나님의 비슷한 일이 성취될 것이라는 것을 알 때 큰 기대와 소망을 가지게 된다.

바나바가 되기

지원자는 자원하여 신청서를 제출하고 바나바처럼 훈련받겠다는 서약서에 사인해야 한다. 바나바가 되고자 하는 자는 공부 모임에서 훈련 과정을 수료해야 하는데, 이 모임은 7주 동안 일주일에 한 번씩 만난다.

신청자들은 '양육 훈련'(follow-up training)을 반드시 받아야 한다. 7주 훈련이 끝났더라도 바나바로서 성장과 성숙의 중요한 자원으로서 그 훈련을 생각해야 한다. 양육 훈련은 주기적인 것으로 심지어 두세 달 계속되기도 한다.

바나바 훈련 교재

「새가족 위원회」에서 7주 바나바 훈련 과정을 시작한다. 바나바 훈련은 바나바의 특성과 인간 관계의 특성을 초점에 맞춘 7장(章)으로 구성된 교재를 사용한다.

1. 바나바 사역의 중요성
2. 바나바가 됩시다(1) – 바나바의 인격을 중심하여
3. 바나바가 됩시다(2) – 바나바의 신앙을 중심하여
4. 어떻게 사람을 대할 것인가
5. 새가족 성경공부(1)
6. 새가족 성경공부(2)
7. 열매를 위하여

바나바 사역의 요소

바나바는 새가족을 소원하게 대하거나 무시하지 않아야 한다. 바나바는 새가족들에게 가서 그들을 따뜻하게 환영해야 한다.

새가족에게 바나바가 선임되면 그 과정이 시작된다. 새가족과 자세한 면담을 나눈 뒤 새가족은 바나바와 함께 짝이 된다. 새가족이 교회의 새가족실에서 등록하는 첫날에 이렇게 될 수 있다. 「새가족 위원회」는 필요하면 바나바에게 요구할 것이다.

바나바 사역은 7주 동안 계속한다. 바나바는 매주 새가족과 만나야 한다. 이것은 반드시 다른 방해를 받지 않는 일대일의 교제여야 한다. 장소와 시간은 당사자끼리 결정해야 한다. 어디서 만나든 상관없겠지만 맨 처음은 주일 예배 후 교회에서 만나는 것이 좋을 것이다. 좀 지나면 그들은 친밀감을 느끼게 되고 그러면 서로의 가정을 방문하거나 함께 식사도 하게 될 것이다.

바나바와 새가족은 교회에서 제공한 성경공부 교재를 가지고 함께 공부하는 것이 좋다. 이 교재는 새가족과 바나바에게 다 해당된다. 공부는 반드시 규칙적인 방식으로 해야 한다. 세세한 공부 교재의 내용과 공부 방법에 관한 것은 훈련의 5, 6주에 논의된다.

비나바는 매주 주일 예배 후에 교회에서 직분을 맡고 있는 사람 중에서 적어도 세 사람을 새 식구에게 소개해야 한다. 바나바는 새가족을 데리고 지도자들과 다른 교인들에게로 간다.

바나바는 새 식구를 위해 기도해야 한다. 바나바가 믿음을 가지고 예수님의 이름으로 기도하면 하나님께서 새 식구에게 복을 주실 것이다.

바나바는 새가족이 예배를 드리러 교회에 올 때 그에게 진정한 관심을 보여야 한다. 이렇게 함으로써 새가족이 격려를 받아 믿음과 그리스도를 위하여 사는 삶에 적극적인 관심을 보일 것이다.

바나바는 매주 새가족 위원회에 보고해야 한다. 매주 바나바의 보고서를 통하여 개개의 새가족이 어느 정도 진전이 있었는지 알게 되고 또 하나님께서 어떻게 모든 사람의 삶에서 역사하고 계시는지를 기록할 수 있다. 또 그 보고서를 통하여 목회자가 새가족의 믿음과 교회 생활의 진보를 알 수 있을 것이다. 진전에 대한 보고서에는 새가족의 활동과 성과를 보여 줄 수 있는 도표로 만들어 놓으면 좋을 것이다. 바나바는 보고서 작성을 마치면 '바나바 사역'이라 표시된 상자에 넣어둔다. 진전 과정을 보고할 용지는 새가족 위원회실에서 구하면 될 것이다.

바나바는 특별히 성경공부를 끝마칠 때마다 '새가족 일지'에 쓰도록 한다. 일지는 성경공부 자체에 도움이 될 것이다. 마지막 주일에는 일지를 제출해야 한다.

'바나바 필기장'을 사용할 것을 권한다. 필기장이 있으면 매일 체계적으로 일을 할 수 있을 것이고 또 필기장에 매일의 진전과 계획에 대한 자신의 생각을 기록할 수 있을 것이다.

새가족을 위한 7주 성경공부

'7주 새가정 공부'는 바나바와 새가족이 매주 만나서 성경공부할 때 두 사람에게 필요한 지침서이다. 이 책은 새가족과 바나바의 친교와 영적 성장을 위한 훌륭한 핸드북이다.

공부를 시작하기 전에 바나바를 위한 몇 가지 지침은 다음과 같다.

1. 준비하라.
2. 체계적이고 조직적으로 임하라.
3. 민첩하라 : 너무 오래 끌면 흥미를 잃게 된다.
4. 준비하고 온 사람들에게는 반드시 칭찬하라. 준비를 하지 못했을 때에는 무안하지 않게 하라.
5. 겸손하라. 훈계조가 되지 않도록 하라.
6. 시작하기 전에 반드시 기도하되 너무 길게 하지 말라.
7. 마치기 전에도 반드시 기도하되 너무 큰 소리로 하지 말라. 그들의 영적인 생활을 위하여 기도하라.
8. 다음 모임 시간과 장소를 반드시 정하라(김명남 1995:46).

바나바를 위한 추가 지침은 다음과 같다. 바나바는 다음과 같이 하도록 하라.

1. 매 시간 여분의 교재를 가지고 가라.
2. 새 식구를 데리고 가서 그의 소그룹 리더를 만나게 하라.
3. 준비된 은사와 사역 형식을 이용하라.
4. 7주가 끝나면 주일 아침 예배 시간에 정식으로 그 새 식구를 환영하는 시간을 가져라.

다음은 특수한 상황에서 바나바에게 필요한 몇 가지 내용이다.

1. 만일 새 식구들이 처음 믿는 사람이 아니고 교회에 다닌 경험이 있으면 성령께서 도와주시기를 간절히 구하면서 그들의 필요에 부응하는 것이 좋을 것이다.
2. 만일 그 새 식구가 사전 약속이 있고 해결해야 할 가정의 중대사가 있어서 공부가 취소 되더라도 그 취소를 최소화하도록 하라.
3. 만일 새가정 성경공부가 매끄럽게 진행되지 않으면 바나바는 즉시 목회자와 소그룹 리더를 만나는 것이 좋을 것이다(김명남 1995:47).

이 7주 새가정 성경공부 핸드북은 7장으로 짜여져 있으며 교회와 교회 생활을 중심으로 구성되어 있다.

1. 우리 교회, 하나님의 교회
2. 우리 교회, 영광스러운 교회
3. 살아계신 하나님의 집
4. 교회의 사명
5. 교회와 예배
6. 교회와 축복
7. 모범적인 신자

바나바 사역에 대한 평가

바나바 사역은 훌륭한 멘토링 모델이다.

첫째, 이 사역은 확고한 성경적 기초에 근거하고 있으며 지교회의 적용 모델이다. 이러한 기초로 인해 그 사역은 능력이 있다.

둘째, 7주 과정은 새가족에게 성경공부 기간으로 너무 길지도 않고 딱 적당하다.

셋째, 일대일 관계는 새가족을 돌보고 도와줄 수 있는 최선의 방법이다.

넷째, 매주 새가족에게 3명의 교인들을 소개하는 것은 새가족이 교회의 신실한 회원이 될 수 있게 하는 유익한 방법이다.

다섯째, 현재 교인들 대부분이 이 사역에 동참할 수 있고 이 사역 때문에 스스로 성장할 수 있다.

그러나 이 사역은 또한 우리가 좀더 효과적인 제도를 추구할 때 생각해야 할 몇 가지 약점이 있다.

첫째, 바나바와 셀 리더는 7주 성경공부가 끝난 뒤에 바뀌기 때문에 새가족을 위한 지속적인 보살핌과 후속 조처에 어려움이 따른다.

둘째, 즉시 후속 조처를 해야 할 필요가 있는 새가족에게 7주 과정 때문에 너무 많이 미루어 질 수 있다.

셋째, 미성숙한 바나바로 인하여 새가족이 교회에 가입하여 역할을 충분히 할 수 있는 교인이 되는 것을 방해할 수도 있다.

9.
양육 멘토링

정착한 새가족은 자라야 한다. 아무리 교회가 좋고 목사님의 설교가 좋아 주일마다 빠지지 않고 출석을 한다 할지라도 양육이 없이는 잘 자라갈 수 없다.

교인의 성장은 대개 두 단계로 이루어진다. 그 첫 단계는 양육이고 다음 단계는 훈련이다. 양육과 훈련이 적절히 이루어질 때 새가족은 균형 잡힌 성장을 할 수 있다. 양육과 훈련은 어떤 차이가 있는가?

	양육	훈련
인도자 역할	어머니	교사
인원	소수	다수
구성	가족	학교
구성원의 관계	상하관계(다른 수준)	수평관계(비슷한 수준)
소속 기관	장기간	일정 기간
배우는 기간	단기간	장기간
목적	단기간 관계개발과 양육	지식, 기술 습득과 무장

〈도표 5〉

〈도표 5〉에서 보듯이 교회에서의 성장 과정은 둘로 구분되어 실시되어야 한다. 양육 과정은 대개 교회에서 구역 제도가 이에 해당한다. 구역 조직은 구성원이 상하 관계로 되어 있다. 대개 구역의 구성원을 보면 구역에 소속되어 있은지 오래된 사람도 있고 갓 들어온 사람도 있다. 구역 장의 양육하에 여러 수준의 사람들이 섞여 있다. 바로 가족의 개념이다. 그러나 훈련 과정은 다르다. 구역처럼 소그룹이 아니고 성경공부를 위해 좀 더 많은 수의 사람들이 모여 일정 기간 공부하는 그룹이 여기에 해당된다. 대개 이 과정은 양육이 목적이 아니고 특별한 내용을 습득하기 위해 마련된 세미나(대그룹) 형태의 모임이다. 모이는 구성원은 대체적으로 비슷한 수준의 사람들이 모여 실시할 때 효과가 높다.

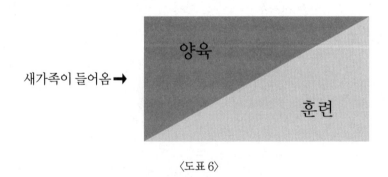

〈도표 6〉

양육과 훈련의 우선순위는 어떤가? 위의 그림에서처럼 새가족이 교회에 들어오게 되면 대개 양육부터 실시해야 한다. 이는 마치 집안에 아이가 태어나면 어머니에 의해 양육이 실시되는 것과 마찬가지이다. 학교에 가서 훈련(예를 들어 제자훈련 등)받는 것은 양육이 어느 정도 되어진 상태에서 할 때 효과적이다. 양육 받아야 할 단계에 있는 사람에게 훈련부터 시킨다면 역효과가 생길 것이다.

　이와 같은 새가족의 성장 과정(양육과 훈련)에 있어 멘토링은 매우 중요한 과정으로 실시되어야 한다. 갓난아이에게는 어머니의 개인적인 양육과 보살핌이 절대적인 것처럼 새가족에 있어 멘토(영적 어머니의 역할을 하는 양육자 혹은 인도자)의 멘토링은 절대적으로 필요하다. 새가족이 훈련 단계에 들어가게 되면 멘토는 멘토링을 통해 이제 교사, 코치, 상담자, 제자훈련자, 스폰서 등의 다양한 역할을 하게 된다.

　새가족에게는 많은 경우 정착과 양육이 동시에 이루어지기도 하지만 반드시 일치되는 것은 아니다. 예를 들어 정착 과정에서 새가족의 멘토가 새가족을 교회에 정착시키기 위해 자주 만나고 친교 그룹 등으로 안내하지만 아직 양육 단계로 들어간 것은 아니기 때문이다. 한 개인의 성장은 주일 낮예배에만 잘 출석하는 것으로는 부족하다. 새가족의 효과적인 양육을 위해서는 다음과 같은 세 가지 영역의 양육 및 훈련 과정이 있어야 한다.

　1) 멘토와 더불어 일대일 양육 과정에 들어간다.
　2) 성장을 위한 소그룹 구역 성경공부에 들어간다.
　3) 주제별 세미나 혹은 단계별 제자훈련 등에 들어가 훈련을 받는다.

양육을 통한 멘토링(멘토와 더불어 하는 일대일 양육 과정)

한 새가족의 양육 과정 가운데 가장 효과적이며 중요한 첫 단계가 바로 이 멘토와 더불어 하는 일대일 양육 과정이다. 마치 갓난아이가 집안에 태어나면 어머니가 개인적으로 보살피고 양육하는 것을 생각하면 된다. 갓난아이에게 이 이상 더 중요한 것이 없다. 어머니가 아니라면 유모라도 있어야 한다. 교회에서는 바로 이 양육 멘토가 많아야 한다. 필자의 교회에서는 이 양육 멘토를 사랑방(일반 교회의 구역 모임)에 출석하는 사람들(순원) 가운데서 선발한다. 그 후에 제자훈련 및 일정한 멘토훈련과정을 마치면 양육멘토가 되어 새가족을 일대일로 양육하게 된다. 그 후에 양육 멘토는 적어도 일년에 한 명 이상의 새가족의 정착과 양육을 책임 맡게 된다.

새가족 멘토링 사역의 진행 8대 지침

1. 멘토는 새가족을 일대일로 멘토링 과정을 시작한다. 이 때 멘토는 새가족과 서로의 시간과 형편에 맞게 약속하며 평일 혹은 주일 예배 전후에 만난다.

2. 멘토는 새가족의 정착과 성장을 위해 늘 기도한다. 멘토링 할 새가족의 믿음을 주관치 말고 돕는 위치에서 필요를 채우도록 해야 한다.

3. 멘토는 멘토링 상황을 수시로 순장에게 보고한다. 멘토는 순장의 지도하에 멘토링을 하는 것이므로 어려움이 생길 때마다 순장의 조언과 도움을 받는다.

4. 멘토 한 명에 새가족 한 명을 원칙으로 하나 경우에 따라서는 한 멘토가 둘 이상의 새가족을 일대일로 멘토링 할 수 있다.

5. 멘토는 12주 과정의 멘토링 양육 교재를 마치면 구역(혹은 사랑방)에 참여하도록 권면한다. 궁극적으로 새가족은 가족그룹(셀)을 통해 계속 자라가야 하고 돌봄을 받아야 하기 때문이다.

6. 멘토는 새가족의 은사를 발견하는 데 관심을 갖는다. 그 은사를 새가족이 교회에서 사용하도록 현장을 소개하며 인도한다. 은사가 없는 영역이라도 새가족이 할 수 있는 교회의 사역에 동참할 것을 권한다.

7. 멘토는 멘토링 양육을 받고 있는 새가족의 영적 과정을 책임진다. 예를 들어 새가족이 세례를 받았는지 확인하고 받도록 권면한다.

8. 멘토는 새가족이 멘티로서 잘 성장할 뿐만 아니라 훗날 자신처럼 멘토로서 사역할 것을 기대하고 준비시킨다. 멘토링은 재생산이 생명이기 때문이다.

멘토링 양육 교재

양육 멘토가 새가족을 양육할 때는 필자가 만든 12주 과정의 멘토링 교재가 사용된다. 이 과정은 매주 1회씩 만나 일대일로 교재를 중심으로 한 시간 정도 성경공부를 통해 양육하는 과정이다. 이 교재는 새가족의 양육용이므로 과마다 10문제 내외의 짧은 단문 중심의 문항으로 되어 있고 성경에서 답을 쉽게 찾을 수 있도록 되어 있다. 귀납적으로 진행되도록 하며 적용을 강조하고 있다. 교재의 목차와 내용을 살펴보면 다음과 같다.

1부 : 하나님과의 관계(1-5과)

1과) 하나님의 선물인 구원 : 구원의 확신을 위한 내용으로 구성됨. 별지로 복음과 구원의 확신을 위한 설문지가 제공된다. 12문제로 구원의 확신 여부를 알 수 있는 내용이다. 구원의 진리 점검표를 사용하여 철저한 점검이 이루어진다.

2과) 응답받는 기도생활 : 기도 생활을 처음하는 사람으로 간주하고 응답받는 기도의 다섯 가지 원리를 배운다.

3과) 하나님의 능력인 말씀 : 성경 66권의 구조와 순서를 10초 이내에 암기하는 새로운 암기법을 소개하고 말씀을 다섯 가지 방법으로 섭취하는 길을 안내한다.

4과) 주님되신 그리스도 : 신앙생활의 중심이 되는 그리스도의 주되심(Lordship)을 공부한다.

5과) 경건의 시간 : 날마다 하나님의 말씀을 나의 것으로 삼고 적용하는 일명 QT를 공부하고 직접 실습까지 한다.

2부 : 영적 성장(6-10과)

6과) 성도의 교회 생활 : 성도의 바른 교회관과 어떻게 행복한 교회 생활을 할 수 있는지 공부한다.

7과) 하나됨을 지키는 교제 : 다른 성도들과의 관계를 계발하고 모임에 힘쓰기를 강조한다.

8과) 우선순위 : 신앙생활에서 늘 부딪치는 성경적 우선순위에 대해 나눈다.

9과) 하나님의 뜻을 분별하는 법 : 기도 할 때마다 느끼고 고민이 되는 영역이지만, 하나님의 뜻을 어떻게 하면 효과적으로 분별할 수 있는지 죠지 뮬러의 방법 등을 공부한다.

10과) 성경적인 헌금 생활 : 어떻게 하나님께 감사하고 드리는 삶을 실천할 수 있는지 나눈다.

3부 : 우리의 사명(11-12과)

11과) 다른 사람을 섬김 : 신앙은 다른 사람을 섬길 때 완성이 된다. 다양한 교회에서의 사역과 섬김을 배운다.

12과) 증인의 삶 : 새가족이라도 주님을 증거해야 할 사명이 있다. 전도자의 삶과 세계선교의 부르심에 어떻게 응답해야 할지를 다룬다.

〈멘토링 양육 교재의 실례〉

제 2 부 영적 성장의 길

제 8 과 우선순위

우리의 신앙생활의 질은 우선순위에 달려 있다고 해도 과언이 아닐 것입니다. 무엇을 먼저 해야 하고 무엇을 나중에 해야 할지 그것이 분명히 되어진다면 열매 맺는 삶을 살 것입니다. 오늘의 이 공부를 통해 평생의 신앙생활의 우선순위가 바로 세워지기를 바랍니다.

1. 우선순위란 무엇입니까?

마태복음 5:24 / 6:33

2. 우선순위를 왜 우리의 삶에 적용해야 합니까?

시편 90:10

에베소서 5:15, 16

고린도전서 4:2

3. 예수님의 사역의 결과를 볼 때 당신이 배우는 교훈은 무엇입니까?

요한복음 19:30

4. 예수님의 사역의 우선순위는 당신과 어떤 점이 다릅니까?

누가복음 5:15, 16

5. 빌립보서 2:21, 22과 마태복음 6:33과 에베소서 5:9, 10 말씀을 가지고 삶의 우선순위를 세워보십시오.

누가복음 5:15, 16

예) 집안 일 / 교회 일 / 하나님과의 교제 / 취미 생활 / 직장 일(학생인 경우는 공부) 중에서 우선순위를 세워보십시오. 물론 이 순서는 일반적인 경우입니다. 특별한 경우는 달라질 수 있습니다.

1)

2)

3)

4)

5)

6. 우선순위 적용을 위한 몇 가지 제안

1) 우선순위에 따라 주간, 월간, 연간 계획을 세운다.

2) 계획에 대한 (   )의 시간을 반드시 가지라.

3) 한 번에 하나씩 집중적으로 하라.

4) 긴급한 일보다는 (   ) 일에 실패치 않도록 하라.

5) (   )의 지혜를 배우라.

6) 계획은 여유 있게 세우는 것이 좋다. 일주일에 하루 저녁 정도는 비워

　둘 것.

● 외워 쓰기 : 마태복음 6장 33절

● 나눔터 : 이 시간에 새롭게 배운 것은 무엇입니까?

● 적용 :

　1. 당신의 삶에서 우선순위에 어긋나는 것은 무엇이며 어떻게 고쳐나

가겠습니까?

　2. 당신의 삶 속에 주님이 원치 않는 열매 없는 일에 시간을 드리는 일

이 있다면 무엇이며, 이것을 어떻게 하겠습니까?

● 과제 : 주간 시간 계획표를 세워 올 것

멘토링 양육의 다양한 형태

양육 멘토가 새가족을 대상으로 양육을 실시할 때 새가족의 상태에 따라 〈도표 7〉처럼 여러 가지 스타일로 양육을 한다. 멘토링 양육은 눈높이 양육이기에 대상에 따라 멘토링의 스타일이 다를 수밖에 없다. 멘토와 새가족의 관계에 따라 다음과 같은 네 종류의 스타일이 있다.

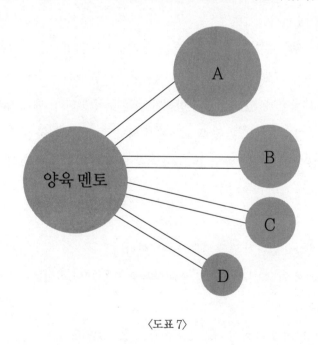

〈도표 7〉

1. A형 멘토링

양육 멘토와 새가족 A의 관계를 보자. 이 단계는 멘토와 새가족 A가 많은 정보를 시로 주고받는다. 이 A형은 양육 멘토링에 있어 가장 바람직한 모델이라고 할 수 있다.

▨ 배경

– 새가족 A는 매주 교회에 빠지지 않고 출석한다
– 규적(주 1회 정도)으로 만나 멘토와 함께 일대일로 멘토링을 받는다.

▨ 멘토링 실시

양육 멘토가 새가족을 처음 만나는 것부터 멘토링 양육은 시작된다. 만나는 장소는 어디든 좋다. 멘토의 집이나 아니면 교회도 좋고 두 사람이 쉽게 대화할 수 있고 외부의 방해가 없는 곳이면 된다. 대개 새가족 같으면 주일날 교회에 왔을 때 교회에서 해도 좋지만 가능하면 주간 중에 하루를 정해 만나서 멘토링 성경공부를 하면 가장 좋다. 멘토의 입장에서 정리해 보면 다음과 같다.

● 새가족을 만나기 전에 기도로 준비한다.
● 집에서 만날 경우 현관의 불을 켜두든지 아니면 열어두어 환영의 분위기를 만든다.
● 상대방이 오면 항상 따뜻한 미소와 악수로 맞이한다.
● 처음 만남이므로 서로를 소개한다.
● 부담 없는 대화를 나눈다 : 사랑방 순장(구역장) 및 사랑방(구역) 자

랑 등을 해도 좋다. 나중에 사랑방으로 인도하기 위해 미리 길을 닦아 놓는 것이다.

● 교회에서 실시하는 새가족 공부(혹은 등록교인반 등)를 잘 마쳤는지에 대해서 묻는다.

● 새가족이 알 수 있는 쉽고 간단한 찬송 혹은 복음 찬송을 한다. 마음을 여는 과정이다.

● 성령님의 인도를 위해 공부를 시작하기 전에 잠깐 기도함으로 시작한다.

● 앞에서 소개했던 멘토링 교재 제1과 「복음과 구원의 확신」을 공부한다.

● 일방적으로 가르치기보다는 함께 나누라.

● 새가족이 미리 예습을 안 해 왔으면 성경을 함께 찾아가며 천천히 진행하라.

● 지루하지 않게 진행하라.

● 마친 후 배운 것을 복습한다. 이때 질문을 사용하라.

● 다음 주에 만날 시간, 장소를 약속한다.

● 서로의 기도제목을 나눈다 : 대개는 멘토가 기도를 해준다. 가능하면 새가족에게 기도를 시키지 않는다.

첫 주를 이렇게 마치면 다음 주에도 비슷한 순서로 진행하면 된다. 그러나 틀에 박히게 진행할 필요는 없다. 상황에 따라 눈높이로 진행할 것을 잊지 말라. 우선은 진도가 문제가 아니라 새가족과의 관계 계발이 우선이기 때문이다. 분위기는 어색하지 않게 그리고 자연스럽게, 편안하게, 융통성 있게 만들도록 한다. 멘토링 교재를 마치기까지 대략 12주가 걸리므로 서로의 형편에 맞게 계획을 세운다. 서로 매주 만나게 되면 일정한 패턴과 순서가 생기게 된다. 멘티의 사정에 따라 12주 이상이 걸리더라고 당황할 필요는 없다. 서둘 필요가 없다는 말이다. 양육은 언제나 개인차가 나게 되어 있다. 경우에 따라서는 이 12주 교재를 공부하는데 1년씩 걸리는 예도 있다. 중요한 것은 양육이 되는 것이지 교재를 마치는 것이 아님을 명심하라.

1) 삶을 나눈다 : 강요하지 말고 자연스럽게 한다.
- 지난 주일 예배 중에 목사님의 은혜스러웠던 말씀
- 지난 주간에 있었던 일 중에 감사했던 일
- 일상생활 중에 어려웠던 일
- 가정의 기도제목들
- 도움이 필요한 일 : 단, 돈거래는 금물이다. 돈거래는 멘토링 관계를 단절시키는 지름길이다.
- 멘토는 자신의 삶도 솔직히 나누어야 한다.

2) 점검 사항 : 새가족의 성장을 위해 양육 멘토는 아래의 내용을 간단하게 점검한다.

- 주일 예배의 출석 여부
- 구역 모임의 출석 여부
- 지난주의 과제물
- 말씀 읽기는 어떻게 하고 있는지
- 개인 기도는 어떻게 하고 있는지
- 말씀 묵상 시간(QT)은 갖고 있는지

3) 상담 : 멘토는 경우에 따라 상담자의 역할을 할 수도 있다.
- 가르치는 차원이 아니라 나누는 차원이다.
- 개인적인 문제를 나눌 수 있으나 이 때 상담한 내용은 비밀 유지를 해야 한다.
- 신앙 문제를 나눌 수 있다 : 부정적인 부분은 피하고 긍정적인 면을 강조한다.

4) 교제 : 멘토링에 있어 교제(친교)는 매우 중요한 역할을 한다. 서로 친해지지 않으면 멘토링의 효과는 떨어진다.
- 함께 자유로운 대화를 나눈다(단, 잡담은 금물).
- 함께 식사, 운동, 여행, 쇼핑 등을 할 수 있다.
- 상대방의 취미나 관심사, 특기 등을 빨리 발견하라.
- 장점을 발견하고 칭찬하라.
- 상대방이 발견한 진리에 대해 같이 기뻐하고 격려하라.

5) 과제 : 새가족의 상태에 따라 적절한 과제를 준다.

- 성경 읽기 : 하루 1~5장 정도
- 기도 : 하루 5~30분 정도
- 소책자 읽기 : 새가족에게 필요하다고 생각되는 주제를 택할 것 정도~1주일에
- 주일 설교 말씀 요약 등

*위의 5)번까지를 매시간 반드시 다 할 필요는 없다. 새가족의 눈높이에 따라 조절하는 융통성이 있어야 한다.

2. B형 멘토링

▨ 배경

- 이 경우 새가족은 주일 출석은 잘 하고 있다.
- 새가족 B의 개인적인 사정상 정규적으로 매주 멘토링 양육이 잘 안 되는 경우(한 달에 1~2회 가능한 경우)가 여기에 해당한다.
- B형 멘토링의 목표는 이 새가족이 A형에 이르도록 기도하고 돕는 것이다.
- 단, 정규적으로 만날 것을 강요치는 말아야 한다.

■ 멘토링 실시

– 상대방의 시간이 허락하는 범위 안에서 비정규적(혹은 정규적)으로 만나되 일단 만나면 A형 멘토가 하는 일을 한다(위의 A형 참조).

– 양육을 서둘지 말 것

– 상대방이 스스로 필요를 느끼도록 인도할 것

– 양육자는 언제나 돕는 자임을 잊지 말 것

– 주일 예배와 구역의 출석 상황을 확인할 것

3. C형 멘토링

■ 배경

– 새가족이 교회 출석을 가끔 하거나 거의 못하는 경우

– 멘토와의 멘토링 공부를 회피하거나 아니면 하기 어려운 환경이 생긴 경우이다.

■ 멘토링 실시

– 양육 멘토는 상대방이 B형에 이르도록 돕는다.

– 정규적으로 전화나 서신 연락(혹은 교회 주보 발송)을 한다.

– 상대방이 무관심해도 결코 실망치 말아야 한다. 멘토링은 인내가 필요하다.

– 가능하면 개인적으로 만나 도울 수 있는 방법을 찾는다.

– 순장(구역장)에게 보고해 해결점을 함께 찾는다.

– 순장(구역장)은 교구장 혹은 교구 담당 사역자에게 보고한다.

– 순장(구역장)이나 교역자는 가능하면 빠른 시간 내에 새가족을 심방하도록 한다. 멘토링을 피하는 원인이 혹시 양육 멘토에게 있을 수 있기 때문이다. 이럴 때는 양육 멘토를 바꿔 줄 수 있다.

4. D형 멘토링

▨ 배경

– 새가족이 교회에 나오지 않는 장기 결석자가 된 경우

– 타교회에도 나가지 않는 경우

– 새가족이 연락조차 원치 않는 경우이다.

– 이럴 때는 멘토는 조심스럽게 접근해야 한다. 장기적인 전략을 세우도록 한다.

▨ 멘토링 실시

– 특별 집회가 있을 때 D형 새가족을 서신 등으로 초청한다.

– 그 가정의 경조사 등이 있을 때 참석한다.

– 간접적인 방법으로 마음을 산다.(자녀 혹은 가족의 생일 카드 발송 등)

– 연결의 끈을 계속 유지한다.

– 순장(구역장)과 의논하여 다른 사람을 멘토링 양육하도록 한다.

양육 멘토링의 20대 수칙

양육 멘토링의 효과적인 실시를 위해 다음과 같은 20대 수칙을 기억하라.

1. 한 번에 한 사람의 파트너와만 만나라.
   - 대량 생산은 사람의 양육에 적용되지 않는다.

2. 개인적인 내용은 비밀을 유지하라.
   - 이것에 실패한 양육 멘토는 사람과 신용을 모두 잃는다.

3. 자라게 하시는 분은 하나님이시고 나는 돕는 역할을 할 뿐임을 알라.
   - 믿음을 주입하려고 하지 말고 도우라. 그래야 상처가 없다.

4. 멘토 자신이 계속 훈련을 받으며 자라가라.
   - 새가족은 우리의 자라는 모습을 통해 더 격려를 받는다.

5. 말보다는 삶으로 본을 보이라.
   - 새가족은 말보다는 양육 멘토의 삶을 통해 변화된다.

6. 상대방에 대한 진지한 사랑과 관심을 가지라.
   - 멘토링의 기술보다는 사랑이 더 중요하다.

7. 먼저 잘 들어주고 자세히 관찰하라.

   – 잘 들을 때 새가족의 필요를 빨리 발견할 수 있다.

8. 시간과 약속을 잘 지키라.

   – 약속을 지킬 때 서로의 신뢰가 쌓인다.

9. 언어 사용에 주의하고 예의를 지키라.

   – 언어 사용은 양육 멘토의 인격을 나타내 줄 때가 많다.

10. 물질과 시간을 투자하고 멘토링 양육에 최우선 순위를 두라.

   – 투자하는 만큼 열매를 맺는다.

11. 양육 멘토의 모든 활동은 순장(구역장)의 지도와 감독을 받으라.

   – 양육 멘토 자신의 멘토가 순장임을 기억하라.

12. 함께 목표를 설정하라.

   – 목표가 없으면 두 사람의 만남이 방향을 잃기 쉽다.

13. 어떤 내용을 가지고 교제할지에 대해 정하라.

   – 미리 알 때 기대감이 생기고 준비가 된다.

14. 정규적인 만남을 가지라.

　- 정규적인 만남이 두 사람의 목표를 이룸에 크게 작용한다.

15. 기간을 정하고 시작하라.

　- 일정한 기간이 정해질 때 지루함이 방지되며 계획 설정에 도움이 된다.

16. 문제 해결에 있어 말씀의 권위를 인정하고 말씀을 사용하라.

　- 말씀에 기초할 때 온전한 성장을 이룰 수 있다.

17. 외적인 요소로만 사람을 판단하지 말라.

　- 양육 멘토링의 실패 원인이다.

18. 적극적인 자세를 가지라.

　- 소극적인 멘토는 새가족의 열심을 끌어내지 못한다.

19. 2, 3개월에 한 번씩 두 사람의 관계를 평가하라.

　- 정기적인 평가는 방향 설정을 재정립해 준다.

20. 멘토링 양육은 가능하면 동성끼리 하라.

　- 서로에게 이성을 느끼는 사이라면 피하는 것이 좋다.

〈양육 멘토링의 실례: 온누리교회의 일대일 사역〉

서울에 있는 온누리교회(하용조 목사 시무)는 처음부터 일대일 비전을 가지고 시작하였다. 온누리 교회의 성도의 기초 성장 과정의 핵심은 일대일 양육이다.

일대일 양육 철학

사람들은 점점 더 많이 교회를 찾아와서 설교를 듣고 있다. 그러나 복음을 믿고 예수 그리스도를 그들의 개인의 구주로 영접하는 사람들의 수효는 제한되어 있다. 믿기로 작정한 사람들 중에 소수만이 적절한 양육을 받고 있다. 빌리 그래함은, 그리스도인 생활은 5퍼센트의 헌신과 95퍼센트의 성장 훈련에 달려 있다고 말한다. 교회는 복음 전도와 마찬가지로 양육에도 관심을 기울일 필요가 있다.

1. 교회를 통한 양육

그리스도인을 양육하는 목적은 그들이 회심한 뒤에 예수 그리스도에게까지 자라도록 돕는 것이다(엡 4:15). 훈련 과정은 그들을 "각 마디를 통하여 도움을 입음으로 연락하고 상합하여" 자라게 해주어야 한다(엡 4:16).

2. 일대일 양육의 중요성

첫째, 일대일 양육은 중생한 사람의 신앙을 유지시키고 더욱 자라게 한다(욥 39:13~16).

둘째, 일대일 양육은 영적인 재생산을 가능하게 한다(딤후 2:2).

셋째, 일대일 양육은 모든 사람의 도움을 얻을 수 있다. 심지어 가르치는 은사가 별로 없는 사람에게서도 도움을 얻을 수 있다(행 18:4, 26).

3. 일대일 양육에 영향을 주는 요소들

관계 : 자신과 그리스도 사이의 관계와 자신과 양육자리 사이의 관계가 양육 방법론보다 더 중요하다.

헌신 : 양육은 정해진 기간을 위해 정규적으로 일정한 시간을 할애하는 프로그램이 되어서는 안 된다. 바쁘게 돌아가는 요즘 세상에서는 헌신하는 태도가 필요하다. 헌신하는 태도를 가지려면 반드시 다음과 같이 자문(自問)해 보아야 한다.

'나는 일대일의 양육을 중요하게 생각하는가?'

'나는 형제 자매와의 만남을 즐거워하는가?'

전념 : 회중 양육이나 소그룹 양육과 달리 일대일 양육은 새신자반을 수료한 헌신적인 사람에게 전력을 기울여야 한다.

기간 : 일대일 양육에 지름길은 전혀 없다. 이 훈련에서는 3년(예수님)이나 2년(두란노 서원에서의 바울), 또는 적어도 6개월은 걸려야 한다.

환경 : 일대일 양육은 설교나 주일 예배로 대체할 수 없다. 일대일 양육을 효과적으로 실행하려면 교회의 영적인 분위기가 필수적이다.

온누리교회의 양육 일람표

〈도표 1〉에서 보여 주듯이, 온누리교회는 여러 단계의 양육이 있다. 맨 처음 새신자는 새신자반에 등록한다. 새신자반을 수료한 다음에는 신자는 온누리 교회 정회원으로서 양육(양육) 위원회에 등록한다. 양육 위원회는 새신자를 위하여 셀(순)에서 양육자를 뽑는다. 새신자를 위하여 셀에서 양육자를 뽑는 데는 두 가지 이유가 있다.

첫째 이유는 순의 모든 양육자들은 이미 일대일 양육 프로그램을 수료하여 그들 셀 그룹의 셀 리더들에게 양육을 받았기 때문이다.

둘째 이유는 새신자를 셀 그룹에 가입시키기 위한 것이다. 이 일대일 양육 관계는 셀 그룹에서 시작된다. 새신자가 일대일 양육 관계를 시작하면서 셀 구성원이 된다. 이 양육 위원회의 목사는 새신자에 관한 어떤 정보를 양육자에게 준다.

그 다음으로 16주의 제자 양육 프로그램을 준비하여 새신자로 하여금 온누리교회의 건실한 회원이 되어서 주 예수 그리스도에게 헌신하도록 한다. 이 프로그램의 성과는 두 가지이다. 양육 과정을 수료하는 경우에 양육자는 양육 위원회에 양육 보고서를 제출하고 양육자리는 양육 증명서를 제출한다. 양육자와 동반자(양육을 받는 자)는 수료 파티에 참석한다. 양육 과정을 수료하지 못한 경우에는 양육자가 그의 셀 리더에게 보고서를 내고 셀 리더는 그 양육자에게 다른 동반자를 추천해 준다(도표 2를 참조하라).

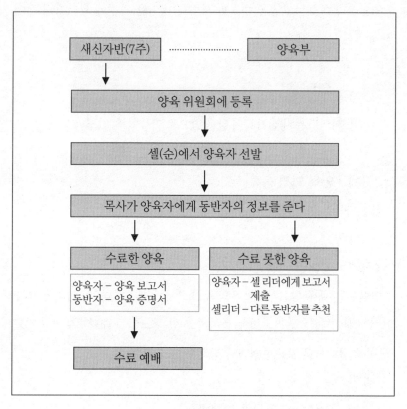

〈도표 2〉 온누리교회의 양육 일람표

5단계 양육

온누리교회에는 일대일 관계 발전을 위한 5단계의 양육이 있다.

1단계 / 면담

면담은 7주 프로그램을 수료한 사람들이 양육 과정에 들어가기 전에 하게 된다.

2단계 / 가교 역할

다락방 사역자는 새신자들이 양육 반으로 이동할 수 있도록 도와준다.

3단계 / 양육 과정 등록

새신자들은 한 달 걸러서 등록한다.

4단계 / 일대일 양육 관계

양육자는 매주 양육부(部)에 양육 보고서를 제출한다. 이 과정은 16주 프로그램이다. 온누리교회에 출석하고 있는 교인들 대략 3분의 2 정도가 이 프로그램을 수료하였거나 하고 있는 중이다.

5단계 / 양육자를 위한 지도자반

사역자들이 15명으로 구성된 이 반을 지도한다. 16주반을 수료하게 되면 양육자가 될 자격이 있다.

양육 교재

온누리교회는 양육 교본으로 『일대일 제자 양육 성경공부』를 쓰고 있다. 이 책은 16과로 되어 있으며 그 내용은 다음과 같다.

1. 예수는 어떤 분입니까?
2. 예수는 어떤 일을 했습니까?
3. 예수는 지금 무엇을 하고 있습니까?
4. 예수를 믿으십시오.
5. QT의 이론과 실제
6. 구원의 확신
7. 하나님의 속성
8. 하나님의 말씀 – 성경
9. 기도
10. 교제
11. 전도
12. 성령 충만한 삶
13. 시험을 이기는 생활
14. 순종하는 그리스도인의 삶
15. 사역
16. 이 훈련 과정을 수료한 사람들을 위한 지침

매주 각 과를 마친 동반자들은 새로운 과제를 받는다. 이 과제에는 성경의 장들 중에서 매일 한 장씩 읽기, 도표와 '지도'(the helm)와 관련된 성경을 공부하기, 다음 과에 필요한 내용을 조사하고 준비하기, 매주 힌두 구절씩 암기하기, 주일 설교 받아쓰기, 관련된 책 읽기, 그 밖의 숙제하기 등등이 포함된다.

각 과를 함께 토의하고 완성하기 위하여 양육자는 동반자에게 읽으라고 한다. 빈 칸을 채워야 할 때 양육자와 동반자가 함께 성경 구절을 찾아서 양육자는 동반자에게 성경을 큰소리로 읽도록 한 다음 빈 칸에 필요한 말을 적는다.

양육자는 동반자에게 숙제장과 함께 한 번에 한 과씩 나눠준다. 동반자는 다음 시간까지 그 과를 전부 공부해 온다. 따라서 과마다 전부 다 읽어야 할 필요는 없다. 질문과 답은 꼭 읽고 함께 이야기를 나누도록 한다. 내용상 정확하게 답해야 하는 것이 더러 있다. 그 답밖에는 없다. 그밖의 답들이 옳은 것이었을지도 모르지만 그 말로 표현해서는 안 된다. 이해하는 것은 아주 중요한 일인데, 이것은 동반자에게 "왜"나 "어떻게"란 질문을 함으로써 이해를 확실히 하게 된다.

양육자는 인내심이 필요하고 동반자의 영적 필요를 잘 알아야 한다. 양육자는 동반자의 능력 이상을 요구해서는 안 된다. 교본에서 양육자에게 이런 제안을 하고 있다.

동반자가 한 숙제를 칭찬하고 기회가 있을 때마다 그를 격려하라. 당신의 사랑과 관심을 보여 주어라. 개인적인 필요와 문제에 대하여 귀를 기울이도록 하라. 동반자를 위해 기도하라(알 블룸과 로레인 블룸 1983: I -2).

동반자가 과정을 마치게 되면 그가 다른 사람을 제자 양육시키는 일을 시작할 수 있도록 격려해 주어야 한다. 16주가 다 지나서 그 과정을 다 끝냈을 때 양육자와 동반자는 함께 그 양육자가 제자 양육을 시킬 사람에 관하여 기도한다. 일대일 양육은 사실을 가르치는 것 훨씬 그 이상이다. 사실은 반드시 가르쳐야 하지만 전해지는 것은 마음의 태도이다. 예를 들면, 하나님의 속성을 가르칠 때 동반자는 양육자의 하나님께 대한 경외와 하나님께 대한 확신과 하나님께 대한 사랑을 느껴야 한다.

교재는 양육자와 동반자의 뜻있는 관계의 발전이 용이하고 새신자들을 지도하는 양육자에게 도움이 되도록 짜여져야 한다. 양육자는 동반자에게 그리스도 지향적인 삶에 필요한 많은 기본 원리들을 따르도록 가르쳐야 한다. 그 동반자가 '재생산' 이라 부르는 것을 통하여 다른 사람의 양육자가 될 것이고, 다시 그의 동반자는 또 다른 사람의 양육자가 될 것이다.

양육 관계의 열 가지 요소

온누리교회에서 제시하는 양육 관계의 유익한 어떤 원리들은 다음과 같다.

1. 양육자와 동반자의 바른 관계가 맺어지도록 성령께 의지한다.

2. '일대일' 의 원리를 따른다.

3. 남성끼리, 여성끼리 양육 관계를 맺도록 한다.

4. 부부의 경우에는 양육자 남편이 양육자리 남편을 지도하고 양육자 아내가 동반자의 아내를 지도한다. 만약 그렇지 않으면 양육자 남편이 동반자 부부를 지도한다.

5. 양육자가 동반자보다 너댓 살 위인 경우가 좋다.

6. 한 양육자에 둘 이상의 양육자리인 경우에는 동반자들의 교육 배경과 영적 성장 상태와 직업과 수입 수준이 비슷할 필요가 있다.

7. 양육자나 동반자는 그의 그룹에서 동반자나 양육자를 선택할 수 있다.

8. 동반자들이 수효가 많을 때에는 양육자들에게 영적인 휴식과 회복의 기회를 주는 것이 좋다.

9. 동반자를 위한 양육자는 반드시 같은 셀 그룹에서 뽑아야 한다. 그러나 양육자는 다른 셀들에게서 도움을 받는 것은 가능하다.

10. 양육 사역을 돕는 교역자는 평일과 주일 양육 서비스 데스크에서 만날 수 있다.

10.
훈련 멘토링

양육 멘토링 이후의 과정은 훈련 멘토링이다. 양육 멘토링이 새가족의 영적 성장에 초점이 맞추어져 있다면 훈련 멘토링은 신자의 무장과 리더십 개발, 자신이 또 다른 사람을 멘토링하기 위한 재생산 등에 목표가 맞추어진다.

양육은 평신도가 할수록 효과적이고 훈련은 교역자가 할수록 효과적이다. 훈련은 대개 소그룹이나 대그룹에서 실시하는 것이 일반적이다. 양육은 성도가 자라는 것이 목적이지만 훈련은 여기서 한 걸음 더 나아가 성도가 사역을 감당하고 일꾼으로서 교회를 섬기도록 무장함에 있다. 아울러 다른 사람을 재생산하는 데까지 세워야 하기에 훈련 멘토링은 단지 봉사차원에서 성도를 훈련시키는 것과는 근본적으로 다르게 접근해야 한다.

아무리 양육을 해도 자신만을 위해 사는 성도로만 자라게 된다면 이기적 신앙생활을 면치 못할 것이다. 하지만 훈련의 단계로 들어가면 나만이 아니라 타인을 위한 삶으로 살게 된다. 그래서 신앙생활의 전반전이 양육이라면 후반전은 훈련이다. 훈련은 물론 힘이 들지만 이 훈련이 되지 않으면 결정적인 순간에 헌신이 되지 못하여 나약한 신자의 모습으로 머물게 될 것이다.

예수님이 왜 주님을 따르는 수많은 무리를 원치 않으시고(눅14장) 소수의 제자를 부르시고 그들을 훈련시키시고 그들에게 모든 족속을 맡기셨는지(마28장) 생각해보라.

여기서 한가지 제자훈련의 방향성이다. 제자훈련은 대개의 경우 재생산과 연결되지 못할 때가 많다. 아무리 제자훈련을 많이 받아도 그 제자들이 다른 사람을 제자삼지 못한다면 무엇 때문에 제자훈련을 하는가 자문하지 않을 수 없다. 단지 성경공부하기 위해 하는 것이 제자훈련은 아니지 않은가? 적어도 제자훈련을 마친 사람은 제자를 삼을 수 있어야 된다고 본다. 이것이 이상한 일이 아니고 정상이라야 한다. 그런데 실제 제자훈련을 받은 사람들이 과연 얼마나 그들의 신앙생활과 삶 속에서 제자를 삼고 있는가? 아니 오히려 전도 조차도 제대로 못하는 제자가 얼마나 많은지 모른다. 제자훈련의 방향이 바뀌어져야 한다고 생각한다. 적어도 제자훈련을 받은 사람은 안 믿는 불신자들을 주님께 인도할 수 있는 전도자들이 되어야 함은 물론 다른 사람 혹은 자신이 전도한 사람을 제자화시킬 수 있도록 제자훈련이 이루어져야 할 것이다.

필자의 교회에서는 이 점에 주안점을 두고 제자훈련을 진행하고 있다. 제자훈련을 받은 사람은 적어도 밖으로 나가 불신 이웃에게 개인적으로 복음을 제시하며 전도할 수 있고 또 다른 사람을 일대일로 양육하고 재생산 할 수 있도록 훈련이 되고 있다.

필자의 교회에서 실시하고 있는 1년 과정의 제자훈련 커리큘럼을 소개한다.

제1단계:성장하는 제자

A.제자의 생활

1. 제자의 기도 삶
2. 말씀에 기초한 삶
3. 내적 치유
4. 간증
5. 술과 담배
6. 언어생활

B.제자도

7. 탁월성
8. Holy Time
9. 직업관
10. 재물관

11. 시간 관리

12. 가정생활

제 2단계 : 무장하는 제자

A. 제자의 성품

1. 성장의 근원인 마음

2. 순종의 복

3. 정직한 삶

4. 사랑의 실천

5. 제자의 믿음

6. 종의 도(Servantship)

B. 교리적 무장

7. 교회론

8. 예배의 영광

9. 은사론

10. 제자의 성화

11. 성령론

12. 종말론

제 3단계 : 제자삼는 제자

A. 개인전도

1. 복음과 전도
2. 개인전도법(구원의 다리)
3. 전도참관
4. 전도실습
5. 전도실전
6. 전도여행

B. 멘토링 비전

7. 배가의 비전
8. 멘토링의 이해
9. 멘토링 양육
10. 멘토훈련반 참가
11. 멘토훈련반 참가
12. 세계비젼

〈제자의 생활〉5과 술과 담배

과거나 현대 공히 술은 인관관계에 있어 무시할 수 없는 요소가 되어왔다. 담배 역시 개인의 취향에 있어 개인과 사회에 많은 영향을 주어온 것이 사실이다. 과연 성경에서는 이 문제에 있어 어떻게 말하고 있고 그리스도인은 어떻게 하는 것이 바람직한 것인지 살펴보자.

1. 술 마시는 것이 죄인가?

1. 마11:19 눅7:34

2. 딤전5:23

3. 엡5:18 /cf. 잠23:31

4. 딤전3:8

5. 갈5:1.

2. 먹지 말아야 하는 이유가 있다면?

1. 우리의 몸은 (   )의 것이다.

롬14:8

고전3:19

롬14:6 "주를 위해 마신다면?"

2. 고전10:31

3. 잠11:17

4. 잠23:21

　　개인적:

　　국가적:

5. (　　) 손실

6. 사회적 문제

　　예)창6:9

　　창9:20

7. (　　)지 못하기에

　　1)롬14:15

　　2)롬14:16

　　3)롬14:21

　　고전8:13

8. 그리스도의 (　　)에 아무 장애가 없게 하기 위해

　　고전9:12

9. (　　)으로 행치 않으면 죄다

　　롬14:22,23

10. 술 취함은 (　　)의 일이기에 갈5:19

11. 무엇으로 심든지 그대로 (　　) 갈6:7-8

3.술 취함의 결과

1.거만하게 만듦 잠20:1

2.가난하여짐 잠23:21

3.공의를 굽게 함 사5:22,23

4.판단작용이 무디어짐 사28:7

5.방탕해짐 롬13:13

6.불순종하게 됨 마24:48-51

7.깨어 근신하지 못함 살전5:6,7

4.술 취함의 실예

1.왕상20:16-21

2.에1:10,11

3.단5:1-4

4.암4:1

5.고전11:21,22

5.술 취함에 대한 형벌

1.신21:20,21

2.고전5:11

3.고전6:9,10

6. 적극적 대응
   1. 엡5:10,11
   2. 엡5:15

*적용

나에게 있어 주님의 영광을 위하여 적용할 것이 있다면?

*나눔터

율법적 차원의 금지인가?

신앙적 차원의 금지인가?

*과제

신앙생활에 있어 술, 담배의 유익과 해로움을 조사하기.

〈훈련 멘토링 실례 : 남가주사랑의교회의 제자훈련〉

교회 지향적인 멘토링과 훈련

미국 LA에 소재하고 있는 남가주사랑의 교회(현 담임: 김승욱 목사, 전 오정현 목사 시무)는 지금 자녀까지 약 만 여명의 성도가 모이는 이민교회 대표적인 교회가 되었다. 이 교회가 개척 17년 만에 비약적으로 성장한 주된 이유들 중의 하나는 물론 여러 가지 요인이 있지만 그중 빼놓을 수 없는 것은 평신도 양육과 훈련을 강조한 데 있다. 필자는 남가주사랑의교회에서 개척 초기인 1991년부터 1997년 말까지 부목으로 7년간 섬겼는데 석사학위와 박사학위 논문을 남가주 사랑의교회를 모델로 썼다.

일반적으로 한국 사람들은 양질의 교육을 열망한다. 중상류층 사람들은 그들의 자녀를 위하여 학교 시설이 좋은 지역으로 이사하는 것도 마다하지 않는다. 이런 이유 때문에 평신도들은 지도자 훈련과 제자 훈련을 받을 수 있는 좋은 준비가 되어 있다고 본다.

남가주사랑의교회를 개척한 오정현 목사는 제자훈련 사역의 전문가이다. 그는 이 교회를 세울 때부터 제자 훈련을 강조하였다. 처음부터 그는 그 자신의 제자들 그룹을 모아서 훈련시켰다. 개척부터 교회의 사역을 마칠 때까지 사역반과 순장반을 직접 자신이 맡아 지도하였다.

많은 평신도들은 그리스도 안에서 장성하여 좀더 효과적으로 주님과 그 교회를 섬기기를 원한다. 그들은 훈련받고자 하는 강한 열의가 있다. 이 제자 훈련 사역은 이런 요구를 만족시켜 주는 과정일 뿐 아니라 제자 삼는 주님의 지상명령을 순종하는 사역인 것이다. 남가주사랑의교회 제자훈련은 그런 점에서 교회의 양보할 수 없는 핵심 과정이다. 이 훈련 과정을 수료한 교인들은 평신도 리더와 다락방의 순장으로 봉사하게 된다.

이제 남가주사랑의교회의 훈련 프로그램을 살펴보고자 한다. 이 교회는 한 사람을 체계적으로 양육하여 평신도 리더가 되도록 준비시키는 5단계 훈련 프로그램이 있다.

1단계:새가족반

전담 교역자가 일주일에 한 번 기본 교리를 가르친다. 이 공부를 마쳐야 등록 교인이 될 수 있다.

2단계:새일꾼반(16주간)

이 반의 회원은 새가족반을 수료한 둘 내지 네 명으로 구성되며 이 소그룹에서 새일꾼반 리더들에 의해 훈련을 받는다. 교재는 두란노서원에서 나온 일대일 제자양육 성경공부(16주) 교재를 사용하고 있다. 기초 양육과정이다. 이 과정을 마쳐야 제자훈련에 입학할 수 있다.

3단계:제자반(1년)

이 반에 들어가려면 새 일꾼반을 수료한 뒤에 가능하다. 교재는 서울 사랑의교회의 「평신도를 깨운다」를 사용하고 있다. 이 반은 교역자가 지도하는데, 7~12명의 소그룹으로 모이고 교역자는 소그룹 멘토로서 지도한다.

4단계:사역반(1년)

제자 훈련반을 수료한 회원이 이 반에 참가할 수 있다. 주로 담임 목사, 혹은 부교역자가 지도하며 이 반을 수료한 회원 중에서 순장이 된다. 구성 인원은 30~50명 정도이다.

5단계:순장반(계속)

이 반에서는 매주 주일 오후에 모든 순장들이 금요일 밤 다락방(일반 교회의 구역)에서 그들이 가르칠 과목들을 담임 목사와 함께 공부한다. 남가주사랑의교회는 이 평신도 지도자반을 가장 중요한 모임으로 강조하고 있다.

새신자의 성장 프로세스

새신자가 남가주사랑의교회에 오면 새가족반에서 6주 동안 공부하게 한다. 남가주사랑의교회는 평신도 영적성장 프로세스 있어서 새신자에게 두 가지 과정을 제공한다. 하나는 '양육 과정'이고 다른 하나는 '훈련 과정'이다. 양육 과정은 셀 그룹 지도자인 순장의 지도를 받는 다락방에서 이루어진다. 순장은 금요일 밤마다 귀납적인 성경공부로 자기 그룹을 지도한다. 이 그룹은 기간이 제한되어 있지 않다.

또한 훈련 과정은 정해진 일정 기간에 이루어지는 과정이다. 새 일꾼반은 16주 동안 평신도 목자(a lay pastor)가 지도한다. 이 반을 수료하면 새신자는 제자 훈련반에 들어가게 되고 거기서 1년 동안 교역자의 지도를 받는다. 그 과정이 끝나면 담임 목사가 지도하는 사역 훈련반이 있다. 이 반을 수료한 사람은 일정한 기준에 의해 준비가 되면 다락방의 순장으로 임명을 받아 섬기게 된다(아래 도표를 참조하라).

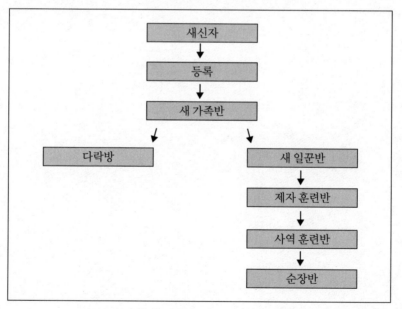

도표 남가주사랑의교회 새신자 성장 과정

5부

멘토링 사역의 적용 실례

11.
예전교회의 멘토링 사역

1990년대 들어와 한국 교회는 정체 상태에서 10여년간 머물더니 2006년에 들어와 통계상으로 보면 오히려 약간 줄어들고 있다. 왜 이런 정체현상이 지속되고 있는가? 원인은 여러 가지가 있겠지만 그중에 하나가 극히 저조한 '새가족 정착률'(연간 12~15% 수준)에 있다고 본다. 새가족 정착률의 향상은 곧 교회 성장으로 이어지기에 새가족 정착에 대한 강조는 아무리 해도 지나치지 않을 것이다.

특히 '전도-방문-출석-정착-양육-훈련-사역-재생산' 등으로 이어지는 일련의 새가족 성장과정에 효과적인 고리 연결 및 진행이 아직까지 교회마다 원활하게 잘 안 되고 있는 것이 사실이다. 그러다 보니 새가족이 교회에 오는 것도 중요하지만 정작 지속적으로 교회에 출석하여 교회의 일원이 되는 정착률이 향상되지 않고 있는 것이다.

이 점을 보완하기 위해 필자가 개척하여 섬기고 있는 예전교회는 2001년 9월 개척 초기부터 새가족들에 대해 멘토링 사역을 실시하고 있다. 필자는 이 목회사역의 기치를 "멘토링 목회"에 두고 시작했다.

『새가족 양육의 원동력』이라는 책을 쓴 게리 쿠네는 새가족이 교회에 와서 개인적인 양육을 받으며 신앙생활을 하고 있는 사람은 불과 1%에 지나지 않는다는 충격적인 통계를 발표했다. 이는 반대로 말하면 99%의 성도들이 개인양육을 받지 못하고 신앙생활을 하고 있다는 말과 같다. 사람은 태어나면 반대로 99%가 개인 양육을 받으면서 자란다. 그런데 왜 하나님의 교회에서는 이런 현상이 일어날까? 간단하다. 그들을 개인적으로 양육을 시켜줄 일대일 양육자, 다시 말하면 일대일 양육 멘토가 없거나 부족하기 때문이다. 그러나 이런 문제는 어렵지 않게 해결될 수 있다고 생각한다. 다만 일대일 양육 멘토가 충분히 세워지면 가능한 일이다. 이에 개인적으로 멘토링 목회를 꿈꾸어 오던 중 앞으로 나의 목회는 새가족이 교회에 들어오면 교회에서 99% 이상이 일대일 멘토링을 받는 목회를 해야겠다고 결심하게 되었다.

그러면서 기존의 새가족 정착 프로그램들을 살펴보게 되었다. 기존의 새가족 정착프로그램은 대개 새가족의 정착 자체에만 강조를 둔다. 그러다보니 그 뒤의 후속 조치, 즉 양육으로 연결이 잘 되지 않는 단점이 있음을 발견하게 되었다. 기존의 정착 프로그램은 새가족이 정착 담당자와 수 주간 만남을 갖고 어느 정도의 연결끈이 형성이 됐는데 나중에 다시 양육 과정(예를 들어 구역 모임)에 들어가면서 그 정착 담당자와 관계를 끊어야 하는 무리가 따르게 된다. 그 새가족은 구역에 갔다 하더라도 또 다시 구역이라는 새로운 환경에 적응해야 하는 어려움이 생긴다.

거기에다가 많은 교회들이 새가족을 위한 교과 과정이 있긴 하지만 대부분 대그룹 세미나 형태의 성경공부 형태로 진행되든지 아니면 일대일이라 하더라도 그 내용이 새가족 개인의 관심과 필요에 거리가 먼 내용들이다. 이렇게 되면 새가족들은 7-8주 되는 기간에 부담을 가져 아예 참석을 회피하든지, 교육은 받았는데 기존 교우 혹은 양육을 담당해 줄 사람과의 관계를 맺지 못한 채로 교회에 다니게 되어서 새가족 정착에 문제가 생길 수 있다고 본다.

그러면 새가족을 잘 정착시키고 양육까지 연결이 잘 되며 새가족의 상태에 맞게 진행해 나갈 좋은 방법은 무엇인가? 그 중의 하나가 바로 멘토링 사역이다. 교회에서 실시하는 멘토링 사역을 단계별로 살펴보자.

제1단계 : 예배 멘토링

멘토링 사역은 처음에 교회에 새가족가 예배에 참석하면서부터 정해진다. 예전교회에서는 이 멘토를 "예배 멘토"라고 부른다. 예배 멘토는 새가족가 교회 본당에 들어올 때부터 교회내의 새가족 전문담당자(평신도 리더 혹은 교역자) 에 의해 확인되어 배정이 된다. 그러면 새가족이 예배드리러 들어가면 예배 멘토는 새가족이 눈치 채지 않게 뒤따라 들어가서 새가족이 앉는 옆자리에 살짝 앉는다. 물론 이때 새가족이 남성이면 남성 멘토가, 여성이면 여성 멘토가 들어감은 꼭 원칙으로 지켜져야 할 사항이다. 그 후에 새가족이 예배를 드릴 때 예배드리는 도중 찬송을 부른다든지 성경을 찾는다든지 할 때 예배 멘토는 새가족의 예배를 주도면밀하게 도와준다. 찬송가를 안가져 왔으면 같이 보여주면서 찬송하기도 하고 성경을 못 찾으면 자신의 성경으로 보여주든지 아니면 찾는 것을 도와준다. 새가족의 필요를 예배중에 책임을 맡아 채워주는 역할이다. 그리고 중요한 것은 예배 멘토는 설교 전이나 후에 새가족이 새가족 환영카드를 기록하게 하여 헌금시간에 새가족카드를 강단 위에 올리는 역할을 한다. 그러면 예배 중에 새가족이 효과적으로 소개되고 적절한 환영을 받게 된다. 그 후에는 새가족을 새가족 환영실로 인도하는 역할을 하면서 자신의 임무를 마친다.

제2단계 : 정착 멘토링

새가족 환영실로 들어온 새가족은 새가족실에서 제공되는 식사를 함께 하든지 아니면 차와 간식을 들면서 정착 멘토를 소개받는다. 이때 새가족 봉투(여기엔 교회 안내지, 중요 사역 소개지, 기타 새가족 선물 등이 들어 있다)를 주면서 교회도 소개한다. 새가족에게는 개인별로 한 명의 정착 멘토가 정해진다. 새가족실에서 잠깐의 교역자의 환영 후에 정착멘토는 새가족과 일대일 만남의 시간을 갖는다.

이때 정착 멘토는 새가족이 소속될 사랑방(일반교회의 구역과 비슷함)에서 정해진다. 이 때부터 실질적인 멘토링 관계는 시작된다. 멘토는 이 새가족에게 친교 파트너(친구 역할)도 되고 교회의 안내자도 되며 교회의 여러 소그룹(예배, 친교, 성장, 사역, 증거 소그룹들)으로 인도하기도 한다. 이때 자연스럽게 연령별 남녀전도회(혹은 선교회)의 가입 등이 이루어진다. 그리고 그 다음주부터는 새가족은 정착 멘토와 더불어 주일예배 후에 교회 식당에서 약 한 달간 매주 식사를 함께 한다. 식사하면서 정착 멘토는 새 가족에게 미리 준비된 정착 멘토링 양식에 의해 교회에 관한 여러 가지 도움이 되는 내용들을 소개받는다.

이 과정은 새가족의 정착을 결정하는 매우 중요한 단계이다. 따라서 새가족에게 무리한 요구를 한다든지 부담스런 과정을 요구하는 것은 피해야 한다. 새가족의 눈높이에 따라 조절하는 것이 중요하며 새가족의 필요를 발견하고 돕는 자세가 요청된다. 자율적인 선택에 의해 정착하고 자라가도록 배려해야 한다. 일단 이때 새가족은 교회의 교역자 혹은 중직자를 소개해 주기도 한다. 그리고 교회의 중요한 사역들, 기관들을 소개하고 새가족이 먼저 해야 할 과정들, 예를 들어 101 등록교인반, 여러 형태의 친교 그룹들(스포츠, 취미, 지원 소그룹들)에 가입할 것을 추천하기도 한다. 아직은 조심스럽지만 성장 그룹들(사랑방, 소그룹들, 성경공부반들)이나 사역 그룹들(교회에 처음 온 사람들이 쉽게 할 수 있는 봉사 그룹들)을 소개하고 권할 수도 있다. 이 단계에서 교회 출석을 등한히 하는 경우가 많은데 그럴 때는 전화를 하든지 아니면 심방을 할 수도 있다. 계속 출석을 하지 않을 경우에는 교역자의 도움을 요청한다.

제3단계 : 일대일 양육 멘토링

이렇게 약 한 달간의 정착 멘토링 과정이 마치면 이 새가족은 정착 멘토가 소속된 사랑방에 들어가게 된다. 이때부터 본격적인 양육 멘토링이 실시된다.

새가족은 가능하면 정착멘토와 더불어 일대일로 양육을 받게 한다. 예전교회에서는 이 일대일 양육 멘토링 과정을 위해 12주 멘토링 양육교재가 만들어져 있다. 한국강해설교학교에서 나온 『사람을 세우는 멘토링』(박건 목사 저) 이 그 책이다. 이 책은 기간도 짧고 문제도 아주 쉽고 또 새가족이 신앙생활을 하면서 꼭 해야할 중요한 핵심 내용들로 구성이 되어 있다. 이 과정의 이름은 "일대일 멘토링 양육반"으로 부르고 있다. 대개 3-4개월 과정으로 마치면 새로운 기수(基數)를 모집하여 일대일로 진행하면 된다.

제4단계 : 소그룹 양육 멘토링

이 과정을 마치면 새가족은 계속해서 사랑방에서 소그룹 양육을 받으며 성장한다. 순장(사랑방 리더) 은 새가족이 계속 양육이 되도록 새가족의 양육 멘토를 통해 관리한다. 새가족은 일대일 멘토링 양육과 사랑방을 통해 개인적으로, 소그룹으로 균형잡힌 양육을 받게 된다.

사랑방은 가족시스템으로 되어 있는 일종의 셀(cell)이므로 한번 소속이 되면 앞으로 계속해서 그 사랑방에서 활동하게 되므로 배치에 신중을 기하는 것이 좋다. 그래서 대개는 새가족의 효과적인 정착을 위해 새가족을 교회로 인도한 사람이 자신의 사랑방으로 데려가는 것이 원칙이다.

그리고 스스로 왔을 경우에는 사랑방별로 돌아가면서 배치시키면 된다.

제5단계 : 제자훈련 멘토링

이후에는 1년 과정인 제자훈련과정으로 들어가도록 한다. 물론 이때 새가족은 사랑방에 소속된 상태로 제자훈련을 받도록 권면한다. 새가족은 사랑방에서 받는 양육으로만 그쳐서는 안된다. 앞으로 일꾼이 되려면 적절한 훈련이 되어져야 한다. 보통 매년 9월경에 모집하는 제자훈련반에 들어가면 교제와 양육 중심의 사랑방에서와는 달리 교역자에 의해 체계적인 훈련을 받게 된다. 이 훈련은 강한 훈련과정으로 실시된다. 이렇게 1년의 제자훈련과정을 마치면 비로소 제자라고 부를 수 있을 만큼 여러 면에서 성숙되어지고 훈련되어진다. 많은 부분에 있어 영적 성숙을 위한 습관들(예를 들어 성경읽기, 성경암송, 기도, 예배, 헌금, 전도, 큐티)도 달라진다.

그러나 이 단계를 마쳤다고 다른 사람을 양육하는 양육멘토가 되지는 않는다. 사람에 따라 개인차는 있지만 그동안의 경험으로 보면 제자훈련을 마쳐도 다른 사람을 양육하기에는 아직 이르다. 제자는 되었지만 아직 멘토는 안된 것이다. 그래서 이들이 다른 사람을 양육하도록 멘토훈련을 받아야 한다.

제자훈련 교재는 36주 과정의『훈련 멘토링』(박건 목사 저) 을 사용하고 있다.

제6단계 : 멘토훈련

멘토훈련은 이때 7주로 이루어진다. 12주 양육 멘토링 교재를 이때는 교역자와 더불어 함께 한다. 일대일 양육 멘토링은 평신도와 더불어 일대일로 매주 한 과씩 12주간을 진행하지만 멘토 훈련반은 교역자와 더불어 소그룹으로 매주 두 과씩 진행한다. 마지막 7주째는 시험 및 멘토링 실습, 간증문 작성, 서약서 작성 등을 실시한다. 멘토 훈련반의 개강 및 수료식은 예전교회 같은 경우 공예배 중에 함으로 책임감 있게 지속해서 하도록 유도한다. 예전교회는 현재 출석교인의 45% 정도가 이 양육 멘토로 섬기고 있다.

제7단계 : 소그룹 리더훈련

이제 평신도 훈련의 마지막 단계라고 할 수 있는 소그룹 리더훈련 단계다. 이 단계에서는 소그룹 리더들을 위한 4단계의 집중적인 과정들이 강의된다. 역시 1년 정도의 훈련기간이 소요되며 교재는 필자의 『소그룹 리더훈련』이 사용되고 있다.

물론 이 과정을 마쳤다고 다 소그룹의 리더로 임명되는 것은 아니다. 그 중에서 멘토로서 사역의 열매가 좋고 소그룹 리더로서의 준비가 잘 된 사람, 그리고 사랑방 순장이 적극 추천하며 교회 사역에 있어 헌신된 사람 가운데 선발이 된다.

이 리더는 순장으로 불리우며 그 위의 멘토인 M12[9]에 번식될 때 세워진다. 번식이 되면 모체(母體) 셀에서 분리되지 않고 가문형태 (M12)로 계속해서 그 가문에 소속되어 12개까지 번식된다. 예전교회 는 현재 65개의 사랑방에 65명의 순장이 섬기고 있다.

---

9) "M12"는 "Mentoring 12"의 약자로 예전 교회의 소그룹 리더인 순장 위의 직분으로 12개의 셀을 번식 시키고 가문리더를 가리킨다. 현재 예전교회는 M12로 부부셀 10명, 여성셀 12명이 섬기고 있다.

12.
주일학교에 있어서의 멘토링

1)초등 교육에서의 멘토링

미국 워싱턴 주의 워싱턴 초등학교에서는 학생이 학생을 개인 지도하는 '스튜던트 튜터링'(Student Tutoring)의 교육적 효과를 톡톡히 보고 있다. 즉, 4학년 학생 전원을 1,2,3학년 하급생들의 읽기 과목의 개인지도 교사로 배치시키고, 6학년 학생들은 '미국의 미래 교사 클럽'의 멤버로 가입시켜 저학년생들 중 공부와 품행에 심각한 문제가 있는 학생들의 개인지도를 맡게 했다. 또한 같은 급우들 사이에는 서로 짝을 지어 가르치는 '피어 튜터링'(Peer Tutoring)을 실시, 사실상 모든 학생들이 서로 가르치고 배우는 관계를 유지케 했다. 그 결과 이 학교는 전교생들 중 거의 절반이 극빈층에 해당되고 3분의 1이 ESL(영어 향상반)학생일 정도로 최하위의 수준이었음에도 불구하고 학생들의 성적이 놀라울 정도로 향상되었다고 한다.

　사실 학생 튜터링(학습 멘토링)은 배우는 학생들뿐 아니라 가르치는 학생들에게도 교육적으로 도움을 주고 있는데, 가르치는 학생들은 남에게 설명해 줌으로써 알고 있는 것을 더 확실하게 배우게 되기 때문이다. 이 학생 튜터링은 교사들로부터 긍정적인 반응을 얻고 있는데 스탠포드 대학교가 발표한 한 교육 보고서에서도 학생들 간의 튜터링은 소규모 클래스(소그룹 과정)나 컴퓨터를 이용한 교육 방식보다 더 효과적인 방법으로 발표되었다.

　이 원리는 초등학생들에게만 적용되는 것은 아니다. 캘리포니아의 토레이 파인즈 고등학교는 얼마전 미국에서 전국 최고의 공립 고등학교로 선정이 되었는데, 그 원인이 학생이 자신의 부족한 과목을 언제든지 자유롭게 학생 튜터링을 통해 동급생 혹은 상급생에게 개인적으로 배울 수 있게 한 제도 때문이었다고 한다.

　성경에 보면 예수님의 어린 시절의 성장에 대해서 약간 언급이 되어 있다. 그 중에 누가복음 2장 52절에 의하면 "지혜와 키가 자라가며 하나님과 사람에게 사랑스러워 가시더라"라고 했는데 이는 예수님의 균형 잡힌 성장의 모습을 보여 준다. 지적, 신체적, 영적, 사회적인 면에서의 성장을 표현하고 있다. 우리나라의 미래를 짊어지고 나갈, 그리고 한국 교회 장래의 기둥들인 차세대 주일학교 학생들이 어떻게 하면 효과적이고 균형 잡힌 성장을 해나갈 수 있을 것인가? 학교에서의 교육뿐 아니라 주일학교 학생들의 교회 교육에 있어 멘토링은 어떤 중요한 역할을 하는가? 그것은 차세대 혁신적 교육법인 멘토링으로 많은 해결책을 찾을 수 있으리라 확신한다.

주일학교 교육의 새 방향, 멘토링

21세기에 있어 우리나라 교회학교 교육의 새 방향은 무엇인가? 각 교회학교마다 멘토링 양육의 실시이다. 오늘날 우리나라 주교교육의 약점 중의 하나는 키우는 '양육 시스템' 중심이 아니라 가르치는 '교육 시스템' 중심이라는 것이다. 우리의 교회 교육은 사회의 학교 교육 제도를 거의 그대로 도입하여 실시하고 있기에 양육의 개념과는 거리가 멀다. 주일하교 교장, 교감, 부장, 교사, 학생, 각 학년별 반편성 등이 그것이다. 일반 학교와 같은 제도로 되어 있기에 교육의 내용이 주로 지적인 공과 공부 중심으로 되어 있다. 공과 공부 후의 2부 활동, 암송, 퀴즈 대회 등의 행사들도 양육과는 거리가 멀다. 교사들도 말 그대로 교사(가르치는 사람)이기에 '양육한다'(mothering or fathering)는 개념보다는 '가르친다'(teaching)는 개념을 더 많이 가지고 있다.

그러기에 학생들은 주일학교에서 5년, 10년을 교육받아도 계속 다른 사람에게 양육을 받아야만 하는 수준에 머문다. 그러니 다른 아이들을,

그리고 저학년 학생들조차 고학년 학생 자신이 직접 양육하는 것은 거의 불가능하다. 양육은 대개 2~3년만 받으면 다른 아이들, 적어도 자기보다 연령이 2~3년 아래인 하급생들을 양육(Caring)할 수 있게 된다. 또 그래야 한다. 위의 워싱턴 초등학교의 예를 보아서도 그렇다. 그런데 학년에 따라 학급 편성을 해 놓았기 때문에 학생들이 양육할 기회를 전혀 갖지 못하게 할 뿐만 아니라 계속 피동적으로 교사에게 가르침만 받게 만들고 있다. 유초등부에서부터 고등부 졸업할 때까지 12년 동안을 공과 중심으로 배우기만 한다. 하급 학년을 양육할 기회도 주지 않고 시도초차 하지 않는다. 양육을 받지 못하니 양육을 할 수 없는 것은 너무나 당연한 일일 것이다. 심각한 인적(人的), 재정적, 시간적 낭비가 아닐 수 없다.

물론 같은 학년의 학생들만 모아놓으면 학년 구분이 없는 무학년 반보다 친교는 더 원활할 수 있다. 그리고 어떤 주제의 성경공부를 하기에는 수준이 비슷해 보다 유리한 장점이 있다. 그러나 양육의 관점에서 보았을 때 같은 학년 편성은 양육이 전혀 이루어질 수 없는 소그룹 환경이라는 것이다. 반면에 반편성이 성경공부가 주목적이라면 좀 더 그룹을 크게 해 세미나 형태로 얼마든지 진행할 수 있을 것이다. 그러면 각 교회마다 공통적인 문제점인 현재의 좁은 주일학교 교육 공간의 문제점도 많이 해소할 수 있을 것이고 평일에도 자유롭게 양육 그룹별로 만날 수 있으므로 모임 전체에 큰 활성화를 꾀할 수 있게 될 것이다.

왜 '주일학교' 라야 하는가?

세계적인 기독교 교육학자 하워드 헨드릭스는 어린 시절 월터라는 주일학교 교사 때문에 교회에 첫발을 디디게 되었다. 그런데 그가 처음으로 월터를 만났을 때 "이봐 꼬마야, 주일학교에 가보고 싶지 않니?"라는 질문을 받았다. 헨드릭스는 우리나라 아이들처럼 '학교'란 말이 들어가면 무조건 싫었다. 그래서 주일학교에 가기를 거절했다. 평소에 학교 다니기도 지겨운데 일요일까지 '학교'를 가야 할 이유가 무엇인가? 그러나 이 헨드릭스는 월터의 구슬치기 하자는 말에 마음을 열었고 결국 그 때문에 교회를 나가게 되었다. 월터는 교육을 많이 받은 사람도 아니었으나 헨드릭스를 잘 멘토링 해 그에게 교육의 산 모델이 되어 주었다.

이때 만일 월터가 구슬치기로 접근하지 않았다면 어찌 되었을까? 오늘의 헨드릭스는 없었을지도 모르는 일이다. 이제 교회학교라는 제도는 바뀌어야 한다고 생각한다. 아이들이 '학교'라는 이름에 거부감을 갖기 때문이다. 지금 미국에서 가장 성공적으로 유초등부를 운영하고 있는 윌로우크릭 교회(빌 하이벨스 목사 시무)에서는 주일학교를 '약속의 땅'(Promise Land)으로, 새들백 교회에서는 '올 스타즈' (All Stars)[10]라고 부른다. 아이들은 이름만 들어도 호기심이 생기고 또 가고 싶어 한다. 마치 디즈니랜드의 테마 놀이터와 비슷한 이름

---

10) 새들백교회는 요즘은 그 교회의 야구장 심볼과 관계된 평생개발과정에 맞춰 주일학교를 "All Stars"로 바꾸어 부르고 있는데 과거에는 '탐험의 나라'(Adventure Land)라고 불렀었다.

이다. 아이들을 위한 양육 프로그램이기에 아이들이 오도록 이름부터 달라져야 한다고 생각한다.

필자가 섬기는 교회에서는 개척시부터 아예 '주일학교'라는 이름을 사용하지 않고 '어린이 목장'이라고 명명했다. 그리고 목장이기에 영어로 푸른 초장을 의미하는 'Green Land'라고 이름을 지었다. 가르치는 교사는 가르칠 때에는 교사지만 자신의 가족을 담당할 때에는 교사라고 부르지 않고 '목자'라고 부른다. 자녀들이 학교에 가서는 교육을 받고 집으로 돌아와서는 가족의 일원으로 양육을 받는 것처럼 학년제와 가족제 이중 시스템을 운영한다. 교육만이 아니라 보다 효과적인 양육을 위해서다. 상급학년이 하급학년을 양육하도록 하기 위해 1학년부터 6학년까지 각 한 명씩 6명이 한 가족이 되도록 편성했다. 그리고 6학년이 3학년을, 5학년이 2학년을, 4학년이 1학년을 맡아 개인적으로 챙겨주고 보살펴주고 돌보도록 멘토, 멘티 관계를 만들어 주었다.

예전 어린이 목장 운영안

1. 목적 : 유초등 과정의 어린이들에게 멘토링 양육을 받게 하고 또한 양육을 하도록 하기 위함이다.

2. 예배 : 지도 교역자의 인도로 진행한다. 이때 자리는 각 가족별로,

그리고 멘토 멘티끼리 짝을 지워 앉게 한다. 그러면 같은 학년 끼리 앉을 때보다 훨씬 덜 떠들게 된다.

3. 공과공부 : 예배 후에는 각 학년별로 공과공부를 실시한다. 자녀들이 학교를 가는 것과 같은 원리다. 이때는 교사들이 자신이 맡은 학년의 아이들을 가르친다. 약 30분간 진행된다.

4. 가족모임 : 공과공부를 마치면 학생들은 자신의 가족을 찾아 가족별로 담임목자와 더불어 모인다. 이때는 물론 공부하기 위해 모이는 것이 아니기에 복습정도는 할 수 있지만 교재를 정해 진도를 나가거나 하지 않는다. 서로의 관계를 개발하기 위해 다양한 활동들을 할 수 있다. 시간이 15-20분 정도로 짧기 때문에 지난 주에 있었던 일들을 나누거나 기도의 제목을 나누고 함께 기도하는 시간 정도를 가질 수 있다. 다만 한 달에 한 번 정도는 공과공부를 하지 않고 예배 후에 가족축제 처럼 아예 가족모임만 따로 가지는 것도 좋다.

● 가족 멘토링의 진행
 -시간(Family Time) : 15-20분 정도. 주일날 예배와 학년별 공과공부 시간을 마친 후
 -출석 상황 점검 : 간식이나 음료 가능
 -가족끼리의 기도제목 나눔

–지난 주간의 생활을 나눔

–영적 생활(기도, 성경읽기, 암송, 경건의 시간) 나눔

–주중에 만날 계획을 세움 : 친교시간

–개인별 양육 계획을 세움 – 목자와 가족들 혹은 멘토–멘티끼리

● 구체적인 제안 : 어떻게 시간을 갖는가?

목자가 학생을 만나는 장소는 어디든 좋다. 목자의 집이나 아니면 교회도 좋고 외부의 방해가 없는 곳이면 교회의 식당이든, 계단이든, 어디든지 좋다. 쉽게 대화할 수 있는 곳이면 된다. 가족별로 주중에 한달에 1–2회 정도는 목자의 집이나 학생의 집 혹은 다른 곳에서 만나는 것이 좋다.

1.목자: 만일 목자의 집에서 초청할 경우

· 자기 가족들(학생들)을 만나기 전에 기도로 준비한다.

· 현관문을 열어두어 환영의 분위기를 만든다.

· 학생들이 오면 항상 따뜻한 미소로 맞이한다.

· 재미있고 유익한 대화를 나눈다.

· 학생들이 예상치 않았던 깜짝 쇼가 있다면 최고…

· 학생이 알 수 있는 쉽고 간단한 찬송 혹은 복음 찬송을 부름

· 준비한 교제 프로그램을 진행

· 모임을 시작하기 전에 잠깐 기도함으로 시작

· 함께 성경을 공부할 경우 일방적으로 가르치기보다는 함께 나눌 것. 공과 공부시간이 아니므로 서둘 필요도 없고 서로 영적인 수준도 다르므로 누구나 참여할 수 있도록 쉽게 진행

· 학생이 미리 예습을 안 해 왔으면 성경을 함께 찾아가며 천천히 진행

· 지루하지 않게 진행

· 마친 후 배운 것을 복습한다. 이때 질문을 사용

· 다음 주에 만날 시간, 장소를 약속

· 서로의 기도제목을 나눈다: 기도회로 진행 둘씩 짝을 지어(미리 정해진 멘토와 멘티짝끼리) 기도하게 한다.

2. 나눔 및 점검사항

· 강요하지 말고 자연스럽게 한다.

· 지난 주일 예배 중에 담당 교역자의 은혜스러웠던 말씀

· 지난 주간에 있었던 일 중에 감사했던 일

· 일상생활 중에 어려웠던 일

· 가정의 기도 제목들

· 도움이 필요한 일

· 목자는 자신의 삶도 가능하면 솔직히 나눔

· 학생의 주일 예배의 출석 여부

· 지난 주의 과제물은 해 왔는가?

· 말씀 읽기는 어떻게 하고 있는가?

· 암송은 일주일에 한 절씩 하고 있는가?

· 개인 기도는 어떻게 하고 있는가?

· 말씀 묵상시간은 갖고 있는가?

도슨 트로트맨의 주일학교 멘토링 양육

유초등부의 예를 들자면 보다 적은 수의 학생들이 소그룹 단위로 모여 6학년이 3학년, 5학년이 2학년, 4학년이 1학년을 각각 멘토링 양육할 수 있다. 어떻게 어린 학생이 양육할 수 있느냐고 생각할지 모르지만 얼마든지 가능하다. 네비게이토 선교회의 창시자 도슨 트로트맨은 자신이 주일학교 반사를 맡고 있을 때 문제 덩어리인 반이었다. 하지만 그 반 아이들을 멘토링 양육시키고 또 그에게 양육 받은 학생이 또 다른 아이들을 양육하고 해서 몇 개월 만에 그 반이 무려 400명으로 늘어나는 부흥을 경험하기도 했다.

이런 멘토링 양육의 효과가 입증되자 수많은 미국 교회들에서 이를 도입하게 되었고 훗날 이 운동은 성인들에게도 그대로 적용이 되어 「네비게이토」라는 선교 단체의 이름으로 전 세계로 뻗어나가게 되었다.

2) 청소년 멘토링

학생회 새신자, 멘토링으로 정착시켜라

장년 성도와 마찬가지로 주일학교 학생회의 숫자도 전국적으로 줄고 있다. 매년 새학년으로 진급하여 들어오는 인원을 제외한 출석인원의 15%정도가 새신자로 등록하지만 학생회를 1년 이내에 떠나는 학생들이 또 그만큼 되기에 대다수의 학생회는 매년 제자리걸음을 하고 있거나 줄고 있다.

학생회에 들어오는 신입생이나 전도되어져 오는 새신자를 어떻게 효과적으로 정착시키고 양육시킬 것인가? 사실 많은 교회들이 새신자를 위한 신입반이 있긴 하지만 대부분 소그룹 형태의 성경공부로 진행되든지 아니면 아예 그것조차도 없이 해당 학년반에 들어가 공과공부로 진행되는 것이 전부이다. 그리고 신입반이라 하더라도 그 내용이 새신자 개개인의 관심과 필요에 거리가 먼 내용들이며 기간도 짧다. 학년이 서로 다른데 한 반에 넣어 장기간으로 지도하기도 곤란하다. 그야말로 알아서 따라와야 한다. 그러니 정착이 쉽지 않고 새신자 입장에서의 양육은 거의 이루어지지 않는다. 학생회에 매주 나와주는 것(?)이 고맙기만 하다. 중등부나 고등부의 기존 진급생보다 신입생들의 탈락율이 높은 것도 학년별로 반을 만들어 교사가 지도하게만 했지 이와 같은 개인차원의 양육이나 돌봄이 없기 때문이기도 하다.

그러면 학생회의 새신자를 잘 정착도 시키고 양육까지 연결이 잘 되며 새신자의 상태에 맞게 양육해 나갈 좋은 방법들은 무엇인가? 그 중에 하나가 바로 새신자 멘토링 사역이다. 새신자 멘토링 사역은 처음에 교회에 온 새신자에게 개인별로 두 명의 멘토가 정해진다. 한 명은 '친구 멘토' 다. 이 '친구 멘토' 는 동급생 중에서 정해지는데 가능하면 누가 누구의 친구 멘토인지 모르게 하면 좋다. 6개월에 한 번씩 바꾸어 주면 더 좋다. 이때 겹치지 않고 빠지는 학생이 없도록 교사가 정해주고 개개인에게 알게 한다. 그리고 6개월 뒤에는 자신이 그동안 어떻게 '친구 멘토' 의 역할을 했는지 발표하게 하면 재미있다. 이 멘토의 역할은 다윗과 요나단처럼 어려울 때 도와주고 때에 따라서는 필요를 채워주고 기도해주는 기도짝의 기능이다. 이때 '친구 멘토' 는 상대가 눈치채지 못하게 돕는 것이 주의사항이다. 그리고 다른 한 명의 멘토는 '선배 멘토' 이다. 적어도 1년이나 2년 정도는 차이가 나야 한다. 그런데 그 멘토는 새신자가 처음 출석한 당일 정해져서 새신자와 일대일 만남의 시간을 갖는다. 가능하면 지난 호에서 설명한 대로 '가족그룹' 내에서 정해지도록 한다. 이때부터 '신입 학생' (새신자)과 '선배 멘토' 의 멘토링 관계는 시작된다. 물론 이 선배 멘토는 새신자(자신의 멘토리)를 잘 돕기 위해 새신자 양육 멘토링 교육을 1회 정도 받는다. 각 단계를 자세히 소개하면 아래와 같다.

1단계: 멘토의 선정과 연결

교사 혹은 가족그룹의 목자는 자신의 가족들 가운데 신입 학생을 위해 멘토 역할을 할 선배 학생을 선정한다. 물론 이때 신입 학생의 성격이나 상태를 고려하여 비슷한 기질의 학생을 맺어준다. 기존의 학생들은 이미 가족그룹에서 이 상하 멘토링 관계가 다 형성이 되어 있으므로 새신자를 위해 새로운 한 사람이 정해져야 한다. 가능하면 한 선배가 한 사람을 담당하는 것이 원칙이나 선배가 너무 신앙이 약하다든지 아직 준비가 되어있지 않으면 맡기지 말고 잘 하는 사람이 한 사람을 더하게 한다. 그것도 어려우면 담당 목자가 직접 담당토록 한다.

2단계: 친교 멘토 및 안내

2단계는 새신자의 정착을 위해 친교 멘토를 정해주는 일이다. 이 과정은 새신자의 정착을 결정하는 매우 중요한 단계이다. 따라서 대개 새신자와 같은 학년의 동성에게 친교 멘토를 부탁한다. 이것은 같은 학년을 지도하고 있는 교사에게 가족그룹의 목자가 부탁을 할 수도 있고 아니면 교사가 직접 정해주기도 한다. 같은 학년끼리는 대화가 잘 통하고 쉽게 친해지기 때문이다. 이때 친교 멘토는 친구 멘토(비밀 멘토)와 달리 공개적으로 도와주는 것이 특징이다. 주요 사명은 친해지는 것이다. 같은 반이며 동년배이기에 어떤 과정의 양육은 어렵다. 따라서 자주 전화해주고 혹은 같이 음식을 먹는다든지 기존의 다른 친구들과 함께 친해지도록 연결해주는 역할을 한다.

그리고 새신자는 학생회와 교회에 대해 잘 알지 못하므로 친교 멘토는 1-2주 동안 개인적으로 학생회를 소개해 주기도 하며 담당교역자와 교사, 학생회 임원을 소개해 주기도 한다. 더 나아가서 학생회에 있는 여러 친교그룹들(동아리)로 인도한다. 예를 들어 인터넷동아리, 스포츠동아리(탁구, 볼링, 농구, 야구, 축구 등), 예능동아리(찬양, 악기, 미술 등), 취미동아리(바둑, 독서, 수집, 영어회화, 영화 등) 등의 그룹들이다.

그리고 교회의 중요한 사역들, 기관들을 소개하고 새신자가 먼저 해야 할 과정들, 예를 들어 새신자반 등을 하도록 권면한다. 이 단계에서 교회 출석을 등한히 하는 경우가 많은데 그럴 때는 친교 멘토나 선배 멘토가 전화를 하든지 아니면 심방을 할 수도 있다. 가족의 목자와 교사가 역시 한 두주 결석하면 관심을 가지고 연락을 취하고 심방하거나 문제가 있어 계속 출석을 하지 않을 경우에는 교역자의 도움을 요청한다.

3단계: 양육단계

2단계에서는 정착이 주요 목적이지만 그것으로 그쳐서는 안된다. 제3단계인 양육단계로 들어가야 한다. 성장이 있어야 하기 때문이다. 이를 위해 선배 멘토가 양육까지 할 수 있다면 좋겠으나 그렇지 못할 경우가 많으므로 양육반을 들어가도록 한다. 이 양육반은 새신자반을 마친 새신자 학생들을 대상으로 한다. 기간은 3-4개월 정도가 좋고 담당은 양육반 전담 교사가 인도한다. 그리고 새신자 학생을 성장그룹들로 들어가게 한다. 물론 이 성장그룹들은 친교단계를 거친 이후에 하는 것이 아니고 학생회로 들어오면서 대개 바로 정해진다. 양육과 교제를 목적으로 하는 가족그룹에 우선 배치되고 공부를 주목적으로 하는 학년반 (공과공부)에 배치된다. 가족그룹은 새신자 학생에게는 마치 가족처럼 따뜻하고 환영하는 분위기가 될 것이다. 그리고 학년별 공과공부는 현재 대부분의 교회들이 잘 하고 있는 부분이기에 따로 설명하지 않겠다.

물론 이 단계에서 학생회의 상황에 따라 제자훈련 등을 실시할 수도 있다. 중요한 것은 양육단계 이후에 자신의 원하는 것에 따라 6개월 이상의 보다 장기간의 훈련과정이 필요하다는 것이다. 이 과정은 주로 교사 혹은 교역자가 인도하며 이 과정을 마친 학생은 새신자의 멘토 역할이나 그룹리더 역할을 하면 될 것이다. 이 단계에서는 새신자의 학습이나 세례/침례 여부를 확인해 받도록 권면할 수 있다.

4단계: 훈련 멘토링

새신자의 양육 다음에 거쳐야 될 단계는 훈련이다. 즉 양육을 거친 새신자는 훈련 멘토링으로 무장되어 나가야 한다. 훈련이 없으면 늘 어린아이 신앙이요 효과적으로 사역을 감당할 수 없기 때문이다. 훈련된 군사와 그렇지 못한 군사를 비교해보라. 양육과 훈련의 차이는 무엇인가? 양육은 앞에서 강조한 바 주로 "가족시스템"(여러 학년이 섞여 있는 그룹)에서 이루어지는 것이고, 훈련은 기존의 "반 시스템"(Class System)과 제자훈련 등에서 이루어지는 방식이다.

양육과 훈련의 우선순위는 어떤가? 새신자가 학생회에 들어오게 되면 대개 양육부터 실시해야 한다. 이는 마치 집안에 아이가 태어나면 어머니에 의해 양육이 실시되는 것과 마찬가지이다. 그러나 기간이 길어질수록 양육의 필요성은 줄어들고 훈련의 중요성이 더 커진다. 훈련(예를 들어 제자훈련 등)받는 것은 양육이 어느 정도 되어진 상태에서 할 때 효과적이다. 양육 받아야 할 단계에 있는 사람에게 훈련부터 시킨다면 역효과가 생길 것이다.

훈련 멘토링의 방식은 대개 소그룹으로 하는 것이 효과적이다. 훈련을 위한 소그룹은 일반적으로 제자훈련이라는 이름으로 많이 한다. 이 제자훈련은 담당 교역자나 혹은 교사가 인도할 수 있다. 이 제자훈련은 보통 기간이 9개월에서 12개월 정도가 적당하며 제자훈련생은 이 기간 동안 담당 교역자를 훈련 멘토로 배우고 따르게 된다. 이 제자훈련반은 예수님의 제자훈련 과정을 모델로 삼으면 많은 영역을 적용할 수 있을 것이다. 다만 교실에 모여 서로 토론하는 정도로만 그쳐서는 부족하다. 예수님이 삶의 여러 현장에서 직접 체험하게 하시며 가르치셨듯이 제자훈련반은 현장 중심의 커리큘럼과 말씀의 구체적인 적용 등이 강조되어야 한다.

제자훈련반의 중요한 목적은 습관의 개발이다. 대개 학생들이 영적으로 성장되지 아니하는 이유는 성장을 위한 습관이 되어 있지 않기 때문이다. 그래서 제자훈련에서는 기도하는 습관, 성경읽기, 큐티, 성경암송, 봉사, 전도하는 습관 등이 개발되어야 한다. 학생회 제자훈련에서의 또 한 가지 중요한 요소는 제자훈련을 마친 다음의 관리이다. 대개 제자훈련을 하는 동안은 어느 정도 긴장도 하고 다른 훈련생들과 더불어 함께 가다 보면 덜 힘들게 따라간다. 하지만 일단 훈련기간이 마치면 그 다음부터는 혼자 해 나가야 하는 경우가 많다. 그러다 보면 나태해지고 제자훈련 전의 모습으로 다시 돌아가는 경우가 많다. 이를 방지하기 위해서 제자훈련 다음의 과정인 멘토훈련으로 들어가든지 아니면 가족 그룹의 멘토가 계속 점검해 주도록 한다.

그 외에도 단기간의 각종 세미나나 특정 주제나 성경 각 권의 소그룹 성경공부과정, 특정그룹 대상의 자율 소그룹 성경공부 등도 훈련 멘토링의 좋은 도구로 활용될 수 있다.

[오늘을 행복하게] 하나님의 눈

박성호 목사(화성 어린이교회)

한 아이가 하얗게 김이 서린 차창에 동그라미들을 그리고 있었다.

"그게 뭐야?"

열심히 동그라미를 그리던 아이가 대답했다.

"하나님 눈이에요"

"하나님 눈?"

"예"

"그런데 하나님 눈이 왜 그렇게 많니?"

궁금해진 교사가 물었다.

"하나님은 나도 보고요, 선생님도 보고요, 엄마 아빠도 다 봐요"

자기도 보고, 선생님도 보고, 엄마 아빠도 다 볼 수 있는 하나님의 눈은 과연 몇 개일까? 그 수는 아이만이 아는 숫자일 게다. 그런 아이들과 함께 지내는 작은 공간 속에서 그들의 순수의 세계를 보다 더 아름답게 장식하고자 아내와 나는 그들만의 세계를 보존하고픈 작은 바람의 몸부림으로 아이들을 위한 음식 만들기를 즐긴다.

아이들을 위한 간식이나 음식에도 이미 만들어진 음식보다는 아내의 손길과 사랑, 정성의 양념이 듬뿍 밴 음식들을 만들어주는 행복한 여행을 즐기고 있는 것이다. 풍성한 진수성찬은 아닐지라도 아이들은 그 시간을 기다린다. 그리고 행복해한다. 그 어떤 기름진 음식보다도….

아이들은 어른들과 지도자들의 사랑이 밴 작은 손길을 원한다. 자신들을 위한 진정한 사랑에 그들은 고마워하고 감격해한다.

우리 교회에 아빠와 엄마 외에는 어떤 어른들에게도 접근을 거부하는 다빈이라는 다섯살 아이가 있다. 그런 다빈이가 얼마 전부터 변했다. 우리 교회는 학년으로 구성된 반이 없다. 단지 교사들을 멘토로 세워서 몇몇의 아이들을 붙여준 것이 반이고 그룹이다. 그리고 멘토인 교사는 매주 금요일 전에 반드시 멘토링의 과정으로 단순한 소재라도 끄집어내 아이와 교감을 나눌 수 있는 전화 데이트 시간을 갖는다. 다빈이에게도 자신을 찾는 전화가 매주 어김없이 걸려 왔고 아이는 자신을 찾는 전화를 받는 순간부터 행복해한다. 그리고 말을 한다. "훈장님한테 전화 왔었어!" 그리고 얼마가 지난 후 다빈이는 자기의 멘토가 되는 교사에게 어김없이 다가가 안기기도 하고 무언가 잘 안될 때는 당연히 찾아가던 엄마 아빠 대신 교사를 찾게 됐다.

그 교사가 다빈이를 위해 자전거나 빵을 사준 적은 없다. 그러나 다빈이는 행복했다. 영적 성장을 외친다고 해서 아이들이 변하는 것은 아니다. 어린이들을 위해서 기도하라고 외친다고 해서 그들이 행복을 느끼는 것은 결코 아니다. 아이들 자신이 주어진 공간 안에서 사랑을 받고 있는 주인공이라는 인식을 느낄 때 그 아이는 행복해진다.

그러한 아이들이 행복을 느낄 때 그 교회는 미래가 있다. 그리고 비전이 넘친다. 아이들이 행복감을 느낄 때 그 교회는 아이들이 오고 싶은 교회가 된다. 내 선생님이 계시는 곳, 나의 멘토가 있는 곳에 말이다. 물질적인 지원보다 어린이 선교의 중요성에 대한 외침보다 더 중요한 것은 얼마만큼 그들을 하나님의 자녀로 사랑을 주며 행복하게 해주고 있느냐는 것이다. 얼마만큼 그들 자신이 교회에서도 자신들을 주인으로 인정해주고 사랑을 받고 있다는 존재임을 인식케 해주느냐 하는 것이다.

월드컵 4강 진출로 온 나라의 관심은 유소년 축구의 활성화에 쏠리고 있다. 대표팀의 한 선수는 초등학교 시절 축구선수로서 감투상을 받았다. 그 상을 받음으로써 자신이 축구선수로서 인정받고 있다는 사실에 기쁨을 감추지 못했고 더 용기를 얻어 오늘의 대표선수로 그라운드를 달렸다고 한다. 인정받고 사랑을 받고 있다는 사실, 그것은 어른 아이 모두의 바람이다. 그리고 그 삶을 바꾸어놓기에 부족함이 없다. 세상의 영광을 위해서도 투자와 인정을 아끼지 않는데 장래 한국 교회의 지도자들이고 훌륭한 장로와 집사 등으로 하나님 나라를 확장시킬 주역이 될 아이들에게 긍지를 심어주고 예수의 이름으로 안아주며 사랑하는 것에 대해서는 너무 인색한 것이 오늘날 많은 교회의 현실이다.

이제 곧 교회별로 성경학교가 시작된다. 단순히 가르치기 위한 성경학교가 아닌, 그들을 주인공으로 맞아들일 수 있는 장이 되기를 기대해 본다. 그들을 지켜보시는 하나님의 눈들을 생각하면서….

멘토링을 해야 할 열 가지 중요한 이유(청소년)

1. 멘토링은 멘티로 하여금 가치를 점진적으로 습득하게 한다.
2. 멘토링은 멘티의 리더쉽 능력을 향상시킨다.
3. 멘토링은 신앙의 유익을 나누도록 기회를 마련해 준다.
4. 상담자에게 투자하는 시간의 양만큼 상담자의 자아상도 개선된다.
5. 멘토링은 인생의 시급한 문제들에 관한 상담을 포괄하는 개념이다.
6. 멘토링은 봉사와 심리 전달에 있어서 본보기를 제시해준다.
7. 멘토링은 (일체의) 자기 중심성을 줄여준다.
8. 멘토링은 멘티의 내면에 보다 큰 가능성을 제시해 준다.
9. 멘토링은 멘티로 하여금 성경의 계명을 지키도록 도와준다.
10. 멘토링은 가치 있는 유산을 마련하여 삶의 가치를 향상시키도록 해준다.

청소년들의 리더쉽 자질을 향상시키는 것이 우리 청소년 멘토링을 기획하고 세운 목적이다. 그러나 이미 리더쉽 성향을 드러내고 있는 사람들만이 청소년 멘토링을 받는 것은아니다. 청소년들 중 아주 일부만이 제대로 된 사업적 리더쉽이나 정치적 리더쉽을 얻게 된다는 것은 기정사실이겠지만, 각자의 개성에 기초한 리더쉽 자질은 누구에게나 필요하다는 점 역시 널리 인정되고 있기 때문이다.

고등학교를 졸업했다고 해서 누구나 다 자기 생활의 독립 문제, 대학 진학에 필요한 여러가지 선택의 문제, 군 복무 문제, 혹은 성인답게 일할 수 있는 능력 등의 문제에 대해서 제대로 준비되어 있다고 할 수는 없다. 게다가 오늘날의 세상은 너무나 복잡하고 신속하게 변화하기 때문에, 한 가정을 성공적으로 부양해 나갈만한 확실한 리더쉽을 갖추는 일은 더욱 더 시급한 실정이다.

멘토링을 위한 열 가지 중요한 제안

1. 당신의 멘티를 위해서 자주 기도하되 구체적으로 하라.

2. 당신의 멘티를 위한 만남을 최대한 재미있게 마련하라. 그러나 그들이 별반 큰 관심을 보이지 않는다 하더라도 충격을 받거나 낙담하지는 말라.

3. 최소한 한 주일 전에는 미리 교재를 읽어 보라. 내용을 당신 자신의 것으로 습득하고 그것을 상담자의 현재 형편에 적절히 연결시키는 방법을 개발하기 위해서는 시간이 필요하기 때문이다.

4. 철저히 준비하라. 어떤 선택 활동들은 계획을 잘 세워야만 할 수 있다.

5. 모든 만남을 위해 미리 기도하고, 만남 중에도 기도하라.

6. 멘토가 멘티에게 모든 것을 "말해주는" 단순한 방식을 쓰지 말고, 질문과 토의를 통해서 많은 것을 발견해 가는 방식을 쓰라.

7. 만약 사정상 한 주의 만남을 빼먹게 된다면, 다른 비는 날을 통해서 보충하라. 단 한번의 만남이라도 빠뜨리지 말도록 애쓰라.

8. 솔직함의 모범을 보여 주라. 당신이 기꺼이 자기를 열어 연약함을 보여주는 일은 멘토가 멘티로 하여금 추상적인 원리를 실생활에 적용할 수 있게 해주는 결정적인 격려가 되기 때문이다.

9. 만남에 소요되는 시간은 매주마다 달라질 수 있지만, 시작과 종료 시간은 미리 정해 놓아야 한다. 시간엄수야 말로 가치 있는 강한 리더쉽이기 때문이다.

10. 멘토와 멘티 사이에 주고받은 모든 말에 대해서는 기밀을 유지하라. 멘토리들은 자기들의 말이 다른 누군가로부터 들려오게 될 때 매우 민감하게 반응할 것이다. 만약 멘토에게 멘티가 여러 명이라면, 그들 서로 간에도 기밀을 유지하도록 지도하라.

혹시 멘토에게 멘토링 상담 받는 사람은 이것들이 우리가 소위 섬기는 리더쉽의 여섯 가지 특징으로 부르는 것인데 용기, 동정, 능력, 개성, 확신, 헌신 등이다.

청소년 멘토가 청소년 멘토링 사역연구원이 제시해준 시간 계획을 그대로 따르던 혹은 특별한 형편에 알맞게 조정을 하건 상관없이, 우리가 확신하는 사실은, 당신이 개인의 중요한 자질에 바탕을 둔 건전하고 균형 잡힌 리더쉽 교육을 실천할 수 있으리라는 것이다.

멘토링 교사가 저지르기 쉬운 열 가지 중요한 실수

1. 시작을 제대로 하지 못한다.

2. 멘토링의 원리들을 멘티와 공부하며 나누기 전에 반드시 자신이 먼저 터득해야 한다고 생각한다.

3. 멘토링을 최우선 순위에 놓아두기를 주저하고, 그 결과 멘토링을 위한 시간이 정규적으로 짜여지지 않는다.

4. 만남은 반드시 격식 있고 학구적인 분위기에서 이루어져야 한다고 생각한다.

5. 멘티와 만나기 전에 규칙적으로 기도하지 못한다.

6. 준비를 하지 않는다.

7. 솔직하게 약점을 보이는 일을 꺼려한다.

8. 멘티들의 지쳐서 흥미를 잃어버릴 정도로 만남의 시간을 너무 길게 잡는다.

9. 만남을 통해 서로의 자질을 주고받지는 않고 오히려 만남을 강연이나 설교로 둔갑시켜 버린다.

10. 멘티들의 즉각적이고 기적적인 변화를 보여주기를 바란다.

여덟 가지 중요한 설명과 지시

1. 멘토링 과정을 시작하면서 갖게 되는 어느 정도의 두려움과 불편한 느낌은 자연스러운 것이다. 여기서 제시하는 몇몇 리더십 원리들이 당신에게는 생소하기 때문에, 혹시 걱정하게 될지도 모르겠다. 만약 그렇다면, 당신의 걱정이 클수록 멘토링 효과도 더 좋을 것으로 생각하라. 당신과 당신의 상담자가 함께 배울 수 있기 때문이다.

2. 멘토링 지도자들을 위한 것이지 멘토링을 받고 싶은 사람들을 혹시라도 멘티들이 학교 수업을 받는다는 느낌 때문에 불쾌감을 갖게 되지 않도록, 자습서 같은 접근 방식을 제거하려고 깊이 배려하라. 멘티들이 요약물의 뒷면에는 메모를 남기도록 함으로써, 그것을 공책에 넣어두었다가 나중에 참조할 수 있게 도와 주라. 멘티들은 요약물들을 통해서 과제, 원리, 실례 등을 복습할 수 있을 것이다.

3. 우리는 이미 일대삼 멘토링 모델을 개발했는데, 이 모델은 전통적인 일대일 모델보다 몇 가지 점에서 더 유익하다. 멘토는 어떤 한 사람의 멘티보다는 멘토링 자체에 대해서 더 깊이 생각하게 될 것이다. 분명히, 멘토링을 실시하는 만남은 멘티가 하나이건 여럿이건 간에 똑같은 가치를 갖는다.

4. 만일 둘 이상의 청소년을 동시에 멘토링하기로 결정했다면, 연령과 관심이 비슷한 사람끼리 그룹을 만들도록 하라.

5. 우리는 청소년 멘토링 사역이 남녀 모두에게 편리하게 쓰이도록

하기 위해서, 따로 성별의 구분을 두지 않으려고 노력하였다.

6. 어떤 멘토링 만남에서는 여러 가지 선택사항들을 볼 수 있을 것이다. 이런 선택 사항들은 멘티의 연령과 흥미와 성별에 따라 다양하게 배려되도록 하였다. 멘토와 멘티에게 어울리는 적절한 만남이 될 수 있도록 선택 사항을 잘 고르도록 하라.

7. 멘토의 개인적 경험을 나누는 일은 언제나 가치가 있음을 명심하라. 통상, 과거의 실수들이나 그 실수들로부터 배운 것을 기꺼이 받아들이려는 모습은 성공 사례를 나열하는 것보다 훨씬 더 큰 효과를 발휘한다. 멘토의 그런 모습은 멘티들로 하여금 자기들만 실수를 저지르는 것이 아니며, 실수하더라도 모든 게 다 끝나버린 것은 아니라는 사실을 알게 해 주기 때문이다. 오히려 그들은 실수를 통해서 커다란 배움의 경험이 이루어진다는 사실을 알게 될 것이다.

8. 강한 리더십의 소양을 갖춘 청소년이 과연 누구인지 관심을 가져주길 바란다. 새롭게 두각을 나타내고 있는 청소년 리더들은, 멘토같은 멘토링 지도자들이 발굴해낸바 리더십이 잠재된 청소년들을 위하여 다양한 리더쉽 발달의 기회들을 제공해 준다. 우리 청소년 멘토링 사역 연구원 리더들 모두는, 청소년 멘토링이라는 그토록 험난한 사역을 시작하는 교회 교역자, 지도자, 교사 및 멘토를 희망하는 모든 분들에게 하나님께서 최상의 일군으로 만드시기를 진정으 소망한다. 지금까지 기도해왔듯이 앞으로도 하나님께서 여러 지망생들에 삶에 축복하시기를 끊임없이 기도하겠다.

〈초등학교의 멘토링의 적용 실례 기사〉

[무안 청계북초등학교 화제]
6남매 결연 학교 폭력 없앴다

[국민일보 2004-03-28]

전남 무안군 청계면의 청계북초등학교에서는 요즘 학교마다 가장 큰 고민거리중 하나인 학교 폭력이나 왕따 현상을 찾아볼 수 없다.

1~6학년생 모두가 각각 형제나 남매 또는 오누이 같은 가족관계를 맺고 활기찬 생활을 하고 있기 때문이다.

이 학교는 우선 이달 초 실시된 1학년 신입생들의 입학식장이 여느 학교와 달랐다. 호기심과 조금은 두려움에 찬 모습으로 처음 학교에 나온 1학년생들을 2~6학년까지 학년별로 각각 1명씩 모두 5명의 형과 누나가 한 조를 이뤄 환영의 풍선을 들고 과자 목걸이를 걸어주거나 예쁜 이름표를 달아주는 등 따뜻하게 맞아 주었다. 햇병아리처럼 귀여운 눈망울을 반짝이던 새싹들은 이내 밝은 표정을 지었다.

이는 전남도교육청이 인성 교육 차원에서 지난해부터 의욕적으로 전개하고 있는 '6남매 결연 교육활동' 프로그램의 한 모습이다.

'6남매 결연'은 1학년부터 6학년까지 여섯 명의 어린이를 한 팀으로 남녀를 안배하고 가정환경을 고려해 조직한 새로운 형태의 학생 동아리 활동이다.

이같은 '6남매 결연'은 현재 전남도내 공립 초등학교 453개교에서 모두 1만9399팀(70.2%)이 조직돼 활동하고 있다. 팀별로 지도교사가 배정돼 생일 축하 해주기, 양부모 관계 맺기, 봉사활동 같이 하기, 공부 도와주기, 점심 같이먹기, 공휴일 함께 보내기 등 다양한 프로그램으로 운영되면서 자연스레 형제자매의 정을 쌓고 있다.

도교육청은 최근 40%가 넘는 이혼율 속에 결손가정이 증가하고 핵가족화 속에 한 자녀만을 양육하는 풍토로 가족과 형제의 정을 잃어버리는 청소년들에게서 나타나는 학교폭력이나 왕따 등을 치유하는 방안으로 이 '6남매 결연' 프로그램을 개발했다. 도교육청은 최근 무안 청계북초등학교와 목포 신흥초등학교 등 8개 초등학교를 '6남매 결연' 우수학교로 선정했다.

도교육청 관계자는 "최근 도내 초등학교에서 학교폭력이 매우 경미한 것으로 나타나고 있는데 이는 6남매 결연의 효과로 추정되고 있다"며 "학교 현장에 가족의 개념을 도입해 왕따 등을 효과적으로 예방하고 있다"고 말했다.

광주=이상일기자 silee062@kmib.co.kr

전교생이 모두 형제 · 자매

문화일보 2004-09-11

(울산 온남초등교 결연운동)

"우리 학교는 모두 형제 자매만 다녀요." 울산의 한 시골초등학교 학생 전체가 형제 자매의 인연을 맺어 눈길을 끌고 있다.

울산시 울주군 온양읍 온남초등학교는 10일 학교 폭력과 집단따돌림을 없애기 위해 1200여명인 전교생을 1학년과 4학년, 2학년 과 5학년, 3학년과 6학년 등 상급생과 하급생을 남녀로 각각 나눠 의형제와 의자매로 맺어주는 결연식을 가졌다.

의형제 의자매끼리 사랑의 편지를 주고 받으며 서로 꼭 껴안은 채 한마음으로 노래를 부르며 형제자매의 예를 갖춘 것.

이 학교는 또 정기적으로 매월 마지막 토요일을 '온남 형제자매의 날'로 정해 민속놀이와 퀴즈대회 등의 단체 행사를 하고 매월 두차례씩 의형제 의자매끼리 사랑의 편지를 교환해 정을 쌓도록 했다.

장재호 교장은 "요즘 학생들은 형제자매가 없이 혼자 자라는 아이들이 대부분"이라며 "의형제 의자매 결연이 인성 향상은 물론 학교 폭력과 집단 따돌림 등으로 인한 학교생활 부적응도 많이 사라질 것"이라고 기대했다.

울산=김광주기자 kjkim@munhwa.com

13.
청년사역과 멘토링

　한국 교회에서 청년들의 설 곳은 어디인가? 아래로는 주일학교 어린이, 청소년들에게 자리를 빼앗기고 위로는 장년부에 밀린다. 다 컸다고 양보를 강요당하고 아직 어리다고 어른들에게 늘 애들 취급을 받는다. 한국 교회에서 청년들은 샌드위치인가? 교회에서 이 모양 저 모양으로 양보 내지는 밀리다 보니 신앙여정에 있어 매우 중요한 시기인 청년의 때를 제대로 교육도 받지 못하고 교회에서 궂은 일은 도맡아 하고 혜택은 미약하기만 하다.

　그러나 청년들은 그 어느 세대보다도 가능성이 많고 가장 투자를 많이 해야 할 세대이며 아울러 체계적인 교육이 절실한 시기이다. 인생관, 가치관이 형성될 시기이며 어떤 가치 있는 일을 발견하면 성경의 수많은 예를 통해 중명되듯이 자신의 생애를 기꺼이 헌신하는 무한한 잠재력을 가진 대상들이다. 이에 반해 한국교회는 이런 청년들에 대해 거의 무방비로 방치해 두든지, 아니면 청년 담당 교역자 한 명을 배치하는 수준에 머물고 있을 뿐이다. 한국 교회의 보다 먼 미래를 위한 투자와 배려가 아쉽다.

젊은이가 살면 교회가 산다. 젊은이가 움직이면 교회가 움직인다. 젊은이들이 부흥하는 교회는 미래가 밝다. 이런 관점에서 젊은이 사역에서 멘토링이 왜 중요한지, 그리고 구체적으로 어떻게 적용할 수 있는지 살펴보자.

청년 사역에서 멘토링의 중요성

그 동안 지역교회에서의 필자의 사역은 주로 청년 중심의 멘토링 사역이었다. 부임하는 교회들마다 대부분 이 멘토링 사역을 적용, 실시해 왔고 또한 그 때마다 하나님의 은혜로 좋은 열매들을 맺어 왔다고 생각된다. 누구에게나 마찬가지겠지만 청년들은 특히 가치관의 형성기이기에 자신의 길을 인도해 주고 지도해 줄 멘토가 절실히 요청된다. 멘토가 없다면 자신이 스스로 알아서 길을 찾아가야 하는데 얼마나 어렵고 위험한가. 험준한 산악을 혼자 등반한다고 생각해보라. 만일 교회에서 이 일을 해주지 못한다면 어느 단체에서 해주겠는가? 선교 단체에 맡길 것인가? 정부의 선도(善導) 기관에 맡길 것인가? "또한 네가 청년의 정욕을 피하고 주를 깨끗한 마음으로 부르는 자들과 함께 의와 믿음과 사랑과 화평을 좇으라"(딤후 2:22)하신 말씀처럼 주님을 깨끗한 마음으로 부르는 좋은 멘토들이 청년들을 위해 우리 교회에 절실히 필요하다.

청년 사역에 멘토링의 적용사례

1. 종로의 J교회 청년대학부

이 교회의 경우' 80년도에 청년대학부를 맡아 지도했는데 멘토링 사역으로 교회의 청년들이 2~3명에서 1년 만에 60~70명으로 성장하는 열매가 있었다. 물론 양적으로만이 아니라 질적으로도 많은 변화가 있었다. 멘토링 그룹이 7~8개 정도 있었는데 그룹마다 풍성한 나눔과 성장을 목격할 수 있었다.

2. 잠실의 S교회 대학부

이 교회에서는 내가 부임하기 전부터 성경공부 소그룹 과정인 「그리스도인의 생활 연구 시리즈」를 실시하고 있었는데 그 기초위에 양육 그룹을 별도로 만들었다. 그 그룹들을 '셀 그룹'(Cell Group)이라 부르고 당시 셀 리더들을 11명 임명했다. 이들이 이 대학부의 멘토들이 되는 셈이고 그 멘토들 아래 또 다른 멘토들이 임명되는 형태로 이루어진다. 〈도표 8〉을 참고하라.

1대(셀리더)	2대	3대	4대
김영성	한현석 ········· 박찬식		원청대
	김용식 ········· 박중련		
	채원솔 ········· 김준병, 안의형		
	이명원 ········· 임종일, 김우현, 김용현, 박철현		
	이승환 ········· 송명식		
진시열	정현수 ········· 정승일, 이승목		
	김승혁 ········· 김옥구		김석원
	임진희 ········· 김지호		
	이태완		
안병선	고우철 ········· 김명기, 홍성만, 이종환		
	김정호 ········· 이동헌, 강재철		
	김태현		
서은평	이근식 ········· 김환성		
	정희영 ········· 윤중일 ················· 박기선		
	조성해		
김동호	김순일 ········· 박현성		
	이경일		
	이선국		

〈도표 8〉 남자 멘토링 셀의 예(실제 이름과 다르게 바꾸었음)

이렇게 각 멘토링 셀의 멘티들이 정해지는 것은 주로 셀 리더(멘토)들과 의논해 정한다. 처음 조직을 시작하는 청년회 같으면 청년회원이 확보되는 대로 그 중에 멘토들을 세우고 멘토들에게 한두 명, 혹은 몇 명씩 멘티(피 양육자)들을 배치시키면 된다. 이 때 임명된 멘토들은 담당 교역자와 함께 일정 기간(약 1개월, 4회 정도)에 걸쳐 멘토링 훈련 기간을 거치면 된다. 매주 교역자와 멘토들이 공부하는 교과내용은 멘티들보다 진도를 약 1~2주 앞서 나가도 된다. 대개 멘토와 멘티들은 정규 집회 외에 주 1회 정도 만나는 것을 원칙으로 한다. 일단 만나면 약 1~2시간 정도 시간을 갖게 되는데 양육이 필요한 경우는 양육을 실시하고 교제한다든지 함께 다른 사역을 할 수도 있다. 그러나 청년들은 가능하면 양육 중심으로 매주 모임을 갖는 것이 바람직하다.

3. 미국 LA의 N교회의 청년회

내가 유학 중인 91년도에 미국 N교회의 청년회를 맡으면서 기존의 진행되어 오던 소그룹 성경공부는 훈련 과정으로 그대로 유지시켰고, 새롭게 양육 과정으로 멘토링 시스템을 접목시켰다. 약 1년 동안 10여 명을 멘토링시켰으며 그 멘티들을 1년 후에 멘토들로 임명해 멘토링 그룹들을 리드하게 했다. 그러면서 당시 25명 정도 출석하는 소그룹 성경공부 중심의 청년회를 일대일 멘토링 양육 중심의 청년회로 바꾸었다. 처음에는 기존의 성경공부에 별도의 양육 과정이 추가됨으로 시간적인 부담을 가져 반대하는 리더들도 있었다. 그러나 멘토링의 중요성과 그 가치에 대해 '배가의 비전' 이라는 성경공부를 한 시간 하게 된 뒤로는 대부분의 청년들이 이 사역에 새롭게 헌신하고 개중에는 자신의 전 생애를 이 사역을 위해 드리겠다고 하는 청년들도 나오게 되었다. 그러면서 청년회는 급속도로 변화하면서 부흥하게 되었다. 1년 후에 평균 출석이 80여명으로 성장하는 모습도 보게 되었다.

당시에 청년회를 변화시킨 주된 사역은 '트리플 시스템'(Triple System)이었다. 번역하면 '3중 제도'라고도 할 수 있다.

첫째, 멘토링 양육을 중심으로 하는 Family(가족)시스템이었다. 이것은 가장 중요하게 강조하는 사역으로 누구든지 청년회에 들어오면 (새가족) 자신의 가족이 정해지면서 동시에 자신을 멘토링해 줄 멘토가 정해진다. 물론 그 멘토는 동시에 자신의 멘토에게 멘토링을 받고 있는 상태이다. 이 가족 단위를 당시엔 '셀'(Cell)이라고 불렀다.

둘째, 교육과 훈련을 중심으로 하는 동일 수준 그룹인 Class(반) 제도이다. 여기에는 리더(교사)가 있고 이 리더에 의해 일정한 교재를 단계별로 진행한다. 인원은 대개 5~8명 정도로 구성되는 소그룹이다. 정해진 과정을 수료하면 그 위의 단계로 진급한다. 결석을 많이 한다든지 과제물을 제대로 해오지 못했다든지 하면 일정한 평가 기준에 의해 그 사람은 낙제를 시킨다. 셀에는 낙제가 없지만 이 반 제도에는 일정 수준을 요구하므로 낙제시켜 분발하게 한다. 그 사람은 동기들과 함께 올라가지 못하고 아래에서 올라오는 반원들과 그 과정을 다시 반복하도록 한다. 처음에는 다소 불만도 있으나 어느 정도 시간이 지나면 청년들은 오히려 이런 제도를 자랑스럽게 생각한다.

셋째, 은사를 활용하기 위한 봉사 그룹 제도이다. 자신의 은사를 발견하고 그 은사를 교회에, 그리고 청년회와 이웃 사회에 활용하기 위한 제도이다. 배울 뿐 아니라, 자랄 뿐 아니라 그것을 적용하고 사용하도록 만들어 주기 위한 모임이다. 이를 도표화시켜서 정리하면 다음과 같다.

기간/구분	(이름)셀 (목적)멘토링 양육	반 성경공부, 훈련	부서
기능	Family(가족)	Class(반)	봉사
2개월간	(강조)관계	기초과정	적응, 파악
1년간	(그룹)일대일멘토링 (내용)눈높이양육교재 (명칭)셀원	소그룹 주제별 교재 반원	소, 중그룹 봉사, 사역 부원
1년간	(내용)주제별, 권별공부 (명칭)셀원	훈련 과정 중간리더	섬김 임원
2년간	(내용)정규적지도 (명칭)셀리더	무장 과정 교사	팀웍 임원
3~5년간	(내용)모델링, 멘토링 (명칭)간사	전문화 과정 강사	동역 동역자

〈도표 9〉 N교회 청년회 트리플 시스템

셀의 멘토링 모임과 리더

멘토는 자신의 멘티를 각기 주 중에 만나며 만난 결과를 셀 리더에게 보고한다. 셀 리더의 훈련 과정은 매주 주일 오후에 모여 1시간 30분 정도 시간을 갖는다. 30분 정도는 각 셀마다 리더들에게 셀 보고서를 제출하게 한다. 보고서에는 각 셀마다 모임 상황을 자세히 기록하게 하고 각 셀원들의 기도 제목, 영적 상태, 출결 현황 등을 자세히 기록하게 한다. 이렇게 하면 담당 교역자의 전체 청년회원에 대한 자세한 파악과 관리에 매우 도움이 된다. 이때 개인적인 기도 제목을 나눌 때에 당사자가 원치 않는 사적인 내용이 공개되지 않도록 주의한다. 그 후에 한 시간 정도는 셀리더들을 위한 성경공부를 한다. 교재는 대개 리더들에게 필요한 내용들을 주제별로 정리해 교역자가 만들어서 하든지 아니면 시중에 나와 있는 교재를 선택해도 되고, 서로 자신들이 하고 싶은 주제를 정해 돌아가면서 주제 발표를 하면 매우 유익하고 개인의 성장에도 도움이 된다. 그리고 분기별 1회 정도 기도회와 일일 수련회를 가진다. 연 1회 정도 멘토링 간증 대회 및 셀별 파티를 개최해 셀 단위로 특송 및 발표회를 가진다.

성경공부반 교사를 위한 모임

매주 청년회 정기 집회 시에 예배를 마친 후 각 단계별로 자신의 반을 찾아 간다. 교사들은 귀납적으로 성경공부를 인도하며 전체 반원이 토론에 참여하도록 배려한다. 또한 교사들은 매주 주일 오후에 1시간 반 정도 담당 교역자와 함께 혹은 자체적으로 성경 공부를 실시한다. 다음 주에 가르칠 내용을 하기도 하고 자신들의 지속적인 성장을 위해 일정한 교재 혹은 성경을 가지고 공부한다. 교사들은 자신의 담당 단계 교재에 있어서는 깊이 연구하여 각 과마다 목표한 수준을 달성토록 한다. 각 단계마다 마치는 시간을 전체 종강일로 잡아 종강 파티를 실시한다. 대개 약 8주 정도마다 실시된다. 이 날은 각 반별로 배운 내용에 대해 간증하고 다음 과정으로 올라가는 수료생 명단도 발표하며 잘한 사람은 시상도 한다.

은사 그룹 모임

은사 그룹의 리더들인 각 부 임원들은 임명 혹은 선거로 선출되나 가능하면 다양한 은사 그룹들을 자율적으로 만들어 누구나 은사 그룹의 리더가 되게 하고 자율적으로 그룹을 운영하도록 하면 참여율이 높아진다. 그러면 임원들에 의해서 보다 자율 은사 소그룹(자유롭게 조직하고 해체할 수 있는 권한을 그 그룹에 부여하며 기간도 자유롭게 한다. 다만 행정적인 지원은 행정팀이나 임원팀에 의해 하면 된다)에 의해 청년회는 더욱 활성화가 될 것이다.

14.
가정사역과 멘토링

　건강한 교회 성장은 건강한 가정으로부터 출발한다. 교회의 지체인 가정들이 건강하면 건강한 교회가 되는 것은 당연한 일일 것이다. 근래 교회에서 가정의 중요성이 많이 강조되는 것은 바람직한 일이다. 그러나 건강한 가정을 위해 한 가지 꼭 강조할 것이 있다. 가정에서의 멘토링이다. 아무리 훌륭한 부모라도 자녀에 대한 멘토링에 실패하면 그 자랑스러움은 당대에서 끝이 나게 된다. 이 장에서는 멘토로서의 부모에 대해 살펴보고자 한다.

　미국 풀러신학교의 멘토링 교수 로버트 클린턴은 그의 아들 리차드 클린턴과 더불어 멘토링의 이론을 집대성한 『멘토 핸드북』(The Mentor Handbook)을 저술했다. 뿐만 아니라 그의 안식년에는 그의 아들에게 그의 리더십 강의 대부분을 맡겨 대를 이은 멘토링의 본을 보여 주었다. 한편 미국 달라스 신학교의 기독교교육학자 하워드 헨드릭스도 『철이 철을 날카롭게 하는 것같이』라는 멘토링 책을 그의 아들 윌리엄 헨드릭스와 함께 저술했다. 이처럼 멘토링의 원리를 가정에 적용하면 자녀의 성장은 물론 사역의 배가를 가져온다.

멘토로서의 부모

하나님께서는 어린 자녀들을 위해 하나님의 대리자로 부모를 주셨다. 더구나 부모의 몸을 통해 낳게 함으로 더욱더 긴밀한 관계를 가지며 자라도록 하셨다. 따라서 자녀들은 자녀가 먼저 믿게 되는 경우를 제외하고는 부모를 통해 하나님을 알게 되고 배우게 된다. 또 부모를 통해 하나님의 사랑을 느끼고 깨닫게 된다. 우리나라는 옛부터 유교문화의 영향을 받아 왜곡된 부모의 역할로 인해 부모와 자녀의 관계가 원만치 못한 경우가 많았다. 부모의 권위만을 내세워 누르고 억압하는 경우가 많았음이 사실이다. 하나님께서 원하시는 부모는 어떤 모습이어야 할 것인가?

첫째로, 좋은 신앙인으로서의 멘토다.

자녀들의 가장 가까운 신앙 모델은 역시 부모이다. 성장하면서 가장 가까이서 그리고 가장 자주 많은 시간을 대하기 때문이다. 그러기에 자녀들은 원하든 원하지 않든 부모를 닮게 마련이다. 하나님이 가정에서 부모에게 자녀를 주신 것은 하나님을 대신하여 자녀들에게 신앙 교육을 하도록 하기 위해서이다. 자녀들이 하나님을 배우고 닮는 가장 빠르고 좋은 길은 부모를 보고 배우는 것이다. 이 때문에 부모들은 매우 큰 책임이 있다. 부모를 보고 하나님을 상상하고 부모를 통해 하나님을 닮게 된다. 따라서 부모의 자녀에 대한 멘토링의 첫 단계는 부모 자신이 하나님을 닮는 것이다. 부모들은 하나님과의 관계가 늘 바르게 되어 있어야 한다. 그래서 신명기 6장 5절 이하에 보면 "너는 마음을 다하고 성품을 다하고 힘을 다하여 네 하나님 여호와를 사랑하라 … 너는 마음에 새기고 네 자녀에게 부지런히 가르치며 … "라고 했던 것이다. 우리 자신이 먼저 하나님을 사랑하고 그 후에 자녀에게 그것을 가르쳐야 한다.

둘째로, 좋은 양육자로서의 멘토다.

자녀에 대한 멘토링은 눈높이 멘토링이어야 한다. 개들도 훈련을 시킬 때에 서서 훈련을 시키면 안 된다고 한다. 자세를 낮추고 한쪽 무릎을 꿇고 개의 눈높이에 맞추어 명령할 때 훨씬 효과적이라고 한다. 하물며 사람은 더욱 그러해야 한다. 물론 하나님도 우리를 눈높이로 대하신다. "주께서 나를 감찰하시고 아셨나이다 앉고 일어섬도 아시며 멀리서도 나의 생각을 통촉하시오며 나의 길과 눕는 것을 감찰하시며…"(시 139:1~6)라고 하지 않았는가.

자녀 멘토링의 좋은 방법은 시간을 함께 보내는 것이다. 자녀와 함께 시간을 보내는 것을 내신할 수 있는 것은 아무 것도 없다. 자녀들에게 아버지와 어머니 역할을 그 누구도 대신할 수 없기 때문이다. 어린 시절이라면 그것은 더욱 중요한 의미를 갖는다. 스티븐 코비는 그의 책『성공하는 가족들의 7가지 습관』에서 자녀들과 함께 일대일로 보내는 시간을 강조한다. 'Daddy Days'(아빠와의 데이트 시간)를 한 달에 한 번씩은 꼭 갖는다. 코비는 자녀들이 9명이나 되지만 이를 자녀들의 어린 시절부터 거의 지키고 있다는 것이다. 그리고 일주일에 하루 저녁은 '가족의 밤'(Family Night)을 가져 가족의 사명 선언문도 만들고 함께 시간을 보낸다고 한다. 가정 세미나로 유명한 고대 경영학 교수 김인수 박사는 학교에서 보직을 거의 맡지 않는다고 한다. 학교의 보직은 다른 사람이 할 수 있으나 가정에서 자녀들에게 아버지 역할은 자신 밖에 할 수 없기 때문이라는 것이다.

자녀들에게 훈련자, 혹은 코치보다는 자녀들이 아빠와 엄마의 팬(fan)이 되게 하라. 자녀들은 무서운 사람은 피하려고 하지만 자기가 좋아하는 사람은 무조건 닮고자 하는 경향이 있다. 자녀들이 좋아하는 운동선수나 가수 연예인들을 생각해보라. 그들을 닮기 위해 옷차림, 머리 스타일, 몸짓, 손짓 등을 얼마나 흉내를 내는가. 자녀들이 아빠, 엄마의 팬이 된다면 멘토링은 그만큼 효과가 크다. 때문에 자녀들이 부모를 좋아하도록 노력해야 한다. 좋아하면 대화가 열릴 것이고 터놓고 대화하게 되면 멘토링은 반은 성공한 것이다.

셋째로, 좋은 인도자(Guide)로서의 멘토다.

부모가 자녀의 일생에 좋은 인도자요, 안내자가 되려면 먼저 자율성과 책임감을 키워야 한다. 특히 자녀의 자율성과 책임감은 아버지의 역할이 크다. 자녀에게 책임을 지우는 두 가지 방법이 있다. '지시적 위임'과 '신임적 위임'이 있다. 지시적 위임은 자녀의 행동을 신속히 하게 하는 장점이 있으나 대신 자율성이 죽는다. 반면 신임적 위임은 시간이 걸리고 상대방에 대한 신뢰가 바탕이 되지만 보다 지속적이고 긍정적인 결과를 낳는다. 단, 신임적 위임에는 몇 가지 원칙이 지켜져야 한다.

첫째, 적은 수의 희망을 제시해야 한다. 너무 많은 것을 요구하면 처음부터 포기할 수 있기 때문이다.

둘째, 자세한 지침이 있어야 한다. 그렇지 않으면 나중에 서로의 기대치가 달라 신뢰에 금이 갈 수 있기 때문이다.

셋째, 보다 많은 가용 자원을 알려 주어야 한다. 상대가 사용할 있는 자원, 재정, 사람, 시설 등을 사전에 알려 줄수록 좋다.

넷째, 빈번히 성과를 확인하라. 그래야 격려도 할 수 있고 목표를 서로 수정할 수도 있기 때문이다.

다섯째, 즉각적인 상벌 결과를 적용하라. 상벌의 결과는 서로 사전에 약속한 것에 근거한다. 그 약속은 성실히 이행되어야 한다.

이렇게 할 때 우리 자녀들은 자율성과 동시에 책임감이 길러지므로 부모의 인도에 보다 쉽게 그리고 보다 탁월하게 따를 수 있게 된다. 지시적 위임은 즉시 효과를 볼 수 있지만 지속적인 생산능력은 저하시킨다. 예를 들어 가정에서 자녀들에게 자신들이 할 수 있는 일을 스스로 선택케 한다. 물론 사전에 부모가 자녀들이 스스로 할 수 있는 집안일이나 부모를 도울 일, 자신들이 해야 할 일들을 파악해 리스트를 적어 선택케 해도 좋다. 그러나 그런 일들은 자녀들이 선택케 해야 한다. 자녀의 나이와 능력 등을 고려해 서로 일을 나누어 할 수 있도록 유도하면 된다. 코비에 의하면 자율적으로 하는 일은 시켜서 하는 일보다 25%~5,000% 정도의 효과가 더 있다고 한다.

부부가 사랑의 본을 보여야 한다. 자녀들의 장래 가정생활은 자연히 부모의 가정 생활에 영향을 받게 되어 있다. 자녀들은 많은 경우 보는 대로 행하기 때문이다. 아내의 생일을 확실하게 챙겨 주는 아버지 밑에서 성장한 자녀는 커서도 쉽게 자신의 배우자, 혹은 부모의 생일을 기억해 준다.

중요한 일들을 먼저 하도록 자녀들을 지도해야 한다. 대개 우리는 중요하면서 긴급한 일은 잘하는 경향이 있다. 그리고 중요하지 않지만 긴급한 일도 잘 하는 편이다. 긴급성 때문이다. 그러나 사람의 성장과 발전에 관계되는 것들은 대개 중요하지만 긴급하지 않은 일들이다. 예를 들어 공부, 독서, 운동, 인간관계 같은 것인데, 영적으로는 성경 읽기, 암송, 묵상, 기도생활 등이라 할 수 있다. 긴급하지는 않을지라도 이런 일을 게을리 하면 나중에 영적으로든, 직장 생활에서든, 건강으로든, 치명적인 위험에 빠질 수가 있다.

평소에 잘 해두어야 하는 일들이다. 우리 자녀들이 중요하지만 긴급하지 않은 일을 잘 할 수 있도록 습관을 들여 놓도록 부모는 관심을 갖고 지도해야 한다.

끝으로 부모의 중요한 멘토링 요소 가운데 하나는 협동심을 키우는 일이다. 사람은 크게 의존적, 독립적, 상호 의존적인 사람으로 나눌 수 있는데 이 시대에는 상호 의존적인 사람이 성공할 확률이 높다. 큰 일은 결코 혼자 잘해서 이룰 수 없다. 리더십과 파트너십, 그리고 멘토십이 조화를 이룰 때 큰 일은 시너지를 통해 이루어진다. 가족끼리의 시너지 능력을 높이기 위해서는 서로 경쟁하는 게임은 피하는 것이 좋다. 예를 들어 가족끼리 볼링을 친다고 하면 부모와 자녀들 사이에 편을 갈라 어느 팀이 이기나 시합하지 말고 시너지를 높이도록 게임을 하라는 것이다. 시너지 게임은 모두가 한 팀이 되는 것이다. 그래서 신기록 게임을 한다. 가족 수가 네 명이라면 네 명이 그날 게임을 해서 각 게임마다 가족 총점을 서로 비교하는 것이다. 그러면 가족 모두가 우리 편이다. 모두가 잘해야 신기록을 세우는 것이므로 서로 잘하면 박수를 치고 못하면 가족 모두가 아쉬워하게 된다. 그러나 편을 나누면 상대가 못하면 한 쪽

편이 좋아한다. 상대가 잘하면 우리 편이 불리한 것이다.

'윈윈'(Win Win) 전략으로 게임하는 것이 좋다. 그러면 가족 사이의 협동력은 이런 게임을 통해서도 자라게 된다.

넷째로, 좋은 사회인으로서의 멘토다.

부모는 우선 교회 생활에서 본이 되어야 한다. 자녀들 또한 부모를 통해 교회 생활에 많은 영향을 받는다. 자녀들은 부모와 마찬가지로 평생 교회 생활을 해야 한다. 나중에 부모는 떨어져 분가하여 살지라도 교회 생활은 지속하게 된다. 주일을 지키는 본, 가정 예배 드리는 본, 교회를 섬기는 본, 전도하는 본, 헌신하는 본, 헌금드리는 본 등을 따르도록 부모는 계속 자녀들에게 멘토링을 해야 한다.

직업인으로서 직업과 직장에 대한 사명을 감당한다. 이는 바로 자녀의 부모에 대한 자부심으로 연결된다. 자신의 직업에 긍지를 느끼는 부모는 자녀에게 자신감을 심어준다. 더 나아가 자녀들은 그러한 직업에 충실한 부모를 존경하게 된다. 단순히 생계를 잇기 위한 직업이 아니라 하나님이 부르신 '직업'(Vocation)으로서의 가치가 큰 것이다.

사회인으로서 국가와 지역 사회에 대한 의무와 봉사에 앞장선다. 부모는 넓게는 세계와 국가의 일원인 국민의 한 사람이다. 그리고 지역사회의 구성원이다. 우리나라도 이제 지방자치 시대인 만큼 지역사회에 대한 관심이 높아지고 있다. 먹고 살기 바쁜데 무슨 지역사회에 대한 관심이냐 할지 모르나 우리가 내는 세금으로 운영되는 국가, 지역, 동네이니만큼 무관심하면 나만 손해다. 또한 폭이 좁은 나 중심적 삶을 살게된다. 그런 부모 밑에서는 나 중심적인 자녀로 자라기 쉽다. 우리 지역에 어떤 일꾼이 어떤 일을 얼마나 효과적으로 하고 있는지 관심을 가져야 한다. 그리고 지역사회를 위해 내가 할 수 있는 일을 찾아 한다면 자녀들의 산 교육에 크게 도움이 될 것이다.

치유목회와 멘토링

박 건 목사

오래 전 이야기다. 필자에게 지도를 받고 있는 한 청년이 찾아왔다. 그 청년은 필자가 직접 제자훈련을 시켰고 청년그룹에서 당시 리더를 하고 있었으며 신실한 청년이었다. 그런데 어느날 갑자기 구원의 확신 외에는 모든 것이 무너졌으며 자신도 왜 그런지 모르겠는데 교회도 다니고 싶지 않아 떠나겠다는 것이다. 필자는 당황하지 않을 수 없었다. 담당 교역자로서 그 청년에게 뭐라 말해줄 것이 없었다. 기도도 많이 하고 있는 형제였고 성경도 늘 읽고 있는 형제였기에 필자의 고민은 더 컸다. 나중에 안 사실이지만 그 청년은 어린 시절 어머니께로부터 받은 큰 상처로 인해 내적치유를 받아야 하는 상태였음을 알았지만 당시로서는 그런 분야에 전혀 준비가 되어 있지 않았기에 난 그 청년으로 하여금 정신과에 가서 상담해보라는 것이 내가 할 수 있는 전부였다. 그 청년의 멘토로서 너무나 무능한 자신의 모습에 충격을 받았고 그때부터 치유목회를 준비하게 되었다.

멘토링의 의미

멘토링의 의미에 대해서는 이 책 제1장을 참조하라.

성경에서의 치유

히브리어에서의 "병을 고치다, 치유, 낫게 하다"는 "라파"라는 동사로 표기한다. 이 단어는 육신의 치료만을 의지하지 않고 마음의 영적 병과 사회적 문제, 사회적 병의 치유를 다 포함하고 있다.

사57:19에 따르면 이스라엘의 죄된 마음 곧 탐식의 죄악(악한 길)을 여호와께서 고치시겠다고 하시며, 렘33:6에서는 바벨론에 함락되어 쓸모 없게 된 시온성을 치료하사 포로가 귀환되는 역사가 있음을 말씀하고 계시다.

치유의 방법으로는 회개를 통한 간절한 기도와 때로는 중보자의 기도, 그리고 하나님의 말씀을 깨닫고 죄를 돌이키며 말씀을 따라 사는 것을 제시한다.

신약에서의 치유는 예수님의 치유사역이 절정을 이루고 있다. 예수님은 하나님의 권능으로 그에게 오는 모든 환자들, 귀신들린 자들을 고치셨다. 마4:23 "예수께서 온 갈릴리에 두루 다니사 저희 회당에서 가르치시며 천국 복음을 전파하시며 백성 중에 모든 병과 모든 약한 것을 고치시니"

그리고 친히 예수님의 지상 사역의 핵심적인 부분을 치유와 관련해 말씀하시기도 했다. 마8:17에서 "이는 선지자 이사야로 하신 말씀에 우리

연약한 것을 친히 담당하시고 병을 짊어지셨도다함을 이루려 하심이더라"라고 하셨다. 이런 권능이 예수님의 제자들에게도 계속해서 나타났고(행3:6, 9:40 등) 오늘날까지 지속되고 있다.

이런 치유사역에서 보듯 하나님의 역사는 분명 병든 자의 치유를 기뻐하신다. 하나님의 치유의 은혜는 다음과 같은 과정을 통해 나타난다.

1. 개인이 직접 하나님께 간구해 치유되는 경우

이런 경우는 대개 하나님께 기도하는 자에게 하나님이 개인적인 치유를 베푸시는 경우다. 열왕기의 히스기야 왕 같은 경우(왕상20)나 치료하시는 하나님으로서의 역사(출15:26) 등이다. 즉 하나님과의 관계회복을 통해 징벌로 내려졌던 질병들이 떠나가고 치유되는 경우다. 이럴 때 하나님은 각자에게 멘토로서의 하나님이 되신다. 치료하시고 고치시고 회복시키시는 하나님의 능력이 직접 나타나는 일이다.

시23편에서 말씀하고 있듯, "여호와는 나의 목자시니…"는 "여호와는 나의 멘토시니…"라는 말씀으로 해석되는데 하나님을 멘토로 모시고 늘 갈 길을 인도함을 받고 바른 관계를 맺고 있을 때 하나님의 치유의 역사는 보다 쉽게 나타날 것이다.

2. 멘토인 중보자를 통해 치유되는 경우

성경에 가장 많은 경우가 여기에 해당된다. 구약에서는 하나님의 종인 사역자들을 통해 나타났으며(창20:17), 신약에서는 예수님과 제자들, 사도들을 통해 나타났다. 특히 사역을 지도했던 멘토들에게 하나님은 그런 권능을 주셨고 그들에 의해 하나님의 치유사역은 전 세계적으로 확장되었다.

교회에서의 멘토링치유사역

교회에서의 치유사역의 열쇠는 멘토(Mentor)에게 달려 있다 해도 과언이 아니다. 일반적으로 볼 때 교회에서의 멘토는

1.멘티(Mentee)보다는 영적인 면에 있어 상위의 수준을 가진 사람이다.

2.멘티의 영적성장과 개발에 진정으로 관심을 가진 사람이다.

3.개인적인 관계와 지도를 위해 시간과 감정적 에너지를 기꺼이 헌신하려는 사람이다.

사실 교회에서는 한 개인이 육신적, 감정적, 영적인 면에 병이 있거나 상처를 입는다든지 하면 대개 알리기를 꺼린다. 그리고 혼자 고민하다가 교회를 떠나거나 신앙을 포기해버린다. 그렇지 않으면 아예 공동체에서 소외된 계층으로 숨어버린다. 이 때 이들을 도우려면 그룹으로 하기가 어렵다. 많은 사람들에게 알리고 싶지 않은 일일뿐더러 별 도움도 안되기 때문이다. 따라서 개인적인 접근이 필수적이다. 또한 단순한 교제 보다는 깊이 있는 상담이나 치유가 필요하기에 일정 기간의 훈련을 받은 멘토가 그들을 돕도록 하는 것이 바람직하다. 만일 상대방의 감정적 상처나 질병이 심하여 전문적인 치유를 받아야 하는 경우라면 교회

내의 내적치유 담당교역자나 외부의 전문기관의 도움을 받도록 멘토가 안내해야 할 것이다.

두 사람은 대개 서로 만나서 멘토링을 하는 것이 일반적이나 사정상 먼거리에서도 치유멘토링을 실시할 수 있다. 서로 만나서 하는 것이 가장 효과가 크겠으나 내용에 따라서는 얼마든지 먼거리에서도 가능하다. 전화나 편지, 팩스, 컴퓨터의 전자우편(e-Mail) 등으로 상담, 의견 교환, 충고 등 장거리 멘토링을 실시할 수 있다.

한국교회 제2부흥의 대안은 멘토링

국민일보 2000년 10월 12일 (목)

최근 침체된 한국교회에 멘토링이 새로운 선교 대안 프로그램으로 부상하고 있다. 멘토링(Mentoring)이란 그리스 신화 '오디세이'에서 따온 용어. 멘토는 친구 오디세이왕의 아들 텔레마쿠스의 가정교사이자 철학자였다. 그는 늘 대화식으로 교육을 실시하고 상상력을 동원한 토론을 벌였고, 서로 간격을 좁힌 정겨운 대화를 강조한 지혜로운 인물로 부각되어 있다.

멘토링은 영적 양육자(멘토 · Mentor)와 피양육자(프로테제 · Protege)가 개인 대 개인으로 만나 세심하고 따뜻한 만남을 통해 교제하고 신앙성숙을 이뤄내는 것을 말한다. 여기서 멘토는 피양육자의 경력과 발전을 위해 가르치고 상담, 지원하며 또 보호, 후원해주는 사람이다.

현대는 급속한 통신기술의 발달과 정보화 시대에 접어들면서 직접적인 만남보다는 간접적인 만남이 주류를 이룬다. 따라서 멘토링은 삭막한 시대에 따뜻한 정을 느끼게 하는 교육법이자 친교법으로 통하고 있다. 멘토링을 한마디로 정의해본다면 "하나님께서 주신 자원들을 서로 나눔으로써 한사람이 다른 사람에게 일정한 관계를 위해 개인적으로 영향을 끼치는 모든 과정"이라고 할수 있다.

목회자나 평신도 지도자가 좋은 멘토를 만나 지속적인 양육과 교제가 이뤄지면 새로운 리더십이 개발되고 성장한다. 방법보다 태도에 비중을 두는 멘토링은 각자의 분야에 정성과 노력을 다함으로써 상당한 성과를 거둘 수 있게 된다. 이 방법은 교회뿐 아니라 기업이나 공공기관, 교육기관에도 응용, 인간계발 방법론으로 정착되고 있다.

현재 우리나라에서는 한국멘토링아카데미(원장 김순환 목사)와 교회멘토링연구원(원장 박건 목사), 한국멘토링연구소(소장 류재석 장로) 등이 교회에 적합한 멘토링 프로그램들을 지속적으로 개발, 세미나를 갖고 있다.

최근 한국멘토링아카데미는 한국멘토링연구소와 공동으로 오는 30일까지 '2000 멘토링 대축제'를 연다.

김순환 원장은 "멘토링이 소개된지 10년이 지났지만 목회현장에서 바로 적용할 수 있는 프로그램이 개발되지 않아 이번에 이론정립과 적용방법을 새롭게 소개하는 세미나를 열게 된 것"이라며 "멘토링은 21C 목회의 새 패러다임으로 이미 등장했으며 곧 멘토링 지도강사 자격증과정을 열어 목회 전반에 멘토링 사역이 교계에 확대되도록 하겠다"고 밝혔다.

아직 교세에 폭넓게 뿌리내리지 못한 멘토링은 실력있는 멘토를 확보하는 것이 관건이다. 훌륭한 스승 밑에서 훌륭한 제자가 나온다는 당연한 이론을 구체화시킨 이 프로그램은 이미 LA 로고스교회(강준민 목사) 등 많은 교회에서 활용, 활력과 성장을 가져다주는 프로그램임이 입증됐다. 특히 권위주의가 강하고 성도들간의 대화가 부족한 한국교회 현실로서는 멘토링이 모든 교회에 권장할 만한 프로그램이라는데 많은 목회자가 공감한다.

　　교회 멘토링 전문가들은 "교회의 모든 분야에 가장 확실한 멘토링을 해줄 수 있는 분이 바로 예수 그리스도라는 전제가 필요하다"고 말하고 "앞으로 보다 활발하고 적극적인 교회 멘토링이 개발, 교육되고 확산돼야 할 것"이라고 강조했다.

　/김무정기자 moojeong@kmib.co.kr

담임목사가 '멘토' 될 수 있다면 축복

이태형 기자

　종영을 앞두고 있는 드라마 '허준'의 인기가 식을줄 모르고 있다. 허준을 보면서 여러가지 교훈을 얻을 수 있지만 그중 하나가 진정한 스승이 훌륭한 제자를 만든다는 평범한 진리다.

　허준은 한 순간도 스승 유의태의 가르침을 저버리지 않았다. 허준이 세상과 벗하지 않고 진정한 의료인의 길을 갈 수 있게 된 것은 바로 유의태가 삶을 통해 약하고 소외된 민중들을 위한 의사의 모범을 보여줬기 때문이다. 최근 한국 교계에서 멘토링에 대한 관심이 고조되고 있는데 바로 허준이 유의태를 통해 멘토링을 받았다고 할 수 있다.

　한 인간의 성장을 위해 한 사람의 좋은 스승의 역할이 얼마나 중요한지를 생각해 볼 때 올바른 멘토링은 아무리 강조해도 지나치지 않다. 남가주사랑의교회 오정현 목사는 스스로를 한국적 멘토십의 첫 수혜자라고 말한다. 옥한흠 박희천 홍정길 목사 등 그는 수많은 멘토들을 통해 성장했다고 토로한다.

　로고스교회의 강준민 목사도 지구촌교회의 이동원 목사를 멘토로 삼고 꾸준히 가르침을 받았다. 한국교회의 많은 지도자들이 인식하지는 않았지만 훌륭한 신앙 선배들의 멘토링을 통해 성장했다.

멘토는 자신의 성장보다는 멘토리의 성장에 더 많은 관심을 가진다. 사심없이 모든 것을 전수한다. 멘토리가 자라 자신의 권위에 도전할 것을 두려워하지 않는다. 멘토리가 훌륭한 멘토가 돼 또다른 멘토리를 양육할 때 사회는 자연적으로 발전할 수 있다.

주위를 돌아봐 멘토가 있는지를 살펴보자. 멘토가 있다는 것 자체가 축복이다. 혹 없다면 오늘이라도 진정으로 따를 수 있는 한명의 멘토를 찾아보자. 담임목사가 부교역자들과 성도들의 멘토가 될 수 있다면 교회는 한층 아름다워질 수 있다. 허준과 유의태간의 관계, 멘토와 텔레마쿠스의 관계가 한국교회내에서 이뤄지기를 기대한다.

2000년 6월 3일 국민일보

강남중앙침례교회 멘토링방식 도입 15번째 '교회개척'

서울 논현동 강남중앙침례교회(김충기 목사)가 경기도 용인에 15번째의 국내 개척교회를 설립했다.

강남중앙침례교회는 지난 6일 300여명의 교역자 및 성도들이 참석한 가운데 경기도 용인시 상갈택지개발지구에 설립한 용인강남중앙침례교회(김형철 목사) 헌당 예배를 드렸다.

특히 이번 교회 개척은 모교회가 지교회를 전적으로 후원해 건물과 성구 등 일체를 구입한 것은 물론 향후 1년간 목회자 사례비를 지원하는 등 재정 지원까지 하는 이른바 멘토링 교회 개척 방식으로 설립한 것이어서 주목을 받고 있다. 멘토링 개척 방식은 미국 남침례교 북미선교회가 전략적으로 추진해온 교회 개척 방식으로 이번 교회 개척은 한국 풍토에서의 모교회 지원 교회 개척의 좋은 사례가 될 것으로 보인다. 김충기 목사는 "모교회의 전적인 후원을 통한 교회 개척은 앞으로도 계속돼야 하며 용인강남중앙침례교회가 또 다른 교회를 낳는 교회가 되길 바란다"라고 말했다.

강남중앙침례교회는 지난 76년부터 교회 개척에 나서서 지금까지 경주 중앙침례교회, 분당강남중앙침례교회, 일산강남중앙침례교회 등 국내 15개 교회와 아프리카 가나의 양양꿍꾸룸 교회 등 7개의 해외 교회를 개척했다.

김병철기자 bckim@kmib.co.kr

공주침례교회 새가족 환영과 정착 과정

-멘토링 사역을 중심으로-

(2001년도 교회 장년 새신자 정착률 84.7%)

1.

주일 예배 직후

새신자 환영의 시간

1. 주일 예배 직후 새가족팀[장년담당 부목사, 새가족 팀장, 심방집사 (2명), 청년 담당 리더 목자(2명)]에서 새신자실의 조명과 온도를 확인한 가운데 새신자들을 인도자와 함께 앉도록 안내함.

2. 목사님이 성도들과의 인사를 마치고 사모님과 함께 들어와서 새가족들에 대한 환영의 인사말과 교회의 스텝들을 소개하는 시간을 갖음. 이후 인도자의 소개나 스스로의 소개를 통해서 인적 사항을 나누며 소개하는 시간을 갖음.

3. 목사님이 간단히 교회에 대한 소개와 멘토링, 식당 이용 등에 대한 설명을 한 후 기도로 마침.

4. 인사가 끝난 후 배경그림 앞에서 인도자와 새신자가 함께 사진을 찍는 시간을 가짐. 이때 사진은 디지털 사진기로 찍어서 바로 그 주에 홈

페이지나 새신자 환영란에 코팅해서 붙여 놓음.

새신자의 경우에는 교회 식당이용시 3개월간 무료이며 우선순위로 식사 할 수 있도록 배려한다.

2

주일 예배 후 -1, 2 주

심방사역

그 주에 등록한 새신자들에게 전화를 통해 심방에 대한 가능 여부를 묻고 교회 차원의 심방을 실시. 이 때의 심방을 통해서 새신자에 대한 좀 더 자세한 인적 사항을 파악해서 멘토 사역팀에게 정보를 전달. 심방시 에는 장년담당 부목사와 심방집사(2명), 인도자가 함께 방문 한다.

선물: 예배상

3

새신자 등록 후 1주- 10주

멘토링 사역

1. 새신자에 대한 심방이나 인도자를 통해서 파악한 인적 사항을 새신 자 등록 후 1주안에 멘토 사역팀으로 전달.

2. 멘토 사역팀에서는 새가족팀에서 넘어온 정보를 바탕으로 남녀 멘 토 리더가 새신자에게 적당한 멘토를 배정해 주고 멘토는 그 주에 새신

자에 대한 연락을 취한 후 멘토링을 8주간에 걸쳐서 실시하고 각 주 진행 사항을 보고서에 기록함.

교역자 사무실에 멘토링 현황판이 설치 되어 있어서 담임목사님과 장년 당담 부목사, 심방집사, 멘토 리더들이 수시로 파악하면서 새신자를 관리함.

4

새신자 등록이나 멘토링 종료 직후

목장편성

1. 멘토링이 끝난 새신자를 대상으로 그 사람의 연령이나 여러 가지 고려 사항을 바탕으로 목장을 편성하고 목자에게 연락해서 목장 모임에 참여토록 함.

2. 목장편성은 담임목사님과 부목사, 멘토 리더들의 상의하에 결정됨 경우에 따라서는 멘토링 중간에 목장에 편성이 되도록 하기도 함.

소그룹과 멘토링

명성훈 목사(교회 성장 / 연구소장)

소그룹은 공장이 아니다. 제자는 상품이 아니다. 프로그램을 돌리면 자동적으로 양산되는 것이 제자훈련이 아닌 것이다. 소그룹의 가장 큰 강점 중의 하나는 개인적으로 목회적 돌봄이 가능하다는 것이다.

소그룹에서는 성숙한 제자와 어린 피양육자를 일대일로 연결시킬 수 있다. 일대일로서 끝나는 것이 아니라 다른 사람들과의 관계를 통해서 삶의 필요와 영적인 성장을 도와 줄 수 있다. 그 관계는 일방적인 것이 아니라 상호적이며 피차 돕는 관계이다.

이러한 제자훈련을 최근에는 '멘토링' 이라는 용어로 표현하기도 한다. 풀러신학교의 클링턴 교수는 멘토링을 정의하기를 '한 사람이 다른 사람에게 하나님께서 주신 자원들을 나눔으로써 영향을 끼치는 일종의 관계적인 경험' 이라고 했다.

멘토링이 지닌 장점은 소그룹에서 더 상승작용을 일으킨다. 멘토링이 소그룹에서 이루어질 때 효과적인 이유는 멘토링이 율법적이거나 권위주의적이 되지 않을 수 있기 때문이다. 그리고 멘토의 은사만이 강조되어 진달되고 피양육지가 가지고 있는 은사와 달란트가 사장되는 위험이 방지될 수 있다.

멘토 중심의 권위주의적이고 자기 중심적인 접근이 소그룹이라는 공동체의 경험과 훈련에 의해 걸러질 수 있다는 것이다. 일대일의 개인적인 관계는 항상 여러 사람과의 역동적 관계와 함께 병행할 때 조화와 균형을 유지할 수 있는 것이다.

소그룹의 공동체 경험은 개인의 부족을 깨닫게 할 뿐 아니라 보충해 줄 수 있다. 또한 학습을 통한 섬김의 원리를 실천할 수 있게 한다. 소그룹은 이른바 '섬기는 리더'(servant leader)를 만들어내는 가장 확실한 통로이다.

휘튼 대학의 총장이었던 레이몬드 에드먼(Raymond Edman) 박사는 "우리의 목표는 리더를 길러내는 것이 아니라 종을 길러내는 것이다"라고 말했다. 종이란 서로의 필요를 채워주는 섬김이를 말한다. 리더란 다스리는 자가 아니라 섬기는 자임을 소그룹 제자훈련은 가르쳐 줄 것이다.

(2002/06/16)

리더십과 멘토링

이동원 목사(지구촌교회)

멘토(Mentor)라는 단어를 어색하게 여기는 분들도 계실 것입니다. 진정한 지도자는 당대에서 지도력이 끝나지 않습니다. 참된 그리스도인들은 역사를 통해 영향력을 행사해 왔습니다.

조직적이고 체계적이며 생산적으로 건강한 영향력을 줄 수 없느냐 하는 문제에서 등장한 것이 '멘토링'이란 단어입니다. 대그룹 회장과 친구가 되었다고 가정해 봅시다. 자신이 사업을 하기 시작했다면 이 사람이 도움이 되지 않겠습니까?

멘토링과 제자훈련과는 비슷한 부분이 많습니다. 그러나 종래의 제자훈련방법은 교육적인 체계, 교실에서 이루어지는 학습분위기에서 이루어 졌습니다. 성경을 분석하고 해석하고 삶 속에 적용하는 것이 제자훈련의 방식이었습니다.

역할에 있어서 제자훈련이 가르치는 것이 핵심이라면 멘토링은 가르치기보다는 인생을 나누는 것입니다. 제자훈련은 학습과정을 갖고 서로 만나지만 멘토링은 관계를 가지고 만납니다.

일반적으로 제지훈련은 지식을 획득하고 전달하는 것을 목표로 삼았습니다. 그러나 멘토링은 삶의 경험을 나눕니다. 제자훈련은 제한된 시간을 요구하지만 멘토링은 평생동안 지속됩니다. 멘토링 자체가 관계지향적이기 때문입니다. 따라서 사랑이 많고 이해심이 많은 선배, 형님의 이미지라고 할 수 있습니다. 멘토링은 2~3명 이내면 적당한 것 같습니다.

본격적인 제자훈련은 멘토링의 상황을 갖고 있었습니다. 이것이 성경의 가르침입니다.

예수님의 제자훈련방식은 교실 학습스타일이 아니라 멘토링의 근접한 것이었습니다. 예수님은 자기와 함께 있게 하기 위해 제자들을 택하셨습니다. (막 3:14)

바울 사도의 제자양육방법도 학습훈련보다는 삶의 동행에 근거한 멘토링이었습니다. 바울의 제자들을 생각해 보십시오. 바울은 디모데, 디도, 브리스길라, 아굴라, 오네시모 등을 '나의 제자'라고 부르기보다 '내 형제', '내 아들', '동역자'라고 표현했습니다. 이것으로 보아 이들은 학습을 통해 맺어진 것이 아니라 삶을 통해 맺어진 관계임을 알 수 있습니다.

이것은 구약시대에서도 볼 수 있습니다. 도제(apprentice)도 멘토링에 근접한 것이었습니다.

모세와 여호수아를 보십시오. 모세는 여호수아를 데리고 다니며 모든 것을 보여 주었습니다. 성공과 실패, 희열과 좌절을 보며 여호수아가 만들어진 것입니다.

멘토링의 궁극적인 목표는 리더십의 계발입니다. 여기서 '리더십의 계발'이라고 하는 것은 단순히 현 상태의 유지나 성장을 의미하는 것이 아니라 리더십을 재생산하는 것을 말합니다. 그 사람이 홀로 설 수 있도록 능력을 부여하는 것입니다.

양육이 도움의 차원이고 훈련이 가르침의 차원이라면 계발은 나눔의 차원입니다.

그렇다면 멘토링은 어떻게 해야 합니까? 먼저 멘토 혹은 멘토리가 되고 싶다는 것을 알려야 합니다. 물론 서로 멘토링의 의미를 알고 있어야 하겠지만 모른다고 해도 자연스럽게 시작할 수 있습니다. 이성의 멘토링은 피하는 것이 좋습니다. 정기적이진 않지만 계속되는 만남이 있어야 하고 만남이 계속될수록 깊이 서로의 마음을 열어야 합니다. 경제적인 도움이 아닌 인격적이고 영적인 도움을 줄 수 있어야 합니다. 충고하기 전에 항상 먼저 칭찬하고 격려해야 합니다.

바울과 디모데의 관계가 전형적인 멘토링이었습니다.

바울은 디모데에게 영적인 자녀로 접근했습니다.(딤전 1:1, 2) 그리고 자신의 삶을 열었고(딤전 1:12~17), 믿음의 싸움의 승리를 권고합니다.(딤전 1:18~20). 또한 지도자의 건강한 야망을 격려하고 (딤전 3:1), 지도자로서의 성숙한 본을 권고합니다.(딤전 4:12~16)

인간관계의 기술도 함께 나눕니다.(딤전 5, 6장) 재생산을 격려하고 (딤후 2:1, 2), 마지막 부탁과 지도권을 승계합니다.(딤후 4:1~8)

자신이 멘토링을 한 사람 가운데 후계자가 나올 수 있습니다. 한국교회는 후계자를 잘 세우지 못했습니다. 어쩌면 멘토링은 훌륭한 대안이 될 것입니다.

꼭 후계자를 위해 멘토링을 하는 것은 아닙니다. 그러나 멘토링을 한 사람 가운데 후계자가 나올 수 있습니다.

모본을 보여 주십시오. 많은 말보다도 모본을 보여주는 것이 중요합니다. 그렇게 보여주고 의미와 교훈을 나누십시오. 사역의 장에 함께 참여해 처음에는 덜 중요한 일로 시작하여 나중에는 함께 그 사역을 할 수 있게 해야 합니다. 사역을 평가하고 격려해야 합니다. 나아가 적절한 때에 공동체의 승인과 결정에 의해 후계자로 세워줘야 합니다. 후계자의 보이지 않는 후방에서 그를 위해 격려하는 기도로 도와야 합니다.

무디의 멘토, 헨리 무어하우스

수백만을 감동시킨 사람을 감동시킨 바로 그 사람

헨리 무어하우스(Henry Moorhouse, 1840-1880)는 드와이트 라이먼 무디(Dwight Lyman Moody)에게 미친 영향으로 인해 "수백만을 감동시킨 사람을 감동시킨 바로 그 사람"으로 불리고 있다. 사람들 사이에 친숙한 이름으로 그저 '헤리'로 불린 바로 그 사람은 어떠한 사람일까? 헨리 무어하우스는 맨체스터에서 태어났으며, 그의 아버지는 감리교회에서 주일학교 교사로 가르치는 일을 한, 자상하고 일하는데 열심인 그리스도인이었다. 열두 살의 어린 나이에 헨리는 젊은 사람들이 가장 나쁜 영향을 입을 수 있는 상점에서 일해야 했다. 그는 위험을 무릅쓰고 자랑삼아 위험한 놀이를 즐겨하곤 했다. 어린 나이에도 불구하고 헨리는 여러 차례 감옥에 가곤했다.

열여섯살이 되던 해에, 헨리는 스스로 도박꾼과 깡패두목이 되었다. 헨리는 필요하면 자살하고자 하는 목적에서 권총을 가지고 다녔다. 헨리는 무모했고, 악했으며, 훔치는 일 뿐만 아니라, 종종 자살을 시도하기도 했다. 1859년 부흥이 일던 당시 래드스톡 경(Lord Radstock)과

레지날드 래드클리프(Reginald Radcliffe), 그리고 리차드 위버(Richard Weaver)가 맨체스터에서 설교했는데, 헨리 무어하우스의 친구 중 한 명이 그 설교를 듣고 구원받게 되었다. 그 친구는 헨리에게 가서 자기가 거듭나게 된 것을 간증하였다. 그때 맨체스터에는 리차드 위버가 설교하고 있었는데, 그곳에 알함브라 서커스단이 지나가고 있었고, 헨리는 갑자기 소동이 일어나는 소리를 듣고 마을에 무슨 큰 싸움이 났나보다 생각하고는, 싸움에 끼어 들려는 마음으로 힘껏 달려갔다. 그러나 헨리는 싸움 대신에 "예수"라는 한 단어에 사로잡혔다. 그것은 그의 양심을 향해 강렬히 호소하는 음성이었다. 수주일 동안 처절한 마음의 번뇌와 투쟁 끝에, 헨리는 마침내 구주께로 나아오게 되었다.

그가 구원받기 전, 자신의 영적인 상태를 들어 그 무서운(infernal) 주인 밑에서 종노릇 했던 때에 대해 간증하자면, 헨리는 투견 싸움에 돈내기를 하는 사람에 대해 이야기하고자 할 것이다. 그의 불독은 최고의 투견이었다. 그러나 그 싸움이 치열했던 그날 밤에 그 개주인은 온 몸에 상처투성이 뿐인 자기 개를 팔로 안게 되었다. 그 개의 비참한 모습이 메스꺼워, 그 주인은 그날 밤에 동물원에 내어버리고자, 사자 굴에 치워버리기 위해 그 개를 먹이로 던져 넣었다. 그후에 그가 동물원에 갔을 때, 이상한 광경을 목격하게 되었는데, 그곳에 자신의 투견이 건강이 회복되어 사자의 발아래 편히 쉬고 있는 것이 아닌가! 자기 실수를 깨달은 그 개주인은 자기 개를 되찾기 위해 동물원 사무실에 가서 개를 돌려달라고 요구했다. 그러자 동물원 관리인은 "그렇다면 가서 그 개를 데리고 가보시죠"라고 대답했다. 헨리는 덧붙여 말하길, 저는 사단을 섬겨왔지만, 어느 날 그 사단은 저를 버렸습니다. 저는 만 왕의 왕이시며, 만주의 주가 되시는 분의 발아래 있는 제 자신을 발견했습니다. 그 마귀가 저를 되찾기 위해 와서 저를 요구했을 때, 저는 유다 지파의 사자이신 주님께 더욱 가까이 숨어서 마귀에게 말했습니다. "와서 나를 데려가 보시지". 그때 헨리는 토마스 켈리(Thomas Kelly)가 지은 찬송을 불렀다.

"예수님을 의지하는 사람은 행복합니다.
주의 품은 부드럽고, 안전합니다.
대적이 비록 덤빌지라도
주님은 자기 사람들을 지키십니다."

거듭난 존 햄블톤(John Hambleton)이라는 배우는 젊은 헨리의 전도열정에 감동이 되어, 헨리에게 멘토이자 동역자가 되었다. 헨리에게는 멘토링이 필요했다. 그의 거듭남은 극적이었는데, 그의 지난 삶이 너무도 죄악 되었기 때문이다. 1850년대와 60년대는 두려움이 없이 복음을 증거한 해였다. 헨리의 동역자의 말에 의하면 헨리 무어하우스는 파워풀한 웅변가나 조직력이 출중한 행정가는 아니었다고 한다. 자그마한 체구를 지닌 30대의 헨리는 여전히 "소년 설교가(the boy preacher)"로 불렸다. 헨리는 리차드 위버나 탄광촌에서 온 권투선수인 담대한 딕

(Dick)과 같은 실교의 거장들을 본받고자 했으나, 그들과 함께 서면 항상 초라해 보였다. 그밖에 동료 설교자들 중에는 선박노동자였던 에드워드 어셔(Edward Usher), 정육점 주인이었던 헨리 발리(Henry Varley), 리버풀의 변호사였던 레지날드 래드클립, 그리고 극한 방탕한 삶을 살다가 거듭난 브라운로 노쓰(Brownlow North)와 "바이올린 연주자 조스"로 알려진 조수아 푸울(Joshua Poole) 등이 있었다.

헨리가 복음전도를 위해 자기 생애를 다 드리게 된 일은 "모자를 쓰지 않고 설교하는 사람"으로 알려진 어떤 사람으로부터 왔다. 어느 날 저녁 경매인이었던 헨리는 경매소에서 물건을 팔려고 목청을 높이며, 망치를 두드리며 흥정하고 있을 때, 많은 사람들 중에 어떤 사람이 나타나서 소리쳤다. "당신은 사람들에게 말씀을 전하기 위해 당신 손에 성경을 들고 있어야 합니다. 당신이 들고 있는 그 망치는 마귀를 이롭게 할뿐입니다." 그리고는 즉시 사라졌다. 그 짧은 외침은 헨리에게 있어 천둥소리와도 같았다. 헨리는 경매용 망치를 내려놓고, 존 햄블톤을 만나러 리버풀로 갔으며, 그와 함께 전도 여행에 동참하게 된다. 헨리는 고정급료나 사람의 지원약속없이 복음전도자로서 길을 가게 되었다.

더블린에서 헨리 뷰레이(Henry Bewley)가 예수 그리스도의 복음을 증거하기 위해 큰 건물을 지었다. 로워 메리온가(街)(Lower Merrion Street)에 지어진 그 강당은 2,500명을 수용할 수 있는 대규모였다. 메리온 강당은 1863년에 문을 열었다. 수많은 사람들이 덴함 스미스

(Denham Smith), 헨리 무어하우스, 조지 뮐러(George Muller), F.C. 블랜드(F.C. Bland), 그리고 리차드 위버의 설교를 듣고자 몰려왔다. "그 당시 그곳에서 얼마나 많은 사람들이 거듭나게 되었는지는 오직 영원한 나라에 들어가서만 알 수 있을 겁니다." 이 전도집회를 통해 많은 사람들이 세계의 여러 나라에 가서 복음전도자와 선교사로 하나님을 섬기게 되었는데, 메리온 강당에서 자신들이 들었던 구원의 말씀에 빚을 갚고자 했던 것이다.

만일 사람들이 그 강당에 들어갈 수 없었다면, 복음전도자들이 그들을 찾아갔다. 복음의 능력이 가장 음침한 악의 소굴에까지 미쳤다. 때때로 주일저녁 복음전도집회를 위해 마련된 런던의 14개 극장이 사람들로 가득 메워지기도 했다. 이렇게 "힘을 다해 수고한" 일이 존 햄블톤의 책, "부흥의 싹, 꽃, 그리고 열매"라는 책에 잘 나타나 있다.

1864년말에는 암레이 가울(Armley Gaol)과 리이즈(Leeds) 지방에서 마지막 공개처형이 있었다. 마이어즈와 사르겟이라는 두 사람이 교수형에 처해졌다. "그 당시 복음전도자로 널리 알려진 무어하우스는 가윈 커크햄(Gawin Kirkham)과 윌리암 워커(William Walker)와 함께 동역 하여, 이 끔찍한 광경을 보기 위해 몰려든 어마어마한 군중들 앞에서 복음설교를 할 수 있는 기회를 얻었습니다. 그 도시에서 엄청난 반향을 일으킨 복음사역은 지속적인 결과를 불러왔으며 …"

쉬지 않고 계속된 영국에서의 복음사역으로 인해 헨리 무어히우스는 그 최상의 시기에 육체의 피곤을 느끼며, 그가 그리 강하지 않음을 나타냈다. 헨리는 미국에서 사역을 위해 1868년에 필라델피아에 도착했다. 헨리는 마음으로 뜨거운 환영을 받았으며, 그의 사역에 대해 많은 감사를 받았다. 그 답례로 헨리는 10년동안 5번 미국을 방문하였다. "세상을 감동시킨 사람을 감동시킨 그 사람"으로 헨리가 불린 것은 처음 D. L. 무디에 의해서 였다. 1867년 무디는 더블린에 가서 무어하우스를 만났는데, 거기서 헨리는 자신을 "소년 설교자"로 소개했고, 시카고에 와서 복음을 증거하고 싶다고 말했었다.

내가 헨리를 처음 보았을 때, 그는 수염조차 없는 소년에 불과했습니다. 헨리는 17살 정도로도 보이지 않았습니다. 제 마음속에선, '그는 설교할 수 없어!' 라는 말을 되풀이했습니다. 헨리는 내게 함께 시카고에 가려면 무슨 배를 타야 하는지를 물었습니다. 저는 헨리가 설교할 수 없다고 생각했기 때문에 그것을 알려주지 않았습니다. 그러나 제가 시카고를 수주일 비워야 했던 그 때에 한 통의 편지를 받았는데, 바로 헨리가 미국에 도착했다는 것이었고, 제가 원한다면 그가 시카고에 와서 설교하고 싶다는 것이었습니다. 그래서 저는 아주 냉담하게 편지를 썼습니다. 미국 서부에 오거든 내게 전화 주십시오. 제 마음에는 그것이 헨리에 대한 소식을 듣는 마지막이길 바랬습니다. 그러나 곧 새로운 편지를 받게 되었는데, 헨리가 아직도 미국에 있으며, 제가 원하면 시카고에 오고 싶다는 내용이었습니다. 그래서 저는 다시 편지를 써서 '혹시 이곳에 오게 되면 내게 한번 들리시겠소?'라고 했습니다. 며칠후 편지를 받았는데, 다음주 목요일에 헨리가 시카고에 올 것이라는 것이었습니다. 제가 잘 알지도 못하는 이 사람에 대해 어떻게 해야하나 하는 마음이 들었습니다. 제 마음은 확고부동했습니다. '그는 설교할 수 없어'. 저는 목요일과 금요일에 이곳에 있지 않을 것이므로, 교회직원에게 몇 가지를 당부했습니다.

"목요일에 누가 여기서 설교하기로 했는데, 그가 잘 할 수 있을지 없을지 모르겠습니다. 여러분이 생각해서 한번 권해보도록 하시죠. 저는 토요일에 돌아오겠습니다."

그 형제들은 말하길, "교회에는 큰 관심이 쏟아졌습니다. 많은 성도들은 그 사람을 강단에 세워서는 안될 것 같다고 말했습니다"라고 했습니다. 그 사람은 단지 손님일 뿐인데, 덕보다는 오히려 해를 끼치지 않을까요?

"글쎄, 여러분이 결정하도록 하세요. 이틀 저녁을 그에게 한번 맡겨보죠." 그 형제들은 마침내 그에게 설교할 기회를 주기로 결정했습니다.

"제가 토요일 저녁에 돌아왔을 때, 헨리가 과연 잘해냈는지 매우 궁금했습니다. 제가 집에 도착하자마자 제 아내에게 물었던 것은 '그 젊은 아일랜드 친구 어땠지요?' (저는 헨리를 더블린에서 만났는데, 아일랜드 사람처럼 보였습니다. 그러나 나중에 알고 보니 영국사람이었습니다.)

"성도들의 반응은 어땠어요? 그의 설교가 어땠지요?"

"너무 감동적이었어요. 그는 요한복음 3장 16절에서 두 번 설교했는데, 당신이 설교하는 방식과는 사뭇 달랐지만 당신도 좋아하실 거예요."

"어땠는데?"

"그는 하나님이 죄인을 사랑하신다고 말했어요."

"뭔가 잘못된 게 틀림없어."라고 나는 말했습니다.

"그때 제 아내는 '제 생각에 당신이 그의 설교를 듣는다면 그는 항상 하나님의 말씀으로 자기가 전하고자 하는 바를 증명하면서 했기 때문에 그의 설교방식에 동의하지 않을지 모르겠네요' 하고 말했습니다."

"저는 그날 저녁 교회에 가서, 모든 성도들이 자기 성경을 가지고 온 것을 발견했습니다. 무어하우스는 '믿음으로 하나된 여러분, 여러분이 요한복음 3장 16절에 보면 제가 말씀드리려고 하는 바를 분명히 보실 수 있습니다.' 는 말로 시작했습니다."

"헨리는 그 구절을 가지고 매우 특이한 방식으로 설교했습니다. 헨리는 본문을 두 번째, 세 번째 그리고 네 번째 하는 식으로 나누지 않았습니다. 그는 다만 성경본문을 전체적으로 인용하면서 창세기로부터 요한계시록에 이르기까지 모든 시대에 하나님이 세상을 사랑하셨음을 증명했습니다. 즉 하나님은 선지자와 족장과 거룩한 자기 종들을 보내어 그들에게 경고하셨으며, 마침내 자기 아들을 보내셨습니다. 그들이 하나님의 아드님을 죽인 이후에도 하나님은 성령님을 보내셨습니다.

"저는 그때까지 하나님이 우리를 그처럼 사랑하는지는 미처 깨닫지 못하고 있었습니다. 이러한 제 마음은 녹아지기 시작했고, 감동의 눈물을 흘리지 않을 수 없었습니다. 그것은 마치 먼 땅에서 오는 좋은 기별과도 같았습니다. 저는 다만 그것을 목마른 사람처럼 들이마셨습니다(잠 25:25 참조)."

"그 다음날 엄청난 군중들이 몰려와서, 하나님이 자신들을 사랑하신다는 기쁜 소식을 듣고자 했습니다. 헨리는 '나의 친구들이여, 여러분이 성경을 열어 요한 복음 3장 16절을 보게되면, 제가 말씀드리고자하는 것이 잘 나타나 있습니다!' 고 말했습니다. 헨리는 그 놀라운 성경구절을 통해 또다시 훌륭한 설교를 시작했으며, 계속해서 창세기로부터 요한계시록에 이르기까지 하나님의 사랑을 다시 증거 했습니다. 헨리는 성경의 어떤 구절을 들어서도 하나님의 사랑을 증거할 수 있었습니다. 제 생각에 그러한 설교는 그 어떠한 것보다 좋다고 여겼습니다. 헨리는 그 어느 때보다 더 심금을 울리는 설교를 했고, 제 영혼에 그보다 더 좋을순 없었습니다."

"그 다음날은 월요일 저녁이기 때문에 시카고에서 설교를 들으러 군중이 모이는 예는 없었습니다. 그러나 그날 사람들이 모여들었습니다 … 헨리는 다시 '나의 친구여, 여러분이 요한 복음 3장 16절을 열어보면 제가 말씀드리려는 것이 나와있습니다.' 고 말하며, 다시 한번 하나님이 우리를 사랑하심을 생생하게 증거 했습니다. 헨리는 하나님의 사랑으로 우리 마음을 녹여버렸고, 그날 이후로는 하나님의 사랑을 결코 의심해 본 일이 없습니다. 저는 하나님이 죄인 뒤에 서 계셔서 양날이 선 검을 가지고 곧 그 죄인을 내리치려 하신다고 종종 설교해 본 일이 있습니다. 그런 식으로 여러 번 설교했습니다. 그러나 이제는 하나님이 사랑을 가지고 죄인 뒤에 서 계신다고 설교합니다. 그래서 죄인들로 하여금 사랑의 하나님께로 달려오도록 합니다."

"화요일 밤이 되자, 우리는 헨리가 그 성경구절이 아닌 다른 성경구절로 설교하리라고 생각했습니다. 그러나 헨리는 그 놀라운 성경구절을 가지고 여섯 번째 설교를 시작했습니다. '하나님이 세상을 이처럼 사랑하사 독생자를 주셨으니 이는 저를 믿는 자마다 영생을 얻게 하려 하심이라. 영생은 여러분이 죽을 때에야 비로소 얻는 것이 아니라, 바로 지금 얻을 수 있습니다.' 비록 수년이 흘렀지만 그때 그 말씀을 들었던 청중은 그것을 결코 잊지 못할 것입니다."

"일곱 번째 저녁이 되자, 헨리는 또다시 강단에 섰습니다. 모든 눈이 헨리를 주목했습니다. 모든 청중들이 이제 헨리가 무엇을 전할 것인지 무척이나 궁금해하는 눈빛이었습니다. 헨리는 말했습니다. '나의 친구여, 저는 오늘 하루종일 새로운 본문을 찾고자 무진 애를 썼습니다. 그러나 이보다 더 좋은 본문을 찾을 순 없었습니다. 그러므로 우리 함께 다시 요한복음 3장 16절을 열어 봅시다.' 라는 말과 함께 그 놀라운 본문을 가지고 일곱 번째 설교를 시작했습니다. 그 설교의 마지막 부분이 기억이 납니다.

그는 말하길, "나의 사랑하는 여러분, 저는 일주일 내내 하나님이 여러분을 얼마나 사랑하시는지 말씀드리고자 했지만, 이 가련하고 무딘 혀와 입술로는 그 소임을 다 할 수 없었습니다. 제가 만일 야곱의 사다리를 빌려 올 수 있다면 하늘에 올라가 전능하신 하나님 앞에 서있는 가브리엘 천사에게 가서, 하나님이 이 세상을 얼마나 사랑하시는지 내게 말해달라고 부탁한다면, 가브리엘이 할 수 있는 말은 바로 '하나님이 세상을 이처럼 사랑하사 독생자를 주셨으니 이는 저를 믿는 자마다 멸망치 않고 영생을 얻게 하려 하심이라' 고 대답할 것입니다."

그 설교는 무디에게 있어서 하나의 계시와도 같았다. "저는 그날 밤을 결코 잊을 수 없습니다. 저는 지금까지 복음을 증거해온 사람입니다. 그러나 그날 후부터 저는 하나님과 사람 앞에서 더욱 복음증거의 능력을 갖게 되었습니다." 무디는 비로소 성경이 무한한 보고로 보였다. 그때부터 무디는 성경을 더욱 열심히 공부하게 되었다. 무디는 무어하우스에게 성경을 어떻게 연구해야 하는지 물었고, 시카고에 있는 자기 집에 여러 친구들을 초청해서 "성경 읽는 시간(Bible Readings)"을 가지게 되었다.

이 일로 인해 무디는 후에 서문을 쓰고 널리 알렸던 C. H. 매킨토시의 책(모세오경 강해)을 접하게 되었다. 이후 무디는 무어하우스의 친구들에게 많은 영향을 받게 되었고, 그들에게 배우게 되었다. 예를 들어 '앞서간 형제들(Chief Men Among the Brethren)' 이라는 책에 보면,

"런던 오페라 하우스에서 있었던 유명한 무디의 집회 기간에도, 무디는 F. C. 블랜드와 성경공부를 하지 않고 보낸 날이 없었다."고 한다.

1870년 헨리는 구원받기 전에 그에게 종종 복음을 전했던 마리아라고 하는 자매와 결혼을 했다. 그 부부는 아홉 명의 자녀를 갖기를 원했다. 수년 후에 어떤 사람이 "이봐 헨리, 큰 가정을 이루는 건 어때?"라고 물었고, 헨리는 대답하기를 "나의 하늘 아버지가 내게 합당한 것을 아십니다. 그분은 내게 소아마비를 앓는 딸을 주셨고, 그 아이를 통해 다른 불쌍한 어린아이를 긍휼히 여기도록 내 마음을 더욱 부드럽게 하셨습니다. 그것은 건강한 다른 아이들이 내게 해줄 수 없는 것이었습니다."

"참으로 너를 도와 주리라 참으로 나의 의로운 오른손으로 너를 붙들리라"(사 41:10)라는 하나님의 약속의 말씀을 언급하면서 "제게는 어려서부터 소아마비된 일곱 살난 아이가 있는데, 하루는 소포 꾸러미를 들고 윗 층으로 올라가는 저를 보며, '아빠, 제가 그 소포를 들어드릴까요?' 하고 말했습니다. 그래서 저는 '미니야, 네가 어떻게 들어줄 수 있겠니?' 하고 물었습니다. 그러자 '저는 아빠의 소포를 들어주고, 아빠는 저를 안아주시면 되잖아요' 하고 대답하는 것이었습니다!"

헨리는 생애의 마지막 몇 년 동안 자신이 제안했던 기발한 아이디어인 이동식 서점을 통해 아일랜드와 영국 그리고 호주 등지를 다니며 전도했다. 2년 동안 헨리는 수백만 권의 신앙서적과 전도지, 그리고 15만 권에 이르는 신·구약성경과 신약성경을 팔았다.

1876년 그의 사역은 거의 끝나가고 있었는데, 그 사역의 마지막 해에는 심장병으로 힘들어했기 때문이다. 의사는 그의 심장이 2배 이상 되어야 한다고 말했다. "주님께서 저를 다시 회복시켜주시면 요한 복음 3장 16절 '하나님이 세상을 이처럼 사랑하사' 라는 본문으로 다시 설교하고 싶습니다."라고 말했다. 헨리는 1880년 12월 28일 주님 품에 편히 쉬게 되었다.

리차드 위버와 헨리 무어하우스의 시신은 맨체스터에 위치한 아드윅크 묘지(Ardwick Cemetry)에 나란히 안치되었다. 지금 무어하우스의 묘비명에는 요한 복음 3장 16절이 새겨져있다.

존 햄블톤은 고별설교에서 헨리의 생애를 언급하면서, "헨리는 지난 월요일 주님께 부르심을 받아 우리 곁을 떠났습니다. 저는 그의 얼굴에 마지막 대적, 죽음이 그를 덮치는 모습이 나타났을 때, 그의 팔을 움켜잡고는 '헨리 형제, 우리는 곧 주님 나라에서 만나게 될 걸세.' 라고 말했습니다. 그때 헨리는 가쁜 숨을 몰아쉬면서, '그래, 물론이지. 아무렴 (Sure, sure, sure!)' 이라고 대답했습니다. 그토록 보배로운 우리 믿음의 형제가 그렇게 연약한 몸으로 하나님의 큰 일을 감당한 사실로 인해, 하나님의 능력의 지극히 크심이 어떠한 것을 알게 되었습니다."라고 말했다.

헨리가 마지막으로 쓴 편지에서 헨리는 다음과 같이 말했다. "제가 그리스도를 전파했던 것 이상으로 그리스도를 위해 고난받도록 기도해주십시오. 저는 오직 그리스도를 영화롭게 해드리기를 바랄 뿐입니다."

새가족 멘토링

조경호 목사

몇 해전부터 교역자를 위한 세미나에 멘토링(mentoring)이라는 용어가 등장했다. 멘토링은 멘토의 관계를 가지고 사람을 세워가는 과정을 말한다. 멘토(mentor)라는 말은 고대 그리이스 신화인 오딧세이에 처음으로 등장한다. 이타이카 왕국의 오딧세우스는 트로이 전쟁에 나가면서 아들 텔리마쿠스가 걱정이 된 나머지 자신의 충실한 친구인 멘토에게 맡긴다. 멘토는 그에게 때로는 아버지로, 때로는 스승으로, 때로는 친구가 되어 자신의 지혜를 전달하여 줌으로 훌륭한 왕자로 키운다.

이후로 멘토라는 이름은 지혜와 신뢰로 한 사람의 인생을 이끌어 주는 지도자의 동의어로 사용되어 왔다. 교회 안에서 사용할 때 이 용어는 영적으로 조금 더 성숙한 사람이 미숙한 사람을 바른 신앙으로 이끌어 주는 것을 말한다. 그에게 잠재된 은사를 찾아내고 개발시켜 봉사할 수 있도록 세워주는 것을 말한다.

하나님은 일들을 이루어 가실 때 사람을 통해서 하는 것을 보게된다.

그러기에 사람을 중요시 여긴다. 필자가 목사로 부름을 받게 된 것도 궁극적으로는 하나님의 인도하심이다. 그러나 그 이면에는 나를 세워준 은사가 계신다. 나는 신학대학엔 아무나 가는 것이 아니라고 생각했다. 목회자 집안 출신이거나, 뛰어난 재능을 갖고 있거나 아니면 신내림(?)을 받은 아주 특별한 사람만이 목회자가 되는 것으로 여겼다. 목사가 부럽기도 했지만 감히 엄두도 내지 못했다. 그런 나에게 고등학교 때 담임 선생님이면서 교회 고등부 부장이셨던 은사가 3년 동안 가까이서 나를 살펴 보면서 신학을 하도록 이끌어 주셨기 때문에 오늘 내가 있다고 믿는다. 서두에서 멘토의 얘기를 했다. 멘토의 상대자를 프로테제(protege), 멘티(mentee), 혹은 멘토리(mentoree)라고 한다. 우리 주위를 둘러보라. 관심있게 지켜 본다면 많은 멘토리들이 있음을 발견할 것이다. 멘토의 역할을 가장 효과적으로 감당할 수 있는 직분자는 아마도 목사일 것이다. 그러나 목회자가 감당할 수 있는 부분은 한정되어 있다. 시간과 공간 등 환경의 제약을 받는다. 그러나 평신도 직분자에게는 얼마나 많은 장점이 있는가. 여러가지 면에서 부담없이 만날 수 있다. 자주 많은 시간을 함께 할 수도 있다. 그래서 교회 안에는 목사보다 평신도 직분자를 많이 필요로 할지도 모른다. 교회에 처음 출석하는 사람을 예로 들어보자. 누군가의 손에 이끌려 오기는 했지만 모든 것이 어색할 수 밖에 없을 것이다. 우선 사용하는 용어가 낯설다. 사극드라마에서나 듣는 극존칭어가 성경과 기도에 들어있다… 하였삽나이다. 간절히 기도드리옵나이다. 잘 사용하지 않는 용어로 인해 어쩌면 우스울 수도 있다. 주보

를 보라. 그들에겐 암호일 수 밖에 없는 것으로 가득차 있다. 골1:28-
29. 골이 어떻단 말인지. 신약인지 구약인지. 다른 사람들이 나를 쳐다
보는 것 같아서 얼굴이 달아오르고…. 성경은 무엇이고 구역예배는 왜
하는지 모든 것이 아리송하다고 말하는 것을 목회를 하면서 새가족에게
서 공통적으로 들어온 말이다. 누군가가 도와 줄 필요가 있다. 영적으로
세워준다는 것은 중요한 일임에 틀림없다. 그러므로 조심스럽게 어느
정도 준비가 필요할 것이다. 내가 새가족 멘토링을 한다고 했을 때 어떠
한 자세를 지녀야 할 것인가?

첫째, 순수함을 잃지 말라.

사람은 아무런 관계가 형성되지 않았는데 가까이 접근을 하면 경계하
기 마련이다. 저 사람이 나를 이용하지 않을까 하는 의혹의 눈초리를 가
질 수도 있다. 신앙생활에 도움을 드리고자, 당신의 영혼을 사랑하기에
주님이 주신 섬김의 일을 기쁨으로 하고 있다는 인식을 심어 줄 수 있어
야 할 것이다. 이것 이외엔 아무런 다른 뜻이 없음을 인식시킬 수 있어야
할 것이다.

둘째, 열정을 가지라.

교회학교 교사들의 사역에 있어서 가장 중요한 것이 열정임을 본다.
가르치는 것이 좀 서툴고 완벽하지 못해도 선생님이 자신을 위해 간절
히 기도하고 관심을 쏟아 부을 때 학생들이 감동한다. 새가족을 위해 나
의 시간을 할애하고, 따뜻한 정이 담긴 검소한 물질이 투여되고, 하나님
의 사람으로 세워가기 위해 눈물어린 기도를 해보라. 세상 그 어느 것과

비교할 수 없는 기쁨의 열매가 있을 것이다.

셋째, 인내를 배우라.

내가 기대하는 시멘트 블록을 얻기 위해서는 굳을 수 있는 시간을 기다려야 한다. 조급하여 다 된 줄 알고 흔들어 버리면 못쓰게 되어 버린다. 새가족은 영적인 어린아이이다. 말을 잘 듣다가도 투정을 부릴 수 있다. 인내를 배우라. 인내는 쓰지만 그 열매는 달다.

넷째, 자신의 영성을 늘 점검하라.

남을 세워 주는 것, 봉사하는 것은 중요하다. 그러나 내가 올바로 서 있지 않으면 아무런 소용이 없다. 정작 중요한 것을 놓칠 수 있다. 예수님의 경우를 보라. 많은 사역을 하면서도 한적한 곳에 가서 기도하기를 쉬지 않으셨다. 초대교회 사도들은 말씀 전하는 것과 기도하는 일에 전무했다. 우선순위를 다른 것에 두지 않았다. 나에게 영적인 문제가 발생하면 다른 아무런 노력에서 기쁨과 열매를 기대하기는 어려울 것이다. 내게서 흘러 넘치는 것이 있어야 남에게 도움이 된다.

다섯째, 그를 위해 관심을 가져라.

그가 무엇을 좋아하는지 그의 입장에 서도록 노력해야 할 것이다. 그의 장점을 보도록 노력할 필요가 있다. 그의 약점을 보완하기 위해 애쓰는 것보다 그의 강점을 살려주도록 애쓰는 것이 더 효과적일 것이다.

여섯째, 내가 할 수 있는 작은 일에서부터 점차 확산시켜 나가라.

그를 어떻게 세워 줄 것인가 거룩한 고민을 하며 기도할 때 성령께서 지혜를 주실 것이다. 내가 읽거나 듣고 은혜 받은 자료가 있는가. 책이나 테이프, 비디오테잎 등을 줄 수 있다. 나에게 감동을 준 깃이라면 내가 기도하며 세워가기를 원하는 그에게도 감동을 줄 것이다. 함께 식사하고 차 마시는 시간을 갖기, 병원에 입원했을 때 방문하기, 그의 자녀들을 학교나 학원까지 태워 주겠다고 제안하기, 그가 아플 때 간단한 식사를 준비해서 갖다주기, 내가 알고 지내는 좋은 사람들을 소개하여 교제권을 넓히도록 도와주기, 교회 안에서 행해지는 성경교실과 친교교실 소개 등등 여러가지가 있을 것이다. 교회에 헌금하는 것만 하나님이 기뻐받으시는 것은 아닐 것이다. 가슴깊이 진심을 담아 주의 이름으로 남을 돕는다면 주님이 크게 기뻐하시는 일이 아닐까 누군가를 바르게 서도록 도와 준다는 것은 결코 쉬운 일이 아니다. 우리의 오늘이 있기까지 부모님들의 피땀어린 사랑의 수고가 있었다. 그러한 정성이 있기에 오늘 이 사회가 건실하게 유지되는 것이다. 지금도 교회에 찾아오는 수 많은 새가족이 있다. 내가 그의 멘토가 되어 그를 바르게 서도록 도와 줄 때, 그가 영적으로 자라고 성숙하여 또 다른 사람을 도와주는 멘토가 될 때 교회는 계속적으로 부흥하며 재생산하는 생명력을 유지할 수 있을 것이다. 이러한 사역을 감당하는 우리를 하나님은 뭐라고 하실까? 아마도 "착하고 충성된 종아!" 라고 하지 않을까. 새가족을 멘토링하는 것이 얼마나 소중한 일인가. 당신은 새가족을 위한 멘토가 되지 않겠는가!

멘토링이란 무엇인가?

신대현 목사

I. 서론

무력한 기독교의 영향력

오늘의 사회를 향해 한국의 기독교는 얼마만큼의 영향력을 가지고 있는지를 생각할 때 무력감을 느끼지 않을 수 없다. 교계 안을 들여다보면 나름대로 선생이라고 할 수 있는 자들의 수는 넘치는 반면 영향력 있는 예수님의 제자들은 그다지 배출되어 나오는 것 같지 않다.

1980년에 일어난 제자화 운동은 그 열매를 논하기 전에 이제 그 말 자체가 한 때의 유행어처럼 사람들의 기억 속에서 사라져가고 있으며 그 말을 꺼낼라치면 시대에 한 발 늦은 사람 취급을 당하기가 일쑤다.

제자 훈련과 대중 교육

한국의 기독교가 어디에서부터 잘못되었는지 문제를 진단해 보면 근래에 와서 두드러지게 지적되는 점이 한 가지 있다. 그것은 교회들이 예수님의 제자들을 길러낸다고 하면서 실상은 대중교육을 해 왔다는 사실이다. 진리는 그것을 배우는 자들의 인격과는 상관없이 전달되는 경우가 많았고, 그 결과 관계 형성이 가장 중심에 있어야 할 그리스도인들의 성장 과정에는 일반 학문과 다를 바 없는 지식의 축적만이 남게 된 것이다. 나름대로는 많이 배우고 깨달았지만 관계할 사람들이 없는 그리스도인들, 기독교는 알지만 세상 속의 기독교에 대해서는 개념조차 희미한 그리스도인들, 그래서 진리를 어떻게 적용해야 할지 방황하는 그리스도인들이 도처에 있다.

또 다른 문제점은 예수님이 마태복음 28장 19절에서 "그러므로 너희는 가서 모든 족속으로 제자를 삼아"라고 말씀하신 것을 적용할 때 사람들은 제자화라는 명분 하에 예수님을 따르는 새로운 제자들을 얻으려하기보다 자신의 제자들을 끌어 모으는 일을 했다는 사실이다. 그 결과 예수님의 이름보다 사람의 이름이 앞서고, 예수님의 복음이 영향을 미치고 그의 말씀이 삶을 인도하기보다 사람의 생각과 말이 더 큰 영향을 미치는 현실이 되어 버렸다.

이대로 교회의 전통을 다음 세대에게 물려준다면 한국 교회는 어떻게 될 것인가? 그나마 줄고 있는 기독교의 영향력은 극도로 약해질 것이고, 기독교 자체는 '소수의 종교'로 전락하여 한 때 흥황했던 과거의 종교가 되어 버릴 수 있다. 서양 기독교의 전락을 비판해 온 한국 교회는 그 전철을 밟지 않으리라고 자신 있게 말할 수 있는 현재의 근거를 잃어가고 있다.

다음 세대는 기독교를 배우지만 인격의 변화를 체험하는 기독교는 생소해 할 수 있으며, 일반 사람들과의 관계뿐만 아니라 그리스도인들 상호간의 관계에서도 기독교의 '유일성'과 '독특성'을 드러내지 못하는 무기력한 그리스도인들이 될 수 있다.

무엇이 대안인가?

예수님도 바울도 군중을 상대로 가르치셨지만 그 생애를 쏟아 부은 대상은 소수의 제자들이었다. 예수님은 열 두 제자를, 바울은 몇 명의 다음 세대 지도자를 양성하는 데에 사역의 승부를 걸었다.

바울은 고린도교회에 편지하면서 다음과 같이 말한다. "그리스도 안에서 일만 스승이 있으되 아비는 많지 아니하니 그리스도 예수 안에서 복음으로써 내가 너희를 낳았음이라 그러므로 내가 너희에게 권하노니 너희는 나를 본받는 자 되라"(고전 4:15-16).

바울이 한국 교회를 향해 서신을 쓴다면 한국 교회 안에 스승은 넘쳐나되 아비가 많지 않은 점을 지적할 것이다. 복음 안에서 아비와 자녀의 관계란 '복음적인 삶과 인격이 나눠지고 전수되는 관계'를 뜻한다. 그래서 이 관계는 전도나 제자화, 도제 관계나 후견인 제도, 혹은 모델링과 구별되며 오히려 이 모든 것을 총체적으로 포함한다.

그리고 이 관계 형성은 대중 교육으로는 불가능하다. 아비가 되는 것은 소수에게 전념할 때에만 가능한 것이다. 이 관계 형성의 과정을 한 단어로 나타낸 것이 '멘토링'이다. 멘토링은 이제까지 실패했다고 평가 내릴 수 있는 제자화 운동의 성경적인 회복이라고도 할 수 있다.

II. 멘토링은 무엇인가?

A. 멘토링의 역사적 기원

1. 오디세이아

멘토링은 기본적으로 가르치는 멘토(Mentor)와 배우는 멘토리(Mentoree)로 되어 있다. 먼저 '멘토' 라는 단어의 역사적인 기원을 살펴보면 브리태니커 백과사전은 이렇게 소개한다 : "멘토는 호메로스의 서사시 〈오디세이아 Odyssey〉에 나오는 오디세우스의 충실한 조언자. 오디세우스는 트로이 원정을 떠나기 전에 집안 일과 아들 텔레마코스의 교육을 그에게 맡긴다. 또한 텔레마코스는 오디세우스의 소식을 알기 위해 멘토로 변신한 여신 아테네와 함께 항해를 떠난다. 이런 까닭으로 'mentor' 는 현명하고 신뢰할 수 있는 상담 상대, 지도자, 스승, 선생의 의미로 쓰이게 되었다."

2. 70-80년대에 멘토링에 대한 관심

멘토링은 한국 교회에 아직 생소한 개념일 수 있지만 서양에서도 불과 20년여의 배경 밖에는 가지고 있지 못하다. 1978년 예일대학의 레빈슨 교수가 *The Seasons of Man's Life* 란 책을 출판한 이래로 멘토링에 대한 관심이 일어났다. 그는 이 책에서 성인 시기로 들어가는 사람에게 좋은 멘토가 없다는 것은 마치 어린 아이에게 좋은 부모가 없는 것과 같다고 말했다. 그 이후 많은 직장에서 멘토링 프로그램이 연구 적용되어 왔는데 이는 사업계의 임원들 대부분이 과거에 멘토가 있었다는 사실이 한 잡지를 통해 보고되었기 때문이다.

기독교계에서 멘토링은 미국 교계 지도자들의 수치스러운 스캔들의 결과로 인해서 그 일에 대처할 대안으로 제시되었다. 그러나 단어는 생소할 수 있어도 그 개념은 이미 성경 전반에 짙게 깔려 있다. 지도자들의 문제에 대해서 멘토링을 제시한 것은 곧 그 문제를 다룰 수 있는 성경의 대안을 제시한 것이라고 할 수 있다.

3. 한국 교회의 다음세대 지도자들을 위한 멘토링

멘토링은 미국 교계뿐만 아니라 무력해진 한국교회의 힘, 곧 그리스도인들이 지닌 복음의 힘을 회복할 수 있는 대안도 될 수 있다. 다음 세대 지도자들을 세우는 일이 오늘날의 모든 교회 지도자들에게 공통으로 남은 과제라면 멘토링은 심각하게 고려되어야 할 문제이다. 이것은 단지 성인들에게만 해당되지 않는다. 다음 세대를 온 땅을 향한 하나님의 지도자들로 세우길 원한다면 지금 자라나는 세대에 대한 우리의 책임은 어느 때보다 막중하다.

하워드 핸드릭슨은 엘리야와 엘리사의 관계를 예로 제시하면서 하나님은 멘토링을 통해 암담한 시대 가운데서 당신의 뜻을 이어가셨다는 사실을 보여주고 있다. 엘리야는 자기만 남았다는 사실에 괴로워했다 (왕상 19:14). 하나님은 엘리야의 노력이 결코 헛되지 않았음을 알려주시기 위해서 그에게 후계자를 지명해 주셨다. "엘리야는 횃불을 엘리사에게 넘겨줌으로써 미래를 시작하는 특권을 누리게 되었다."

핸드릭슨은 우리가 멘토링을 통해서 우리 뒤를 따라오는 사람들에게 유산을 남겨 놓게 된다고 말한다. 한국 교회의 지금 세대가 다음 세대에게 무엇을 남겨주길 원한다면 멘토링을 '선택' 이 아닌 '필연적인 작업' 으로 취해야 할 것이다.

4. 한국 교회 역사의 멘토링

우리는 한국에 복음이 소개된 이래로 한국 교회의 부흥과 명맥을 이끌어 왔던 믿음의 선배들에게 멘토링이 있었다는 사실에 주목할 필요가 있다. 이는 한국 교회 문제와 다음세대 지도자를 세우는 것에 대한 대안으로 멘토링을 제시하는 것이 또 다른 방법론을 내놓는 것이 아니라 한국 교회의 뿌리와 성경적인 교회 부흥을 회복하는 것이란 사실을 말해준다. 다음의 자료는 빛과 소금에 실린 글에서 발췌한 것이다(빛과 소금 1998, 4월호).

박형룡 박사 : 한국의 위대한 신학자—김익두 목사의 설교를 통해 예수를 믿, 최권능 목사로부터 목사안수를 받고 신앙인으로 성장, 찰스 핫지와 워필드 교수로부터 장로교 정통신학을 배움, 메이첸 교수는 사상적, 인격적으로 감화를 줌.

한경직 목사 : 주일학교 교사인 홍기두 선생과 우용진 선생에게 삶에 영향을 받음. 오산 중학교 시절 남강 이승훈 선생과 고당 조만식 선생에게 지대한 영향을 받음. 숭실대학교에서는 방위량 선교사로부터 영향을 받음. 피어스와 빌리 그래함의 영향도 적지 않게 받음.

방지일 목사 : 선교사 1세대—1937년 파송되어 21년 간 중국 산동성 선교사로 사역, 공산화 이후에도 수년간 고초를 당하며 사역하다 추방됨. 신성학교 심은곤 선생 "부디 가서 성경을 가르치는 말씀을 전하시오 선교는 이 일이요", 김인서 장로 "중국 사람이 되라. 하나님의 사명을 위하여 중국 사람의 영혼을 위하여 중국 사람이 되라. 중국 사람과 함께 울

고 중국 사람과 함께 웃는 중국 사람이 되라", 박윤선 박사 "너는 선교사로 가서 그들의 어떤 단점도 보지말고 장점만 보라. 본국에 보고할 때도 사진은 그들이 싫어하는 것, 원하지 않는 것들은 절대로 찍지 않아야 한다. 나는 미국에서 비로소 우리 본국에서 보지 못하던 사진도 많이 보았다. 너는 그런 일 절대로 하지 말아라. 언제나 피선교지인이 보더라도 기뻐하는 사진을 찍는 것이 선교사의 일인 줄 알라".

주기철 목사 : 순교자-김익두 목사의 설교에 영향 "성령을 받으라" 영적 세계를 체험, 오산학교의 이승훈 선생, 고당 조만식 선생.

B. 멘토링의 성경적 근거

위에서 언급했듯이 멘토링은 역사적으로만 근거를 가지고 있는 것이 아니라 성경이 말하는 바이다. 멘토링은 다른 사람의 성장, 발전, 성공을 위해 자발적인 투자를 하는 것이다. 그것은 다른 사람의 가치에 대한 믿음에 뿌리를 둔다. 멘토링의 목적은 멘토가 유익을 얻는 여부와 상관없이 멘토링을 받는 자에게 얻는 것이 있게 하는 것이다. 그래서 멘토링에는 때로 희생을 즐겨해야 하는 것이 요구된다.

1. 디모데후서 2:2 - 멘토링의 원리

디모데후서 2:2를 찾아 보라. 이 말씀이 보여주는 멘토링의 원리는 바울의 선교 사역에 어떻게 적용되었는가?

바울은 멘토링의 삶의 모범을 친히 보이면서 산 자였다. 그는 자기의 멘토리인 디모데에게 그러한 삶을 살아줄 것을 당부한다 : "또 네가 많은 증인 앞에서 내게 들은 바를 충성된 사람들에게 부탁하라 저희가 또 다른 사람들을 가르칠 수 있으리라"(딤후 2:2)

이 말씀에 기초하여 바울이 복음을 전하면서 초대 교회의 기초를 닦은 것을 그림으로 살펴보면 멘토링의 힘을 느낄 수 있다.

NKJV : The Word in Life Study Bible (Thomas Nelson Publishers, 1993, 1996).

2. 멘토링의 모델: 바나바

바울의 멘토였던 바나바를 살펴보자(행 9, 13, 14, 15장).
a. 새 신자인 사울(바울)과 친분을 맺었다(행 9:26-27).

b. 잊혀진 사울을 다소에 있는 그의 집에서 데려왔으며, 그가 안디옥에 있는 다민족그룹의 새신자들을 안정되게 만드는 1년 간의 계획을 행하도록 도왔다.

c. 국제적인 지도자 팀들의 조직을 도와서 기도와 금식과 결정을 내리는 일을 하게 했으며, 결과적으로 그는 바울과 함께 서방 제국에 있는 사람들에게 복음을 들고 가는 일을 착수했다(13:1-3)

d. 지도력에 있어서 바울을 앞세웠다. "바나바와 사울"(13:7)은 "바울과 그의 동행하는 사람들"(13:13)이 되었다.

e. 민족적인 적대감, 개인적인 공격들 그리고 우상 숭배와 싸웠다(13:46-14:20).

f. 그와 바울을 헬라 문화의 신들로 만들려는 시도를 저지했다(14:8-18).

g. 예루살렘 공의회 앞에서 이방인 신자들을 변호하는 일에 바울과 함께 앞장 섰다(15:1-4, 12).
h. 젊은 마가 요한에 대한 부정적인 판단에 대해서 바울에게 맞섰다(15:36-38).

i. 마가 요한을 구브로로 데려가서 두 번째 기회를 주었다(15:39). 수년 후 마가 요한은 바울에게 유익한 사람으로 여겨졌다(딤후 4:11).

C. 멘토링의 원리 및 성경적 사례들

1. 멘토링의 원리

a. 멘토는 자기를 따르는 자를 돌본다. 그의 주된 관심은 그 관계에서 무엇을 얻을 수 있느냐가 아니라 그 관계에 무엇을 줄 수 있느냐이다(빌 2:4)

b. 멘토는 지혜와 기술을 수반한다. 모델이 되고 코치를 하며 궁극적으로 책임을 넘겨주면서 자신보다 멘토리가 더 능력을 가질 수 있게 한다.

c. 멘토는 멘토리가 잘못되었을 때 고쳐준다. 바나바가 마가 요한에 대해서 바울을 도전한 것은 좋은 예이다. 멘토링은 정면으로 맞서는 것을 피하지 않는다.

d. 멘토는 멘토리를 중요한 다른 사람들과 연결시킨다. 멘토는 멘토리의 발전을 더해주고 기회를 넓혀줄 수 있는 관계들과 자원들로 멘토리를 소개한다.

2. 구약의 멘토링 사례들

이드로와 모세(출 18) – 이드로는 일에 눌려 있는 사위에게 다가가서 그를 도와 이스라엘 백성들 위에 지도자를 조직하게 했다 : 상담자로서의 멘토링

모세와 여호수아(신 31:1-8; 34:9) – 모세는 여호수아를 도와서 이스라엘 백성들이 가나안으로 들어갈 준비가 될 때를 대비하여 이스라엘의 지도력을 이을 수 있는 준비를 하게 했다.

드보라와 바락(삿 4:4-16) – 드보라는 이스라엘의 사사로서 바락에게 군대 장관이 될 것을 도전했고 그가 두려워 할 때 그를 격려했다. 결과적으로 그들은 가나안 군대를 이기는 승리를 얻었다.

나오미와 룻(룻 1-4) – 나오미는 남편을 잃은 모압 출신의 자기 며느리 룻에게 사려 깊은 충고를 주었고, 가난과 차별의 삶을 피할 수 있도록 그녀를 도왔다.

엘리와 사무엘(삼상 1-3) – 비록 엘리는 자기 두 아들들에게 대해서 실패했지만 사무엘을 도와서 그가 하나님의 목소리를 듣고 나라를 향해 말할 수 있는 사람으로 성장하게 했다.

사무엘과 사울(삼상 9-15)-사무엘은 사울을 미래 지도자로 확인했고 그를 지조 있는 사람으로 만들려고 노력했다. 사울이 여호와를 떠났을 때에도 사무엘은 몇 차례 하나님에 대한 그의 태도에 대해서 그에게 도전했다.

사무엘과 다윗(삼상 16: 19:18-24) - 사무엘은 다윗에게 기름을 발라 지도자로 세웠으며 사울이 그를 좇아 죽이려고 할 때 그의 곁에 서 있었다.

엘리야와 엘리사(왕상 19; 왕하 2) - 엘리사는 엘리야의 망토를 집어 들고 이스라엘의 선지자의 역할을 넘겨 받았다. 엘리야는 엘리사가 그 역할을 할 수 있도록 그를 교육했다.

모르드개와 에스더(에 1-10) - 바사에 살고있던 유대인 모르드개는 자기 조카 에스더를 멘토링하여 그녀의 역할을 발견하게 했고, 유대인의 적대적인 원수인 하만으로부터 그녀가 자기 백성을 구할 기회를 지니고 있는 자인 것을 알게 했다.

4. 신약의 멘토링 사례들

예수님과 제자들 - 밤을 세워 기도하시면서 제자들을 선택, 예수님이 사용하신 멘토링 기술 – 제자화, 영적 인도, 코치, 상담, 가르침, 지원, 모델 삼기(예수님의 멘토링 스타일 : 섬기는 멘토, 인도하는 멘토, 희생의 멘토, 신뢰하는 멘토)

바나바와 사울/바울 – 바나바는 한 때 핍박자였던 회심자 사울을 대변했고, 교회 지도자들에게 그를 소개하고 그의 회심의 진실성의 보증인이 되었다. 바울은 바나바의 인도를 받아서(행 4:36-37; 9:26-30; 11:22-30) 복음 확산에 훌륭한 지도자가 되었다

바나바와 마가 요한 – 바나바는 바울과 갈린 후 젊은 마가 요한을 데리고 구브로로 가서 자신감을 다시 세워주었다(행 15:36-39). 수년 후에 바울은 마가 요한을 "저가 나의 일에 유익하니라"(딤후 4:11)고 묘사하면서 그에 대한 생각을 바꾸었다.

브리스길라와 아굴라와 아볼로 – 장막 깁는 일을 했던 브리스길라와 아굴라는 재능은 있지만 혼란을 겪고 있던 아볼로에게 다가가서 믿음에 대해 그를 가르쳤고 그의 사역을 후원했다(행 18:1-3, 24-28)

바울과 디모데 – 개척 지도자였던 바울은 젊은 디모데를 얻었고, 그의 어머니와 할머니의 기초 위에서 그를 양육했다(딤후 1:5). 그를 동역 여행자로 참가시키고 믿음을 가르쳤으며, 그를 인도해서 에베소에서 다

민족의 사역을 시작하는 임무를 맡겼다(행 16:1-3; 빌 2:19-23; 딤후 1-4).

바울과 빌레몬 – 바울은 골로새의 부유한 지도자 빌레몬이 율법을 어기고 도망친 노예를 다룰 수 있도록 도왔다. 그는 가족의 형제와 같이 그 노예를 온전히 받아들일 것을 권했다.

D. 멘토링의 교육학적 유익

멘토링은 전인적인 교육이 가능하며, 그래서 진실한 삶의 태도와 인간 관계의 중요성을 배운다. 그리고 멘토리는 멘토를 통해서 현실에 올바로 적용하는 법을 배우며, 멘토의 지적인 자극과 도전을 통해서 자기 발전에 게으르지 않게 된다. 또 멘토링은 발생할 수 있는 심각한 문제들을 초기에 발견, 해결하게 해 준다.

E. 멘토링의 심리학적 유익

멘토리는 멘토링의 과정을 통해 자신의 분야에서 남다른 확신을 가지고 일들을 추진할 수 있다. 이는 그가 정서적인 격려를 받으며 안정감을 가질 수 있기 때문이다. 또 상황에 적절한 하나님의 말씀의 격려를 멘토로부터 받음으로써 슬럼프에 빠지지 않고 영성을 키워나갈 수 있다.

III. 멘토링은 어떻게 하는 것인가?

A. 멘토링의 유형(밥 빌, 『멘토링』, 도서출판 디모데).

멘토링의 유형은 다양하다. 관계 집중도나 빈도에 따라 차이가 있긴 하지만 어느 것도 멘토링이 아니라고 할 수는 없다. 가장 이상적인 것이라면 제자훈련자 유형이라고 할 수 있다.

1. 신적 접촉(Divine Contact) : 간헐적이고 수동적으로 하나님의 개입에 의해 인도를 받는 경우

2. 역사적 멘토(Historical Model) : 전기를 읽다가 역사적인 인물에 감화를 받아 인생에 중요한 결단을 하고 지속적으로 그들의 정신적 가르침에 영향을 받는 경우

3. 현재적 멘토(Contemporary Model) : 현재 살아있는 인물들 가운데 인생, 사역, 직업에 있어서 모델이 될 뿐만 아니라 경쟁심을 불러일으키는 경우.

4. 후원자(Sponsor) : 조직 안의 리더로서 보호자와 안내자의 역할을 해 주는 경우.

5. 교사(Teacher) : 어떤 특정한 주제에 관하여 이해하도록 가르쳐주는 경우.

6. 상담자(Counselor) : 적절한 시기에 자신, 타인, 환경, 사역에 대해 바른 관점을 가지도록 도와주는 경우

7. 코치(Coach) : 도전하고 격려하고 동기 부여하여 기술을 연마하고 적용해 나가도록 돕는 경우.

8. 영적 인도자(Spiritual Guide) : 영적으로 성숙하게 하는데 영향을 미칠 질문이나 결정에 대해 통찰력을 주고 방향을 제시해 주는 경우

9. 제자 훈련자(Discipler) : 전적으로 예수님을 따르는 사람이 되도록 세워주는 경우.

B. 멘토의 자격에 대한 자기 평가

1. 멘토리의 재능과 잠재력을 볼 수 있는가? 장점을 극대화, 단점을 극소화시킬 수 있는 안목
2. 함께 시간을 보내고 개발하고 성장하도록 도울만한 잠재적인 멘토링 대상자를 선별할 수 있는가?

3. 멘토리를 하나의 진정한 인격으로 대할 수 있는가? 나와 진정한 너의 관계

4. 평소의 삶이 긍정적 자세이며 열린 마음을 가지고 있는가?

5. 멘토리가 내재된 은사와 능력을 개발할 수 있도록 융통성을 발휘할 수 있는가?

6. 의사소통에 능한가? 곧 힘과 용기를 주는 말을 하는가? 열린 귀가 있는가?

7. 멘토리의 성품적인 약점에 인내할 수 있는가?

8. 하나님께서 멘토리 안에서 행하시는 일들을 분별할 수 있는가?

9. 기꺼이 희생할 수 있는가?

10. 겸손한가?

C. 멘토리가 보는 멘토: 어떤 사람을 나의 멘토로 정할 것인가? (밥 빌,『멘토링』, 도서출판 디모데).

모든 분석 과정에서 당신이 진정으로 찾고 있는 것은, 당신을 보살펴 주고 믿어주며 격려해주는 사람이라는 단순한 진리를 잊지 않도록 주의하라. 훌륭한 멘토는 당신이 함께 있고 싶어하고 당신보다 경험이 많으며 당신이 인생에서 성공하도록 돕기를 좋아하는 사람이다. 그는 다른 사람들이 매일 무심코 지나치는 정서적인 부분에서 당신이 성숙하도록 돕는다. 만일 그런 사람을 발견했다면 당신은 멘토를 발견한 것이다.

1. 당신에게 솔직한 사람이다.

2. 본받을 만한 귀감이 되는 사람이다.

3. 깊은 유대 관계가 있는 사람이다.

4. 공개적이고 솔직한 사람이다.

5. 교사인 사람이다.

6. 당신의 잠재력을 믿는 사람이다.

7. 당신의 꿈을 파악하고 그 꿈을 현실로 바꾸는 계획을 세울 수 있는 사람이다.

8. 당신이 보기에 성공한 사람이다.

9. 당신을 가르치는 것은 물론이고 당신에게 배울 자세가 되어 있는 사람이다.

10. 자신의 일이 아닌 당신의 일정을 우선적으로 여기는 사람이다.

D. 멘토가 보는 멘토리: 어떤 사람을 나의 멘토리로 정할 것인가? (밥 빌, 『멘토링』, 도서출판 디모데).

멘토리는 우리가 삶의 에너지를 투자할 가치가 있다고 여기는 사람들이다. 그들이 한밤중에 어려움이 있어 전화를 하는 것은 귀찮은 일이라기보다는 신뢰의 표시이다.

1. 믿을 만한 사람이다.

2. 쉽게 좋아할 수 있고 자연스럽게 시간을 함께 나눌 수 있는 사람이다.

3. 계속 도와주고 싶은 사람이다.

4. 가족 같은 사람이다.

5. 배울 자세가 되어 있는 사람이다.

6. 당신을 좋아하고 사모하는 사람이다.

7. 자기동기화가 되어 있는 사람이다.

8. 당신과 함께 있는 것을 편하게 여기는 사람이다.

9. 내가 없이는 성공하기 힘든 사람이다.

IV. 결론: 다음 세대를 위한 멘토링의 적용

"나는 로렌(예수 전도단 창시자)을 통해 지도력이란 다른 사람들에 대한 지위나 신분이 아니라 사귐을 통한 영향력이라는 것을 배웠다." - 플로이드 맥클렁, 국제 예수 전도단 사역자.

위의 인용문에서도 볼 수 있듯이 멘토링은 양육방법이기보다 양육태도이다. 멘토링을 또 다른 방법론으로 제시하면 우리들 교회에서는 혼란을 가져올 수 있다. 그러나 지금까지 해온 전도나 제자 훈련의 태도를 바꾸어 멘토링의 태도 곧 섬김을 통한 '사귐의 관계'를 가진다면 다음

세대 교회는 힘을 가질 것이다.

아래의 인용문은 우리가 이미 우리 안에서 얼마든지 멘토링의 태도들을 가지고 있다는 것을 보이는 일례이다. "선교 훈련받으러 온 선교 후보생들 한 사람 한 사람을 몇 개월 동안 심혈을 기울여 돌보시는 목사님. 어린 두 아이가 있는 구역 식구를 꼬박꼬박 차로 챙겨 구역 모임에 데려갈 정도로 세심하게 살펴주시는 구역장님. 주일학교에 나온 아이가 형과 싸웠다는 이야기를 듣고 집에까지 찾아가 화해시켜 주는 교회학교 선생님 등"

위에 제시된 멘토링의 유형과 양육 태도를 결부시킬 때에 특별히 교사로서의 삶에서 적용할 수 있는 멘토링의 모습들은 무엇인가? 나열되어 있는 멘토와 멘토리의 자질을 생각할 때 머리에 떠올릴 수 있는 멘토와 멘토리는 각각 누구인가? 이러한 실제적인 질문들을 던질 때에 비로소 '제자화'라는 단어는 우리의 삶에서 시작되고, 어느 순간 몸에 밴 생활양식으로 발견될 것이다.

참고문헌

· 밥 빌, 『멘토링』(도서출판 디모데).

· 하워드 헨드릭스 『사람을 세우는 사람』(박경범 역; 도서출판 디모데, 1995), 117-134쪽.

· "차세대 양육 리더십, 멘토링이 온다" 빛과 소금 (1998년 4월호) 33-61쪽.

· Schroeder, D. E., 'Faculty As Mentors: Some Leading Thoughts for Reevaluating Our Role as Christian Educators' CEJ Vol XIII 2 (1993) pp 28-39.

· *NKJV: The Word in Life Study Bible* (Thomas Nelson Publishers, 1993, 1996).

[오늘의 만나] 신앙의 멘토링

2000년 10월 10일 (화)

찬송 : 379장 '주의 말씀을 듣고서'

예배에의부름: 요한복음 20:27~28

신앙고백 : 사도신경

본문 : 빌립보서 4:9

기도 : 하나님 아버지, 아름다운 결실의 계절을 허락해주심을 감사합니다. 더 풍성한 성령의 은혜를 주셔서 많은 영혼들이 하나님께로 돌아올 수 있게 하소서. 예수님의 이름으로 기도합니다. 아멘

요절 : "너희는 내게 배우고 받고 듣고 본 바를 행하라 그리하면 평강의 하나님이 너희와 함께 계시리라" (빌립보서 4:9)

말씀 : 과거 위대한 스승들은 제자들 중 한 두 사람을 선택해 자신의 지식과 사상을 개인적으로 사사해주었습니다. 그렇게 하는 것을 멘토링 (mentoring)이라고 합니다. 이것은 자신의 지식이나 사상이 왜곡되지 않고 순수하게 후대에 전달되게 하기 위한 것입니다. 그때 스승은 제자들의 지적 능력보다는 인간적 됨됨이를 더 중요하게 생각했고 특히 철저하게 자신의 삶을 통해 진리를 전해주었습니다.

기독교에서 가르침의 본이라고 하는 것은 다른 어느 것보다도 중요합니다. 왜냐하면 다른 것은 독학이 가능할지 몰라도 기독교 진리만큼은 누군가가 가르쳐주고 본을 보여주어야 그 지식이 온전할 수 있기 때문입니다. 예수님은 제자들을 가르치실 때 말로만 가르치지 않으셨습니다. 철저하게 본을 보여주셨습니다.

그래서 제자들은 예수님의 본을 통해 기도를 배우고 경건을 배웠습니다. 철저하게 하나님의 뜻에 자기 자신을 복종시키는 법을 배웠습니다. 사도 바울은 빌립보 교인들에게 '내게 배우고 받고 듣고 본 바를 행하라' 고 권면합니다. 이것은 사도 바울에게 배운 그대로 신앙 생활을 하라는 뜻입니다. 여기서 무려 네 가지를 말합니다. 그것은 배우고 받고 듣고 본 바입니다. 이것은 철저하게 본을 통해 진리를 배운 것을 말합니다.

머리로 생각하는 것과 실제로 실천해본 것 사이에는 엄청난 차이가 있습니다. 그래서 경찰은 범인을 잡았을 때 현장 검증을 해봅니다. 현장에 가보면 거짓말인지 아닌지 금방 알 수 있기 때문입니다.

요즘 기독교를 매우 이상적으로 생각하는 사람들이 많습니다. 그래서 어느 정도인가 하면 교회에 적응을 하지 못할 정도입니다. 그 이유가 무엇입니까. 머리로만 진리를 배웠기 때문입니다. 기독교는 이상이 아니고 철저한 삶입니다. 교회는 늘 크고 작은 문제들이 있으며 어려움들이 있게 마련입니다. 그런 가운데 한 사람 한 사람이 변화되고 새로운 삶을 배워나가는 것이 기독교입니다.

이는 곧 우리들이 걸어다니는 작은 교회가 될 수 있다는 것입니다. 세상 사람들은 우리 믿는 사람을 보고 기독교의 전부를 판단하려 하는 경향도 있기 때문입니다. 믿음이 성장하면 그게 잘못된 것이라는 것을 알게 되지만 말입니다.

특히 교회 안에서 먼저 믿은 사람들이 자기 자신을 솔직하게 개방해 인격적으로 다른 사람들을 만나주고 인도해줘야 합니다. 우리는 진리를 하나씩 체험해가면서 배우는 것이 대단히 중요합니다. 왜냐하면 바로 삶에 적용시킬 수 있는 산 가르침이 되기 때문입니다. 우리 모두 올바른 신앙을 가져 믿음의 스승이 됩시다.

기도 : 주여, 저희에게 좋은 믿음의 스승을 허락해주심을 감사합니다. 진리에 흔들리지 않고 날마다 닥치는 어려움을 지혜로 잘 이기게 하소서. 예수님의 이름으로 기도합니다. 아멘.

주기도문 / 김서택 목사 〈대구동부교회〉
영적 자녀 양육 '멘토링' 관심

[기타] 2000년 09월 26일 (화)

최근 한국교회에 멘토링(Mentoring)에 대한 관심이 높아지고 있다.
멘토링은 자신을 낮추고 때론 리더십 상실의 우려를 극복해야 한다.
이와 관련, 미국의 기독교 잡지 Ministry Today는 최근호에서 성공적인 멘토링을 위한 12가지 법칙을 언급했다. 15년 동안 셀교회를 담당하며 기독 리더를 배출하는데 노력했던 래리 크라이더 목사가 제시한 법칙을 살펴본다.

1)기도의 중요성을 인식하라 – 멘토는 영적 자녀를 위해 기도해야 한다. 그들을 위해 구체적으로 기도하고 그들이 하나님의 말씀을 사모해 죄를 피하고 이길 힘을 주도록 기도해야 한다.

2)멘토링이 단기적일지 장기적일지를 결정하라 – 자녀가 결혼을 하면 독립을 하게 되듯, 결국 언젠가는 멘토십의 수혜자가 멘토에게서 독립하게 될 것이다.

3)약점을 보이기를 주저하지 말라 – 멘토는 그들의 삶을 열어야 한다. 멘토의 삶이 투명할 때 영적 자녀는 그들의 싸움이 혼자만의 것이 아니라고 느끼며 힘을 얻는다.

4)영적 자녀를 그리스도에게 집중토록 하라 – 멘토는 영적 자녀를 단지 예수 그리스도께 이끌어 주는 것에 불과하다는 것을 명심해야 한다. 영적 자녀들이 예수 그리스도를 통해 삶의 결정을 내리도록 해야 한다.

5)중요한 질문을 하는 것을 배워라- '당신과 예수님과의 관계는 어떠합니까' 등 영적 자녀들에게 중요한 질문들을 수시로 던져야 한다. 그런 질문들은 영적 자녀들에게 건강한 동기를 제공할 것이다.

6)정기적인 접촉을 하라 - 영적 자녀들과 정기적으로 접촉하며 영향력을 줘야 한다. 만일 자주 만나기 어려울 때는 영적 자녀에게 도움이 될 만한 신앙서적이나 설교테이프를 추천하라.

7)적절한 거리를 유지하라 - 만일 멘토십의 수혜자가 하나님보다 멘토를 더 의존하게 된다면 그 관계는 건강하지 않을 수 있다. 하나님과의 관계를 밀접하게 할 수 있도록 지혜를 가져야 한다.

8)갈등을 잘 다루라 - 멘토십은 관계의 부적절한 갈등으로 인해 지속하기 어려울 때가 있다. 갈등의 뿌리를 인식하며 영적 자녀의 마음에 쓴 뿌리가 자라나지 않도록 하라.

9)영적 자녀들에게 힘을 부여하는 것을 배우라 - 섬기는 리더는 그들의 능력을 다른 이들과 나누어 다른이들을 강하게 하기를 즐겨한다. 영적 자녀의 능력이 커져 자신의 권위가 상실되는 것을 두려워해서는 안된다.

10)영석 자녀들은 멘토를 축복해야 한나 – 영적 자녀들은 멘토들에게 카드나 직접적인 말로 감사하며 축복해야 한다.

11)변화는 언젠가 일어난다는 것을 명심하라 – 멘토는 그들의 영적 자녀가 언젠가는 변화를 받아 또다른 영적 자녀를 훈련시킬 수 있다는 사실을 기대하며 인내해야 한다.

12)멘토는 훈련시키는 영적 자녀에게 사역을 넘겨줄 수 있어야 한다 – 멘토는 적절한 시기에 영적 자녀들에게 사역을 넘겨줘 그것이 다음 세대로 전달될 수 있도록 해야 한다. 그들이 새로운 것을 시도해 보고 성공을 맛볼 수 있도록 해주는 것이 중요하다.

/이태형기자 thlee@kmib.co.kr

[멘토링 목회현장] LA로고스교회…
'뿌리깊은 영성' 고국에 명성

2000년 05월 31일 (수)

미국 로스앤젤레스 패사데나의 한인교회인 로고스교회는 영성목회를 통해 미국은 물론 한국에도 은은한 영향력을 나타내는 교회다.

'영성' 이란 단어가 함축하듯 교회를 담임하는 강준민 목사(45)를 비

롯, 4백70여명의 장년 출석성도들이 외면적인 화려함보다는 그리스도
와의 깊은 교제를 통한 내면적 풍요를 추구하고 있다.

최근 강목사의 『뿌리깊은 영성』『뿌리깊은 영성으로 세워지는 교회』
등 영성관련 책자들이 베스트셀러가 되면서 하이테크사회에서 내면적
하이터치를 강조하는 영성의 추구는 21세기 한국교회의 새로운 패러다
임이 되는 듯한 느낌이다. 태평양 건너 로고스교회라는 창립된지 11년
된 아담한 교회가 한국교회의 주목을 받을 수 있는 것은 바로 강목사와
전 성도들이 영성을 통한 변화와 갱신을 추구하고 있기 때문이다. 책 제
목처럼 뿌리깊은 영성으로 세워지는 교회는 바로 로고스교회가 추구하
는 바람직한 교회상이다. 수도원운동이 중세를 지킨 것과 같이 로고스
교회의 영성운동이 미국내 한인사회는 물론 세계를 변화시키지 말란 법
이 없다.

로고스교회의 영성목회는 목회자들과 성도들의 발전적인 변화를 추
구한다. 중요한 것은 계도가 아니란 점이다. 보여주는 것이다. 목회자
자신의 우선적인 변화를 통해 성도들의 삶의 변화를 추구하는 것이 로
고스교회가 지향하는 영성목회다. 예수 그리스도의 순종으로 인해 인류
가 구원을 받은 것 처럼 한사람의 변화와 성숙이 세계를 정화시킬 수 있
다고 믿는 목회다. '그리스도의 제자가 되어 세상을 변화시키는 교회'
라는 캐치프레이즈는 로고스교회의 철학을 반영하고 있다.

로고스교회의 14명의 교역자들은 내주 수요일마다 멘토링을 통해 서로의 변화를 추구한다. 고대 그리이스의 오딧세우스가 트로이 전쟁에 출정할 때 아들 텔레마쿠스를 멘토라는 이름의 친구에게 맡겼고 멘토는 10년동안 텔레마쿠스의 안내자와 상담자, 후원자가 됐다는 데서 나온 멘토링은 로고스교회 교역자, 성도들의 성장을 위한 중요한 작업이다. 강목사 스스로 과거 이동원 목사(지구촌교회) 등 영적 멘토를 통해 성장했기에 멘토링에 대한 관심이 높다. 구조와 조직이 아니라 멘토링을 통해 사람을 키우는 것은 로고스교회를 크지 않지만 빛나는 교회로 만들고 있다.

목회자들과 함께 성도들은 큐티를 생활화하고 있다. 깊은 말씀 묵상을 통해 하루와 인생을 계획한다. 강목사는 영성의 강화를 위해 독서를 강조한다. 스스로 책과 함께 살고 있는 강목사는 한달에 5권정도의 책을 성도들에게 소개하며 읽을 것을 강조하고 있다. 이같은 작업을 통해 성도들은 변화와 성숙에 대한 소망을 지니게됐고 내면의 충만함과 존재의 넉넉함을 배웠다.

영성과 함께 로고스교회가 강조하고 있는 것은 리더십 개발이다. 성도들의 잠재된 리더십을 개발시켜 목회의 든든한 동력으로 사용하고 있다. 영성이 존재의 문제라면 리더십은 과업성취의 문제다. 로고스교회가 추구하는 영성은 세상과 단절된 영성이 아니라 일상적 삶 속에서 불끈 솟아오르는 생기있는 영성이다. 올바른 영성이 갖춰질 때 참된 리더십이 발휘된다고 믿고 있다. 마음의 저수지에 영성의 강물이 넘쳐날 때 세상을 변화시킬 리더십이 나온다는 강목사의 저수지 목회론을 성도들은 실천했다. 교회는 영성 개발원과 리더십 개발원을 운영하며 균형있는 삶을 전파하고 있다.

성장과 교회건축을 추구하지 않았으나 변화된 성도들은 건강한 성장을 위해 기도했고 최근 아름다운 교회를 구입하면서 교회는 안정된 기반을 마련했다. 사실 지난 시절 로고스교회에는 현재의 아름다움에 가려진 고통의 그늘들도 적지 않았다. 강목사가 개척초기 쓰러져 사경을 헤매기도 했다. 깊은 영적 침체를 경험하기도 했다. 당시 강목사는 하나님의 영광을 추구하며 그분의 손에 맡길 때 참 안식을 누린다는 것을 체험했다. 하나님께 신뢰하며 방법이 아닌 원리 중심의 목회, 인격 목회, 섬김의 목회, 더불어 함께하는 목회를 전개하면서 로고스교회의 뿌리는 깊게 내려졌다. 여기에 영적 성숙을 통한 변화의 꿈이 더해졌다.

로고스교회는 군림하기보다는 섬기기를 원한다. 존재 자체에 급급하지 않고 한인사회는 물론, 조국교회를 섬기기를 원한다. 강목사는 "개인적으로도 하나님이 은혜를 주시면 목회자와 성도지도자들을 섬기고 싶다"라고 말했다.

영성목회, 인격목회를 통해 진정한 부흥을 추구하는 로고스교회가 생존지향적이고 외면지향적 삶에 익숙해진 한국교회에 던져주는 메시지에 귀기울여야 할 때다.

/LA=이태형기자thlee@kmib.co.kr

구역에서의 멘토링

김덕주 목사

교회에서의 구역은 아주 중요한 역할을 한다. 그런데 구역은 그 중요성에 대해서 잘 인식을 못하고 있는 실정이다. 구역에서의 구역 예배는 교회에서의 대예배와 동일한 중요성이 있는 곳이다.

구역(사랑방, 목장, 셀 그룹 등 표현)은 교회의 강력한 조직이라 말할 수 있다. 이 조직에서 하나님이 원하시는 대로 모임이 이루어 진다면 구역은 물론이며 교회에까지 풍성한 열매를 맺게 될 것이다. 그만큼 구역은 교회에서 중요한 위치에 있다.

우리는 구역에서 일어나는 일들에 대해서 구체적으로 알아 보면서 이것을 멘토링 관점에서의 자연스런 접목을 하려한다.

구역은 관점과 강조점에 따라서 다르겠지만 공통적으로 구역에서는 관계, 돌봄과 섬김, 양육, 본이 되는 것, 사역 그리고 행정이 필요하다, 구역에서 자연스럽게 일어나는 현상을 열거를 해보았다.

1. 관계

구역에서는 관계의 상황들이 아주 잘 일어나는 모임이다. 이 구역에 좋은 관계가 형성되고, 좋은 교제가 이루어지면 성공적인 구역이 될 수 있을 것이다. 구역에서는 아직 일어나지 않은 일을 미리 염려하고 걱정하며 속상하고 억울한 이야기들이 쏟아진다. 또 다른 쪽에서는 맞장구를 치고 어정어린 훈계도 있다. 이런 면에서 마음을 풀고 또 교훈을 얻는다.

우리의 삶 속에서 있었던 이야기들, 남편과 자녀 이야기, 요리에 관한 이야기 등 평범한 삶을 나누면서 서로 친밀감을 형성하고 좋은 관계형성을 할 수가 있다. 그런가 하면 구역에서 관계가 잘못 되는 경우도 상당히 많이 있다.

구역에서 놀고 즐기는 쪽으로 그 분량을 많이 하는 구역이 있는가 하면, 민속놀이(화투)등을 접목하여 좋지 않은 방향으로 가는 경우도 종종 일어 난다. 구역의 모임은 편안하고 염려와 격려, 위로가 살아 움직이는 곳 이어야 한다.

구역에서의 구역예배는 여성도들의 정신건강에 큰 몫을 하는 곳 이어야 하며, 늘 웃음과 위로, 격려, 사랑 등 멘토링 관계가 자연스럽게 일어나는 곳이어야 한다. 물론 이런 식이든 어떤식이 되든지 구역운영을 성공적으로 잘 하는 교회는 성공적인 목회가 될 것이지만 그렇지 않다면 한 번 정도는 구역을 점검하고 제정비하여 관계형성이 잘 이루어질 수 있는 구역에서의 멘토링을 접목해 볼 필요가 있을 것이다.

2. 돌봄과 섬김

구역에서 희생이 없는 관계는 진정한 관계가 아니다. 구역에서의 희생은 참으로 어려운 문제이다. 자칫 잘못되면 어려운 문제들에 봉착하는 경우들이 많다. 심사숙고하며 사랑을 가지고 좋은 멘토링 관계가 일어 나야 한다.

성도 중에는 도움이 필요로 하는 성도가 있다. 이것은 사랑을 표현 할 수 있는 절호의 기회 된다. 임신과 해산으로 힘들어 하는 성도를 위해 맛있는 음식을 만들어 나누는 일, 사고를 당하거나 가까운 사람의 죽음을 겪는 분을 위로 하는 일, 가정에 문제가 생겨 어려움을 겪는일, 이혼의 문제로 가슴에 상처를 받은 성도를 위로하는 일, 자녀의 문제로 고민하고 서로 상담 할 수 있는 일들, 또 필요에 따라서 성도의 자녀를 대신 돌봐 주는 일, 서로를 위해 중보 기도를 해주는 일 등 몸 된 지체로서 마땅히 해야 할 일 들이다. 만약 구역 안에서 이런 돌봄과 섬김이 없다면 어디서 사랑을 느끼며 어디서 공동체 의식을 발견 하겠는가.

구역 식구들이 신체적, 물리적, 정서적 필요를 채워주는 것은 당연한 일이며, 이러한 돌봄과 섬김이 잘 이루어 지는 구역이 된다면 하나님 나라의 큰 영광을 얻을 것이다. 그리고 건강한 구역으로서 자리 메김이 될 것이며 더 나아가서는 건강한 교회가 될 것 이다.

3. 양육

교회에서의 구역은 훌륭한 양육 멘토링의 현장이다. 구역을 양육 멘토링의 현장으로 최대한 활용을 하여야 할 것이다. 대부분 구역을 보면 구역자체가 힘이 없고 은혜가 없다.

구역에 있어서 구역장은 양육 멘토로서의 역할을 충분히 감당을 하여야 한다. 작은 목자로서 그리고 영적인 인도자로서, 구역장의 역할은 교회의 양육 멘토링의 핵심이 되어야 한다.

아마도 양육은 구역에서 일어나는 일 중에서 가장 중요한 것이다. 그런데 구역장도 양육을 받아 보지 못하였기 때문에 양육을 어떻게 하는 것인지 잘 몰라 대개 구역공과 그 자체만으로 읽고 답하는 형식으로 진행 되어지는 것을 볼 수 있다. 또 어떻게 보면 성경 공부식이 되어버리는 현상도 일어 나고 있다.

구역에서 이런 현상이 일어 나는 것은 계속 적으로 선배들이 그렇게 해왔기 때문에 후배들도 똑같이 하는 것이다. 그리고 교회에서도 매주 구역장 교육을 하는데 공과에 대한 설명과 방법들을 가르치고 있지 구역에서의 양육과 운영방법 들은 교육을 못하고 있는 현실이다.

깊이 있는 성경공부는 훈련단계에서 실시해야 하고 양육에서는 말씀을 통해 양육과 교제, 관계개발 등이 주요 목적이 되어야 한다.

대개는 교회에 따라서 주제별 성경공부, 책별 성경공부, 혹은 지난 주 말씀에 비추어 적용하는 방법, 등이 다양하다. 물론 이런 자료를 통해서 양육하는 것은 좋은 현상인데 성경공부의 중심으로 되기 때문에 문제가 있는 것이다.

구역의 모임은 개인마다 영적 성장의 격차가 있기때문에 공부 중심이 되면 효과가 떨어 지는 것이다. 구역에서는 귀납적 성경공부로 그리고 관계와 양육 중심으로 진행되어 진다면 좋을 것이다. 구역은 가족개념 (Family System)임을 잊어서는 안 된다. 궁극적으로 마음과 생각, 또 삶의 구석구석까지 하나님의 다스림을 받을 수 있도록 하여야 한다.

구역원들의 개개인이 하나님과 어떤 관계를 가지고 있는지 민감하게 살펴보며 그들의 삶이 하나님의 다스림을 받도록 도와야 한다. 그러므로 구역장 역시 멘토로서의 충분한 자기 양육과 훈련이 되어야 한다.

특히 구역장은 구역식구들을 바라볼 때 가장 중요시 하는 것은 그들이 하나님과 개인적인 관계를 맺고 삶의 각 영역에서 하나님의 다스림을 받도록 도와야 한다. 구역 식구들을 만나는 것은 일주일에 한번 두 세 시간 정도이지만 할 수만 있다면 특별한 관심과 관계를 위해서 만남의 시간을 늘릴 수도 있다. 그리고 그들을 위해 기도 할 수 있어야 하며, 구역 식구 한 사람 한 사람 이름을 부르면서 간절히 기도 할 수 있어야 한다.

구역 예배는 총 2-3시간 정도 소요 하는데 만남의 관계를 위해서 차와 다과를 나누면서 (혹은 식사) 그 동안 자신들의 삶의 이야기를 나누고, 말씀과 기도 시간을 통해 느낀 은혜, 그리고 순종 했을 때의 기쁨을 나눈다. 그러면 서로 마음의 문을 여는 시간이 될 수 있고 다음에 예배를 통하여 순서를 진행하며, 교재를 가지고 말씀을 나눌 때 귀납적 방법으로 말씀을 나누고 이때 구역장이 구역 식구들의 이름을 불러 가면서 기도를 해주면 더욱 은혜스러울 것이며 찬양을 하며 힘을 얻을 수 있는 은혜 충만한 구역 예배가 될 수 있도록 하여야 한다.

이렇게 구역을 통하여 양육을 받을 때 비로소 그들도 다른 사람을 돌보고 양육 할 수 있는 역량이 개발 되는 것이다. 구역장은 맨토로서 구역원들을 멘토로 양육시켜야 하며, 또 그들은 다른 멘티들을 찾을 수 있도록 하여 멘토로 양육 시킬 수 있도록 해야 한다.

4. 본이 되는일

바울은 성도들의 본이 되었다. 구역에서도 식구들은 서로에게 본이 되어야 한다. 특히 구역장은 본이 될 수 있어야 한다. 물론 본이 되는 일은 가장 어려운 일이다.

예수님을 본 받았다고 자신 있게 말한 바울 자신도 때때로 사역에서 실패를 경험 하기도 했고 절망 하기도 했다. 그러나 바울은 해산의 수고를 아끼지 않고 그리스도를 닮아 가려고 힘썼다. 마찬가지로 우리는 그리스도 처럼 살수는 없다. 다만 우리는 원본 이신 예수님을 본 받기 위해서 매일 노력할 뿐이다. 하나님은 그 노력과 중심을 보신다. 특히 구역장이 본이 되지 못하면 구역은 결국 실패하고 말 것 이다.

하나님은 우리 주변에 훌륭한 신앙의 선배들을 통해서 그들의 삶을 통해 본이 되게 하시어 우리에게 영향력을 미치게 한다. 남을 미워하는 자신을 발견 할 때 하나님 앞에 엎드려 마음을 찢고 애통하는 선배, 남을 위해 섬김의 삶을 사는 선배, 복음을 완전히 지배 당하는 삶을 위해 몸부림 치는 선배, 억울한 일이 있어도 그리스인답게 처신 하는 분, 이러한 신앙의 동지, 선배를 통해 우리의 삶에 영향력을 주신다.

우리는 가르침 자체보다는 살아 가는 사람들을 통해 더 변하는 것 같다. 구역식구의 허물을 끝까지 덮어 주려고 노력하는 따뜻한 마음을 갖는 성도, 자녀를 신뢰하며 욕심 부리지 않고 편안한 마음으로 양육하는 성도, 어려운 사람을 헌신적으로 돕는 성도, 겸손한 마음으로 말없이 성도들의 필요를 채워 주는 구역장.

우리는 이런 면에서 본이 되려는 사명감을 가지면 좋겠다. 굳이 말로 하지 않아도 서로의 삶 속에서 본이 되는 모습을 보여 줌으로써 성숙한 구역 공동체로 자랄 수 있을 것이다.

5. 사역

구역에서 일어나야 하는 또 하나의 중요한 일은 사역이다. 복음이 땅 끝까지 전하도록 전도하고 선교하는 일과 우리에게 사랑하라고 맡겨 주신 어려운 자들을 섬기는 일은 구역 단위로 일어나야 한다.

주변에 있는 전도 대상자 들을 위해 함께 기도하고 직접 전도하기 위해 힘과 지혜를 모을수 있다. 또 구제 할 수 있는 가정이 있다면 기도 제목을 갖이고 중보 기도를 할 수 있고, 명절이나 크리스마스 때 작은 선물과 격려와 편지를 보내는 일은 그들에게 큰 힘이 되고 위로와 격려가 될 것이다. 혹시 어린 자녀들이 있으면 그들에게 맞는 책이나, 기타 유익한 것들을 보낼 수도 있다.

구역이 하나의 작은 교회로서의 역할을 할 수 있어야 한다. 구역에 맞는 행사들을 할 수 있다. 지역 사회 내의 어려운 사람들을 위해 구역 식구들이 봉사를 하면 매우 보람이 있다. 고아원과 자매 결연하여 한 달에 한 번씩 아니면 분기에 한 번 정도 할수 있는 정도의 시간을 정하고 또 구역 식구들이 가까운 양로원에 가서 노인들을 섬기거나 소년소녀 가장들을 위해 도시락을 싸 줄 수도 있을 것이다. 이 외에도 찾아보면 구역에서 할 수 있는 사역들이 많이 있다. 일주일에 두세 시간만 이웃을 섬기기로 마음만 먹으면 가능한 일이라 생각 한다.

이러한 구역에서의 사역은 시간을 빼앗고 마음을 지치게 하는 것이 아니라 무엇보다도 하나님께서 사랑하라고 하신 명령에 순종하는 기쁨을 누리게 하므로 오히려 구역에 활력을 주는 좋은 계기가 될 것 이다.

이런 사역들이 구역단위로 한다면 더 큰일도 할 수 있고 교회의 행정이나 특정 위원회가 각 구역과 지역 사회를 연결해 준다면 더 큰 효과가 있을 것이다.

6. 행정

구역은 교회의 가장 기본적이고도 영향력있는 조직이므로 필요한 행정을 적극적으로 감당 하여야 한다.

구역에서 일어나는 여러 종류의 일들을 육하원칙에 의해 잘 기록하고 교회에 보고하며 구역 자체에 기록을 잘 남겨 둠으로써 차기 구역장이나 후배들이 연속해서 구역의 일을 잘 해간다. 가능하면 세부적인 행정이 되었으면 한다. 증거 자료(사진, 비디오 등)을 남길수 있다면 더욱 좋을 것이다.

이런 행정을 통해서 교회의 관리 지도를 받으면 더욱 충만한 구역이 되며 타 구역에도 본이 될 수 있고 나아가서는 교회에 큰 힘이 될 수 있을 것이다.

구역에서의 멘토링을 몇 가지로 분류하여 소개하였다. 종전에 구역의 운영 형태를 변화하여 구역에서의 확실한 멘토링 관계가 일어난다면, 구역의 성장, 교회의 성장 결국 하나님 나라의 비전을 지역사회에 널리 알리는 충분한 계기가 되리라 생각 한다.

이제는 구역이 침체되어서는 아니 된다. 활기를 되찾고 하나님의 영광을 나타낼수 있는 구역의 부흥역사가 새롭게 일어나야 한다.

이런 새로운 부흥의 역사가 구역에서부터 일어나야 한다. 멘토링은 이런 새로운 구역의 부흥역사를 만들어 내는데 크게 도움이 되리라 믿는다.

좋은 만남, 좋은 멘토

이 선 목사

좋은 만남은 아름답다.

미국과 수교하는 모든 나라들에게 재일 먼저 들어가는 것이 코카콜라와 맥도널드 식당이다. 세계 어느 곳에 가나 노란색 바탕에 빨간색으로 M이라고 쓰여있는 식당이 맥도널드인데 이 맥도널드는 형제에 의해 만들어졌다. 이 식당이 세계 속의 맥도널드가 된 것은 밀크쉐이크를 파는 햄버거 식당을 하던 이들 형제에게 어느 날 레이콕이 라는 사람이 방문하면서 부터 이다. 레이콕은 중학교 중퇴 후에 디스크 자키, 부동산 중개업, 세일즈업 등 수없이 직업을 바꾸다가 52세 되던 해 맥도널드 형제가 운영하는 햄버거 집에서 이 햄버거 집을 전국에 체인점으로 연결하면 좋겠다는 생각을 했다는 것이다. 당시는 패스트푸드(fast food)라는 개념도 없었고 프랜차이즈(franchise)라는 개념도 없을 때인데도 그는 패스트푸드(fast food) – (즉석에서 음식을 만들어 주는 것)을 개척했고, 체인점이라는 새로운 개념을 만들어 오늘날 맥도널드라는 유명한 식당이 전 세계적으로 퍼지는 역사가 일어난 것이다. 헬렌 켈러 라는 위대한 인물이 있기까지는 배경도 알고 보면 '설리번' 이라는 스승이 있었기 때문이다. '설리번' 은 정신병원에 입원했고 그는 아무도 자기를 이해해 주지 않으며 자신은 아무것도 할 수 있는 능력이 없다고 생각하는 사람이었다. 그런데 그녀는 한 간호사의 지극한 사랑을 통해 회복되고, 자기도 무엇인가 할 수 있는 일이 있을 것이라고 생각하게 되었다고 한다. 그래서 설리번은 간호사가 지극 정성으로 자신을 돌봐 주었듯이 어딘가에 나의 도움이 필요한 사람이 있을 것이라 여겨 도울 사람을 찾게 되었고 이때 만난 사람이 바로 헬렌 켈러이며 설리번이 지극 정성을 드려 헬렌 켈러를 만들어 냈다는 것이다.

인간은 한 세상을 살면서 어떤 시대에서 어떤 사람과 사는냐가 중요하다. 요즘 시대를 일컬어 포스트모더니즘 시대라 한다. 포스트모더니즘이란?

①질서와 규격을 무시하는 것이다. 질서가 없으면 혼돈과 혼란일텐데 이들은 예술 문학 등에서 질서와 규격을 무시한다.

②진리를 상대화한다. 즉 절대적인 진리는 없고 모든 것이 상대적이기 때문에 이것에는 이것이, 저것에는 저것이 진리가 될 수 있다는 것이다.

③진리는 사람들이 주관적으로 느끼는 것이 진리이니 내 멋대로 행동해도 되는 것이다. 그러므로 포스트모더니즘 시대는 스승이 없다. 삶의 기준이 없다. 그러나 창조하신 하나님은 규격이 있고 법칙이 있다. 옳은 스승 옳은 친구를 만나 좋은 만남을 통해 바른길과 바른 인생이 열리기를 기도한다.

"요나단과 병기 든 자의 멘토링 모델"

"요나단이 자기 병기 든 소년에게 이르되 우리가 이 할례 없는 자들의 부대에게로 건너가자 여호와께서 우리를 위하여 일하실까 하노라 여호와의 구원은 사람의 많고 적음에 달리지 아니하였느니라 병기 든 자가 그에게 이르되 당신의 마음에 있는 대로 다 행하여 앞서 가소서 내가 당신과 마음을 같이하여 따르리이다"(삼상 14:6,7).

지금 한국과 미국과 일본은 북한이 대포동 미사일을 발사하지 못하도록 막후에서 당근과 채찍 정책을 번갈아 사용하고 있습니다. 북한이 대륙간 탄도 미사일을 보유하게 되는 것이 주변국에게 큰 위협이 되기 때문입니다. 마치 어린아이에게 총을 맡긴 것처럼 불안하게 생각하고 있습니다. 과거에 북한의 전례를 봐서 불안해하는 것도 무리는 아닙니다. 고성능 무기를 가진 자는 실전에서 써먹고 싶어 하는 심리가 있기 때문입니다. 그래서 전쟁예방의 차원에서 주변국들이 북한을 설득하고 있는 것입니다.

구약 성경을 보면 이스라엘이 많은 전쟁을 치른 것을 알 수 있습니다. 그런데 이스라엘 백성들은 공격전의 개념보다도 이방 민족들의 침략을 받을 때 방어하는 방어전의 성격이 매우 강합니다. 본문에서도 보면 사울 왕 당시에 이웃 블레셋 민족이 이스라엘과 싸우기 위해서 벧아웬 동편 믹마스에 진을 쳤습니다. 이 때 블레셋의 병력 규모가 "병거가 삼만 이요 마병(馬兵)이 육천, 백성은 해변의 모래와 같이 많더라"(13:5절)라고 했습니다. 이스라엘 백성들은 전의를 상실했습니다. 병사 숫자로 봐도 안 되고 전력으로 봐도 안 되고 무기로 봐도 도저히 싸울 수 없는 그런 상황이었습니다. 그런 상황이니 이스라엘 백성들의 간담은 녹아서 저마다 도망가기 급급했습니다. 성경에 보니 이스라엘 백성들이 굴에도 숨고, 바위 틈에도 숨고, 수풀에도 숨고, 은밀한 곳에도 숨고, 웅덩이에도 숨고, 사람 몸을 숨길 수 있는 데는 남기지 않고 찾아들어 가서 숨어버렸습니다.

사울 왕은 '이런 상태로 전쟁할 수 없다' 생각하고는 부랴부랴 군대랍시고 병사들을 모으니 고작 600명에 지나지 않았습니다. 그런 병력으로는 도저히 적과 싸울 수가 없었습니다. 또 그나마 무기를 살펴보니 제대로 된 무기가 하나도 없었습니다. 창과 칼이 없는 것입니다. 어떻게 해서 이런 현상이 일어났습니까? 블레셋이 미리 이스라엘 백성들에게서 창과 칼을 전부 걷어가 버린 것입니다. 다 노략질해간 것입니다. 그리고 그것을 만들어 내는 철공소의 철공들을 전부 다 붙잡아 가버렸습니다. 이스라엘 나라에 있는 무기를 다 합쳐 보니 딱 칼 두 자루밖에 없었습니다. 사울 왕 본인 것 하나하고 그리고 그 아들 요나단 왕자가 가지고 있는 한 자루 외에는 칼이 전혀 없었습니다. 이런 상황에서 무슨 전투를 하겠습니까?

그런데도 불구하고 이 요나단과 병기 든 소년이 적진으로 뛰어들어 대승을 했습니다. 어떻게 승리할 수 있었을까요? 그것은 이 두 사람, 곧 멘토인 요나단과 멘티인 병기 든 자의 하나됨 덕분이었습니다. 본문의 멘토와 멘티의 관계에서 몇 가지 교훈을 받도록 하겠습니다.

첫째로, 멘토는 믿음이 있어야 합니다.

요나단은 믿음이 있는 멘토였습니다.
어떤 믿음입니까?
"요나단이 자기 병기든 소년에게 이르되 우리가 이 할례 없는 자들의 부대에게로 건너가자 여호와께서 우리를 위하여 일하실까 하노라 여호와의 구원은 사람의 많고 적음에 달리지 아니하였느니라"(6절).
'전쟁의 승리는 무기의 많고 적음이나 사람 수의 많고 적음이 아니라 하나님이 함께 하시느냐 아니냐에 달려 있다' 라는 믿음을 가지고 요나단은 적진으로 가자고 말한 것입니다.

14장 12절에도 보면 "요나단이 자기 병기 든 자에게 이르되 나를 따라 올라오라 여호와께서 그들을 이스라엘의 손에 붙이셨느니라"고 확신 있는 믿음을 보입니다. 이스라엘 손에 붙이셨다는 것은 블레셋을 이스라엘 손에 위임했다는 겁니다. 위임된 것은 마음대로 할 수가 있는 것입니다. 그 위임된 권한을 가지고 '이 블레셋은 내 손 안에 있다. 이스라엘 백성들이 어떻게 하느냐에 따라 달려 있다' 하는 그런 확신을 가지고 있었습니다.

이것은 하나님께서 주신 용기요, 하나님께서 주신 믿음입니다. 요나단은 이 전쟁은 하나님께 속했음을 확신했습니다. 하나님께서 함께 하신다는 믿음이 있었던 것입니다. 그래서 요나단은 싸우면 반드시 이기리라고 확신했습니다.

'하나님께서 맡기셨기 때문에 싸우면 반드시 이긴다. 환경을 바라보지 말자. 내 모습을 바라보지 말자.'

계산적으로는 안 됩니다. 전술적으로도 안 됩니다. 그러나 하나님께서 함께 하시면 그런 것들은 문제가 안 됩니다. 그래서 요나단은 믿음으로 나갔던 것입니다.

오늘 우리들도 마찬가지입니다. 우리 주변의 환경을 돌아보면 도저히 안될 것 같습니다. 전자계산기를 두드려 보면 더더욱 안될 것 같습니다. 뭘로 보나 도저히 안 될 것 같습니다. 그러나 우리가 그런 마음을 갖기 전에 '하나님께서 나와 함께 하신다. 하나님이 약속하셨다' 는 사실을 알고 믿음으로 나아갈 때는 환경도 변화시키고 기적도 일으키는 놀라운 역사를 우리가 체험할 줄로 믿습니다.

이렇듯 멘토에게는 믿음이 있어야 합니다. 멘토가 믿음이 없다면 멘티를 이끌 수도, 하나님의 뜻을 함께 이룰 수도 없는 것입니다.

또한 요나단은 멘토로서 말로만이 아니라 자기 스스로 앞장서서 본을 보여줬습니다. 그게 바로 멘토링의 핵심입니다. 자기가 앞장서서 "나를 따르라" 하면서 "너는 내가 하는 대로 나를 따라와서 이 일을 함께 하자"라고 나아갈 때에 그것을 통해서 하나님의 역사가 일어나는 것입니다. 우리 예수님도 제자들을 부르실 때에 "나를 따라오라 내가 너희로 사람을 낚는 어부가 되게 하리라"(마 4:19)라고 말씀하셨습니다. 멘토의 최고 모델이신 우리 주님도 친히 앞장서서 그 모든 삶의 본을 보여 주셨습니다. 당신도 구경꾼의 위치에 서 있는 것이 아니라, 믿음을 가지고 앞을 향해 나아가며 다른 사람들에게 "나를 따라오십시오"라고 인도할 수 있는 좋은 멘토가 되시기를 바랍니다.

둘째로, 멘티는 순종해야 합니다.

이 전쟁의 승리에는 요나단의 멘티, 즉 병기 든 자의 철저한 순종이 있었습니다. 14장 7절에 보면 "병기 든 자가 그에게 이르되 당신의 마음에 있는 대로 다 행하여 앞서 가소서 내가 당신과 마음을 같이하여 따르리이다"고 했습니다. 병기 든 자의 입장에서 보면 그의 멘토 요나단은 매우 무모한 전쟁을 감행하고 있습니다. 그것은 '자살 행위'와 같은 것입니다. 그런데 이 사람이 하는 말을 들어 보십시오.

"당신의 마음에 있는 대로 다 행하여 앞서 가소서 내가 당신과 마음을 같이하여 따르리이다."

얼마나 놀라운 순종입니까?

하나 밖에 없는 자기 생명 귀하지 않은 사람이 어디 있습니까? 우리는 하나 밖에 없는 생명입니다. 한 번밖에 없는 우리의 인생입니다. 나의 인생을 어디에다 드리느냐, 누구에게 드리느냐가 참으로 중요한 것입니다. 우리에겐 답이 있습니다. 바로 우리의 참 멘토이신 예수님이 계십니다. 그 주님께 이렇게 말하여야 합니다.

"주여, 주께서 앞서 가소서 내가 마음을 같이하여 따르리이다. 내가 주님을 따르리이다. 내 생명을 다하여 주님을 위해서 내 자신을 드리리이다."

이와 같은 헌신의 고백이 당신의 고백이 되시기를 바랍니다.

구약 시대 페르시아 제국 아하수에로 왕의 왕비였던 에스더가 있었습니다. 에스더는 유대인이었습니다. 그럼에도 불구하고, 하나님의 은혜로 왕비의 위치에까지 올라갔습니다. 그런데 이제 이 나라에 새로운 위기가 닥쳤습니다. 이 에스더가 속해 있던 유대 민족이 모함을 받아 완전히 멸종당하게 생겼습니다. 그래서 에스더의 외삼촌이었던 모르드개, 어린 시절부터 에스더를 키웠던 그 모르드개가 이 모함을 알고 에스더에게 부탁을 합니다. "네가 이번에 나서지 않으면 우리 민족은 다 죽게되어 있다"고 했습니다. 어린 시절부터 멘토요 부모처럼 섬겼던 모르드개의 부탁을 받자 에스더는 참으로 어려운 일이었으나 죽음을 각오하고 순종합니다.

"죽으면 죽으리이다."

이런 순종을 하나님은 크게 사용하셨습니다.

룻도 그의 멘토, 시어머니에게 철저히 순종함으로 다윗 왕가의 조상이 되었습니다.

"룻이 가로되 나로 어머니를 떠나며 어머니를 따르지 말고 돌아가라 강권하지 마옵소서 어머니께서 가시는 곳에 나도 가고 어머니께서 유숙하시는 곳에서 나도 유숙하겠나이다 어머니의 백성이 나의 백성이 되고 어머니의 하나님이 나의 하나님이 되시리니 어머니께서 죽으시는 곳에서 나도 죽어 거기 장사될 것이라"(룻 1:16, 17).

룻은 이방의 모압 여인이었습니다. 그런데 자기의 시어머니도 과부고 자기도 과부가 되었습니다. 그런데 시어머니가 마음대로 자유롭게 떠나가도록 그렇게 권면하였는데도 불구하고 멘토인 시어머니를 따라가는 삶을 선택했습니다. 바로 하나님을 믿고 하나님이 주시는 복을 사모했기에 이런 선택을 할 수 있었습니다. 이런 멘티의 결정을 하나님이 축복하셨습니다.

셋째로, 멘토와 멘티의 팀웍이 있어야 합니다.

이 전쟁에 승리할 수 있었던 것은 요나단과 병기 든 자의 팀웍이 있었기 때문입니다.

"요나단이 손발로 붙잡고 올라갔고 그 병기 든 자도 따랐더라 블레셋 사람들이 요나단 앞에서 엎드러지매 병기 든 자가 따라가며 죽였으니" (14:13).

이 두 사람이 얼마나 팀웍이 잘 맞습니까? 요나단은 블레셋 사람들을 치면서 올라가고, 또 병기 든 자는 그 쓰러진 사람들이 부상을 당해서 쓰러지니 그들을 따라가서 죽입니다. 두 사람이 전투를 하면서 손발을 잘 맞춰 하는 것을 볼 수가 있습니다. 콤비가 잘 맞는다는 얘기들을 하지요.

멘토와 멘티 사이의 팀웍을 잘 맞추면 어떤 효과가 있습니까? 시너지 (synergy)효과가 나타납니다. 시너지가 뭡니까? 상승 작용을 한다는 것입니다. 그러니깐 하나 더하기 하나는 둘이 아니라, 넷이 되게 되는 것입니다. 어떤 사람이 실험을 했습니다. 말 두 마리로 하여금 무거운 물건을 끌게 했는데 9,000파운드를 끌을 수가 있었답니다. 그런데 말 네 마리를 똑같이 끌게 했더니 30,000파운드를 끌더라는 것입니다. 말들이 똑같은 힘을 가졌는데도 불구하고 3배 이상의 힘을 낸다는 사실입니다. 이것이 바로 시너지입니다.

두 사람이 등산을 할 때 한 사람이 다른 사람이 올라가지 못하도록 자꾸 뒤에서 당기면 어떻게 됩니까? 나도 못 올라가고 그 사람도 못 올라가는 것입니다. 이런 것을 가리켜서 '물귀신 작전'이라고 합니다.

"너 죽고 나 죽자."

악이 받치면 거기까지 나갑니다. 그런데 또 어떤 사람은 경쟁 사회에서 "너 죽고 나 살자"가 목표입니다. 이것은 '도둑놈 심보'라고 할까요.

그렇지만 우리는 피차 서로 살아야 합니다. "너 죽고 나 죽자" 또는 "나 살고 너 죽자"가 아니라 "너 살고 나 살자"입니다. 하나님이 우리를 이렇게 만드셨는데, 그 원리대로 살지 못한다는 것입니다. 이것을 경영학적 용어로 하면 '윈윈(Win-Win) 전략'이라고 합니다. "너도 이기고, 나도 이긴다"는 것입니다. 너도 살고 나도 사는 것입니다. 그래야 내가 잘 된다는 것입니다. 그래서 요즘에는 직장에서도 팀 제도로 바꾸지 않습니까? 같이 잘 되게 하는 것입니다.

결혼 생활도 마찬가지입니다. 결혼 생활도 남자가 완전하지 못해서 결혼하는 것이고, 여자 혼자 완전할 수 없어서 결혼하는 것입니다. 여자가 부족한 것은 남자가 보충해 주고 남자가 부족한 것은 여자가 보충해서 한 몸을 이루도록 하나님께서 결혼을 허락하신 것입니다. 그래서 너 살고 나 살자는 것이지요. 나 혼자 부족하고 당신 혼자 부족하니까 둘이 합해 하나가 되어 서로 같이 잘 되는 '너 살고 나 살자' 는 것입니다. 그런데 부부싸움을 하게 되는 날에는 어디까지 가게 됩니까? "너 죽고 나 죽자"하며 싸우게 되는 것이지요. 이것은 둘 다 망하게 되는 일입니다. 하나님께서 우리를 그렇게 만드시지 않았습니다. 아무쪼록 부부싸움을 할 때에도 "당신 살고 나 살자" 이런 마음으로 싸워야 한다는 것입니다.

레이저 광선에서 얼마나 큰 파워가 생깁니까? 그 레이저 광선은 여러 빛을 응축시켜 놓은 것입니다. 빛 하나는 힘이 없지만, 여러 개를 모으면 거기서 아주 무서운 파괴력이 발생해서 날아가는 비행기도 쪼갠다고 하지 않습니까? 태양 광선도 그렇습니다. 이 태양 광선은 그냥 비춰지면 참 따뜻하고 만물을 살게 하지만, 빛을 모으면 어떻게 될까요? 돋보기로 빛을 모으면 거기서 큰 열이 나고 에너지가 나게 되면서 물건을 태우고 나무를 태우며 종이를 태우는 것입니다.

하나님은 빛이라고 하셨습니다. 우리는 빛의 자녀입니다. 우리는 빛의 자녀로서 세상의 빛이라고 했습니다. 빛 되신 하나님의 그 빛을 얻어 이 세상에서 한 줄기 빛 된 우리지만 개인 개인은 힘이 없습니다. 그러나 우리가 주님께서 주신 하나의 비전으로 서로 빛의 방향을 모으게 될 때에 거기서 놀라운 에너지가 나고, 기적이 일어나는 것이며, 성령의 불의 역사가 나타나는 것입니다. 누가 돋보기입니까? 예수 그리스도입니다. 예수 그리스도의 돋보기로 말미암아 우리가 한 군데로 모아지면 거기서 참으로 놀라운 능력이 나타나는 것입니다. 우리 한 사람 자체는 힘이 없을지라도, 우리가 하나님께서 주신 사명과 비전을 가지고 한 방향으로 힘을 모아서 함께 전진할 때에 거기서 나타나는 놀라운 역사는 아무도 상상할 수가 없습니다.

이것이 바로 멘토와 멘티가 하나 되어 어떤 일을 할 때 나타나는 능력입니다. 이 길을 향해서 힘 있게 달려 나가시기를 바랍니다.

■참고문헌

박 건
　1999 멘토링목회전략. 서울:나침반사

박 건
　2000 사람을 세우는 멘토링(멘티용). 서울:한국강해설교학교

박 건
　2000 사람을 세우는 멘토링(멘토용). 서울:한국강해설교학교

박 건(편)
　1998 멘토링 자료모음집(1). 서울:교회멘토링연구원

박 건(편)
　2006 멘토링 자료모음집(2). 서울:멘토링목회연구원

Clinton, Robert (이순정 역)
　1993 영적 지도자 만들기. 서울:베다니 출판사.

Hull, Bill (박영철 역)
　1993 모든 신자를 제자로 삼는 교회. 서울:요단출판사.

Maxwell, John C. (임윤택 역)
　1995 당신 주위에 있는 사람을 키우라. 서울:두란노서원.

Hendricks, Howard(박경범 역)
 1996 사람을 세우는 사람. 서울:도서출판 디모데

Hendricks, Howard and William(전의우 역)
 1996 철이 철을 날카롭게 하는 것같이. 서울:요단 출판사.

Biehl, Bobb(김성웅 역)
 1997 멘토링. 서울:도서출판 디모데

Stanley, Paul & Clinton, Robert (네비게이토 역)
 2000 인도:삶으로 전달되는 지혜. 서울:네비게이토

Anderson, Keith & Reese, Randy (김 종호 역)
 2001 영적 멘토링. 서울: IVP

Elmore, Tim (김 낙환 역)
 2001 팀 엘모어의 멘토링. 서울:진흥

Houston, James(권 영석 역)
 2002 멘토링 받는 삶. 서울: IVP

Seymour, Ian(강 헌구 역)
 2003 멘토. 서울:씨앗을 뿌리는 사람

Stoddard, David(박 경철 역)
 2005 마음으로 하는 멘토링. 서울:국제제자훈련원

Beyehaus, Peter
1964 The Responsible Church and the Foreign Mission
    Grand Rapids, MI: William B. Eerdmans Publishing
    Company.

Biehl, Bobb
1996 Mentoring. Nashville, TN: Broadman & Holman Publish-
ers.

Broom, AI, and Lorraine Broom
1983 One-to-One Discipling
    La Habra, CA: The Lockman Foundation.

Brown, Auter J.
1936 One Hundred Years
    Vol. 1. New York: Fleming H. Revell Company.

Bunge, Frederica M., ed.
1982 South Korea. Washington, DC: American University.

Choi, Bong Youn
1979 Koreans in America. Chicago, IL: Nelson Hall.

Choi, Min Hong
1978 A Modern History of Korean Philosophy
    seoul, Korea: Seong Moon Sa.

Clark, Allen D.

1971 A History of the Church in Korea

Seoul, Korea: Christian Literature Society of Korea.

Clark, Charles Allen

1937 The Nevius Plan for Mission Work Illustrated in Korea

Seoul: Christian Literature Society of Korea.

Clinton, J. Robert

1989 Leadership Emergence Theory: A Self-Study Manual

Altadena, CA: Barnabas Publishers.

1993a Handbook lll. Leadership and the Bible: Macro Studies

Altadena, CA: Barnabas Publishers.

1993b Seven Macro Lessons from Desert Leadership

Altadena, CA: Barnabas Publishers.

Clinton, J. Robert, and Richard W. Clinton

1991 The Mentor Handbook

Altadena, CA: Barnabas Publishers.

Clinton, J. Robert, and Katherine Haubert

1990 The Joshua Portrait. Altadena, CA: Barnabas Publishers.

Clinton, J. Robert, and Laura Raab

1985 Barnabas-The Encouraging Exhorter

Altadena, CA: Barnabas Publishers.

Crane, Paul S.
1967 Korean Patterns
Seoul, Korea: Hollym Corporation Publishers.

Engstrom, Ted W.
1989 The Fine Art of Mentoring
Brentwood, TN: Wolgemuth and Hyatt Publishers, Inc.

Filson, Floyd F.
1940 Pioneers of the Primitive Church
New York: The Abingdon Press.

Ha, Tae Hung
1958 Poetry and Music of the Classic Age
Seoul, Korea: Yunsei University Press.

Harvey, Youngsook Kim
1979 Six Korean Women. St. Paul, MN: West Publishing Co.

HCH (Han Kook Chul Hak Hoi)
1987 Han Kook Chul Hak Sa (History of Korean Philosophy)
Seoul, Korea: Dong Myung Sa.

Hendricks, Howard G., and William D. Hendricks
1995 As Iron Sharpens Iron. Chicago, IL: Moody Press.

Hertig, Young Lee
1991 "The Role of Power in the Korean Immigrant Family and
    Church." Ph. D. dissertation, Fuller Theological Seminary,
    School of World Mission.

Hodge, Charles
1851 "Foreign Missions and Millenarianism.
    An Essay for the Times." The Princeton Review 2:185–218.

Hulbert, Homer B.
1969 The Passing of Korea. Seoul, Korea: Yonsei University
Press.

Hunt, Everett N.
1980 Protestant Pioneers in Korea. Maryknoll, NY: Orbis
Books.

Hur, Won Moo, and Kwang Chung Kim
1984 Korean Immigration in America
    Cranbury, NJ: Associsted University Press.

Joe, Wanne J.
1972 Traditional Korea: A Cultural History
    Seoul, Korea: Chungang University Press.

Kang, Wi Jo
1963 "The Nevius Methods: A Study and an Appraisal of

Indigenous Mission Methods." Concordia Theological
Monthly 34:335–342.

Kendall, Laurel
1985 Shamans, Housewives, and Other Restless Spirits
Honolulu: University of Hawaii Press.

Kim, Dong Soo
1977 "How They Fared in American Homes: A Follow up Study
of Adopted Korean Children." Children Today 6(2):23.

Kim, Hyung Chan
1986 Dictionary of Asian American History. Westport, CT:
Greenwood Press.

Kim, Jaihiun Joyce, ed.
1986 Classical Korean Poetry
Seoul, Korea: Hanshin Publishing Co.

Kim, Myung Nam
1995 Barnabas Ministry. Seoul, Korea: Barnabas Ministry
Center.

Kim, Soon Il
1976 "Mi–Ju–Han–In Vi Moon–Jae–Wa–Kyo Whi–Yuk Hal."
("The Problems of Immigrant Society and the Role of the
Church with Reference to the Korean Immigrant

Community in America.") Korean Observer (Korean)
7(4):44.

Kim, Yung Chung
1976 Women of Korea
　Seoul, Korea: Ewha Womens University Press.

KNC (The Korean National Commission for UNESCO)
1983 Traditional Korean Painting
　Seoul, Korea: The Sisayongosa Publishers, Inc.

KOIS (Korean Overseas Information Service)
1993 A Handbook of Korea. Seoul, Korea: Samhwa Printing
Co.

Ku, Jae Pyo
1984 "Kyo Whee Tam Bang." Christian Herald(Korean).
　Los Angeles, December 23, P.7.

Lee Ki Baek
1984 A New History of Korea. London: Harvard University
Press.

Lee, Wok Yong
1985 "Kyo-Whee Hak Kyo." ("Christian School.")
　World News(Korean daily newspaper). Los Angeles,
　January 29, Section ll, P.16.

McGavran, Donald A.
1970 Understanding Church Growth, Grand Rapids,
    MI: William B. Eerdmans Publishing Co.

Moffett, Samuel A.
1891 "Quarterly Cennential Report."
    The Presbytery of Northern Korea Missions. Unpublished
    Manuscript.

Moffett, Samuel Hugh
1962 The Christans of Korea. New York: Friendship Press.

Nevius, Helen
1895 The Life of John L. Nevius
    Chicago, IL: Fleming H. Revell Company.

Oh, Chae Kyung
1958 Handbook of Korea. New York: Pageant Press, Inc.

Oh, Jung Hyun
1997 Passionate Vision Maker
    Seoul, Korea: Kyujang Moonhwasa.

Paik, L. George
1929 The History of Protestant Missions in Korea, 1832–1910.
    Pengyang, Korea: Union Christian College Press.

· (Reprinted in Seoul, Korea by Yonsei University Press, 1934, 1971.)

Pak, Ki Hyuk, and Sidney D. Gamble
1975 The Changing Korean Village
     Seoul, Korea: Shin Hung Press.

Rhodes, Harry Andrew
1934 History of the Korea Mission. Seoul, Korea: Y.M.C.A.
Press.

Ryley, G. Buchanan
1893 Barnabas or the Great Renunciation
     London: The Religious Tract Society.

Stanley, Paul D., and J. Robert Clinton
1992 Connecting. Colorado Springs, Co: NavPress.

Underwood, Horace G.
1904 The Call of Korea. New York: Fleming H. Revell Compa-
ny.

Underwood, Lillias H.
1918 Underwood of Korea
     New York: Fleming H. Revell Company.

Wagner, Peter C.

1976 Your Church Can Grow. Ventura, CA: Regal Books.

1984 Leading Your Church To Growth
    Ventura, CA: Regal Books.

Weems, Clarence Norwood, ed.

1962 Hulbert's History of Korea.
    Vol. 1. New York: Hillary House Publishers LTD.

Yi, I

1966 Sam Gang Oh Ryun
    (The Three Bonds and the Five Human Relationships.)
    Seoul, Korea: Moonu Dong.

Yu, Eui Young

1985 "「Koreatown」 Los Angeles: Emergence of a New
    Inner-City Ethnic Community." Bulletin of the Population
    and Development Studies Center 14:29-44. Seoul National
    University.

1988 "Critical Issues of the Korean Community in the Future."
    Unpublished article presented at Koreatown 2000: A
    Community Services Planning Conference, December 10,
    1988. Los Angeles, CA.

멘토링 사역 멘토링 목회

지은이 | 박건 목사
발행인 | 김용호
발행처 | 나침반출판사

제2판 | 2013년 12월 20일

등 록 | 1980년 3월 18일 / 제 2-32호
주 소 | 157-861 서울 강서구 염창동 240-21
　　　　블루나인 비즈니스센터 B동 1607호
전 화 | 본　사(02)2279-6321
　　　　영업부(031)932-3205
팩 스 | 본　사(02)2275-6003
　　　　영업부(031)932-3207

홈페이지 | www.nabook.net
이 메 일 | nabook@korea.com
　　　　　nabook@nabook.net

ISBN 978-89-318-1352-4
책번호 마-2010

값은 뒷표지에 있습니다.